T&P BOOKS

PERSA

VOCABULÁRIO

PORTUGUÊS PERSA

Para alargar o seu léxico e apurar
as suas competências linguísticas

9000 palavras

Vocabulário Português-Persa - 9000 palavras

Por Andrey Taranov

Os vocabulários da T&P Books destinam-se a ajudar a aprender, a memorizar, e a rever palavras estrangeiras. O dicionário é dividido em temas, cobrindo todas as principais esferas de atividades quotidianas, negócios, ciência, cultura, etc.

O processo de aprendizagem, utilizando os dicionários baseados em temáticas da T&P Books dá-lhe as seguintes vantagens:

- Informação de origem corretamente agrupada predetermina o sucesso em fases subsequentes da memorização de palavras
- Disponibilização de palavras derivadas da mesma raiz, o que permite a memorização de unidades de texto (em vez de palavras separadas)
- Pequenas unidades de palavras facilitam o processo de estabelecimento de vínculos associativos necessários para a consolidação do vocabulário
- O nível de conhecimento da língua pode ser estimado pelo número de palavras aprendidas

T&P Books Publishing
www.tpbooks.com

ISBN: 978-1-78716-770-4

Este livro também está disponível em formato E-book.
Por favor visite www.tpbooks.com ou as principais livrarias on-line.

VOCABULÁRIO PERSA
palavras mais úteis

Os vocabulários da T&P Books destinam-se a ajudar a aprender, a memorizar, e a rever palavras estrangeiras. O vocabulário contém mais de 9000 palavras de uso comum organizadas tematicamente.

O vocabulário contém as palavras mais comummente usadas
Recomendado como adicional para qualquer curso de línguas
Satisfaz as necessidades dos iniciados e dos alunos avançados de línguas estrangeiras
Conveniente para o uso diário, sessões de revisão e atividades de auto-teste
Permite avaliar o seu vocabulário

Características especias do vocabulário

· As palavras estão organizadas de acordo com o seu significado, e não por ordem alfabética
· As palavras são apresentadas em três colunas para facilitar os processos de revisão e auto-teste
· As palavras compostas são divididas em pequenos blocos para facilitar o processo de aprendizagem
· O vocabulário oferece uma transcrição simples e adequada de cada palavra estrangeira

O vocabulário contém 256 tópicos incluindo:

Conceitos básicos, Números, Cores, Meses, Estações do ano, Unidades de medida, Roupas & Acessórios, Alimentos & Nutrição, Restaurante, Membros da Família, Parentes, Caráter, Sentimentos, Emoções, Doenças, Cidade, Passeios, Compras, Dinheiro, Casa, Lar, Escritório, Trabalho no Escritório, Importação & Exportação, Marketing, Pesquisa de Emprego, Desportos, Educação, Computador, Internet, Ferramentas, Natureza, Países, Nacionalidades e muito mais ...

TABELA DE CONTEÚDOS

GUIA DE PRONUNCIAÇÃO

Alfabeto fonético T&P	Exemplo Persa	Exemplo Português
['] (ayn)	[da'vā] دعوا	fricativa faríngea sonora
['] (hamza)	[ta'id] تایید	oclusiva glotal
[a]	[ravad] رود	chamar
[ā]	[ātaš] آتش	rapaz
[b]	[bānk] بانک	barril
[č]	[čand] چند	Tchau!
[d]	[haštād] هشتاد	dentista
[e]	[ešq] عشق	metal
[f]	[fandak] فندک	safári
[g]	[logo] لوگو	gosto
[h]	[giyāh] گیاه	[h] aspirada
[i]	[jazire] جزیره	sinónimo
[j]	[jašn] جشن	adjetivo
[k]	[kāj] کاج	kiwi
[l]	[limu] لیمو	libra
[m]	[mājarā] ماجرا	magnólia
[n]	[norvež] نروژ	natureza
[o]	[golf] گلف	lobo
[p]	[operā] اپرا	presente
[q]	[lāqar] لاغر	agora
[r]	[raqam] رقم	riscar
[s]	[sup] سوپ	sanita
[š]	[duš] دوش	mês
[t]	[tarjome] ترجمه	tulipa
[u]	[niru] نیرو	bonita
[v]	[varšow] ورشو	fava
[w]	[rowšan] روشن	página web
[x]	[kāx] کاخ	fricativa uvular surda
[y]	[biyābān] بیابان	géiser
[z]	[zanjir] زنجیر	sésamo
[ž]	[žuan] ژوئن	talvez

ABREVIATURAS
usadas no vocabulário

Abreviaturas do Português

adj	-	adjetivo
adv	-	advérbio
anim.	-	animado
conj.	-	conjunção
desp.	-	desporto
etc.	-	etecetra
ex.	-	por exemplo
f	-	nome feminino
f pl	-	feminino plural
fem.	-	feminino
inanim.	-	inanimado
m	-	nome masculino
m pl	-	masculino plural
m, f	-	masculino, feminino
masc.	-	masculino
mat.	-	matemática
mil.	-	militar
pl	-	plural
prep.	-	preposição
pron.	-	pronome
sb.	-	sobre
sing.	-	singular
v aux	-	verbo auxiliar
vi	-	verbo intransitivo
vi, vt	-	verbo intransitivo, transitivo
vr	-	verbo reflexivo
vt	-	verbo transitivo

CONCEITOS BÁSICOS

Conceitos básicos. Parte 1

1. Pronomes

eu	man	من
tu	to	تو
ele, ela	u	او
nós	mā	ما
vocês	šomā	شما
eles, elas	ān-hā	آنها

2. Cumprimentos. Saudações. Despedidas

Bom dia! (formal)	salām	سلام
Bom dia! (de manhã)	sobh bexeyr	صبح بخیر
Boa tarde!	ruz bexeyr!	روز بخیر!
Boa noite!	asr bexeyr	عصربخیر
cumprimentar (vt)	salām kardan	سلام کردن
Olá!	salām	سلام
saudação (f)	salām	سلام
saudar (vt)	salām kardan	سلام کردن
Como vai?	haletān četowr ast?	حالتان چطور است؟
Como vais?	četorid?	چطورید؟
O que há de novo?	če xabar?	چه خبر؟
Adeus! (formal)	xodāhāfez	خداحافظ
Até à vista! (informal)	bāy bāy	بای بای
Até breve!	be omid-e didār!	به امید دیدار!
Adeus!	xodāhāfez!	خداحافظ!
despedir-se (vr)	xodāhāfezi kardan	خداحافظی کردن
Até logo!	tā bezudi!	تا بزودی!
Obrigado! -a!	motešakker-am!	متشکرم!
Muito obrigado! -a!	besyār motešakker-am!	بسیار متشکرم!
De nada	xāheš mikonam	خواهش می کنم
Não tem de quê	tašakkor lāzem nist	تشکر لازم نیست
De nada	qābel-i nadārad	قابلی ندارد
Desculpa!	bebaxšid!	ببخشید!
desculpar (vt)	baxšidan	بخشیدن
desculpar-se (vr)	ozr xāstan	عذر خواستن
As minhas desculpas	ozr mixāham	عذرمی خواهم

Desculpe!	bebaxšid!	ببخشید!
perdoar (vt)	baxšidan	بخشیدن
Não faz mal	mohem nist	مهم نیست
por favor	lotfan	لطفاً

Não se esqueça!	farāmuš nakonid!	فراموش نکنید!
Certamente! Claro!	albate!	البته!
Claro que não!	albate ke neh!	البته که نه!
Está bem! De acordo!	besyār xob!	بسیارخوب!
Basta!	bas ast!	بس است!

3. Como se dirigir a alguém

Desculpe (para chamar a atenção)	bebaxšid!	ببخشید!
senhor	āqā	آقا
senhora	xānom	خانم
rapariga	xānom	خانم
rapaz	mard-e javān	مرد جوان
menino	pesar bače	پسر بچه
menina	doxtar bačče	دخترﺑﭽﻪ

4. Números cardinais. Parte 1

zero	sefr	صفر
um	yek	یک
dois	do	دو
três	se	سه
quatro	čāhār	چهار

cinco	panj	پنج
seis	šeš	شش
sete	haft	هفت
oito	hašt	هشت
nove	neh	نه

dez	dah	ده
onze	yāzdah	یازده
doze	davāzdah	دوازده
treze	sizdah	سیزده
catorze	čāhārdah	چهارده

quinze	pānzdah	پانزده
dezasseis	šānzdah	شانزده
dezassete	hefdah	هفده
dezoito	hijdah	هیجده
dezanove	nuzdah	نوزده

vinte	bist	بیست
vinte e um	bist-o yek	بیست ویک
vinte e dois	bist-o do	بیست ودو
vinte e três	bist-o se	بیست وسه

trinta	si	سی
trinta e um	si-yo yek	سی ویک
trinta e dois	si-yo do	سی ودو
trinta e três	si-yo se	سی وسه
quarenta	čehel	چهل
quarenta e um	čehel-o yek	چهل ویک
quarenta e dois	čehel-o do	چهل ودو
quarenta e três	čehel-o se	چهل وسه
cinquenta	panjāh	پنجاه
cinquenta e um	panjāh-o yek	پنجاه ویک
cinquenta e dois	panjāh-o do	پنجاه ودو
cinquenta e três	panjāh-o se	پنجاه وسه
sessenta	šast	شصت
sessenta e um	šast-o yek	شصت ویک
sessenta e dois	šast-o do	شصت ودو
sessenta e três	šast-o se	شصت وسه
setenta	haftād	هفتاد
setenta e um	haftād-o yek	هفتاد ویک
setenta e dois	haftād-o do	هفتاد ودو
setenta e três	haftād-o se	هفتاد وسه
oitenta	haštād	هشتاد
oitenta e um	haštād-o yek	هشتاد ویک
oitenta e dois	haštād-o do	هشتاد ودو
oitenta e três	haštād-o se	هشتاد وسه
noventa	navad	نود
noventa e um	navad-o yek	نود ویک
noventa e dois	navad-o do	نود ودو
noventa e três	navad-o se	نود وسه

5. Números cardinais. Parte 2

cem	sad	صد
duzentos	devist	دویست
trezentos	sisad	سیصد
quatrocentos	čāhārsad	چهارصد
quinhentos	pānsad	پانصد
seiscentos	šešsad	ششصد
setecentos	haftsad	هفتصد
oitocentos	haštsad	هشتصد
novecentos	nohsad	نهصد
mil	hezār	هزار
dois mil	dohezār	دوهزار
De quem são ...?	se hezār	سه هزار
dez mil	dah hezār	ده هزار
cem mil	sad hezār	صد هزار
um milhão	milyun	میلیون
mil milhões	milyārd	میلیارد

6. Números ordinais

primeiro	avvalin	اولین
segundo	dovvomin	دومین
terceiro	sevvomin	سومین
quarto	čāhāromin	چهارمین
quinto	panjomin	پنجمین

sexto	šešomin	ششمین
sétimo	haftomin	هفتمین
oitavo	haštomin	هشتمین
nono	nohomin	نهمین
décimo	dahomin	دهمین

7. Números. Frações

fração (f)	kasr	کسر
um meio	yek dovvom	یک دوم
um terço	yek sevvom	یک سوم
um quarto	yek čāhārom	یک چهارم

um oitavo	yek panjom	یک هشتم
um décimo	yek dahom	یک دهم
dois terços	do sevvom	دو سوم
três quartos	se čāhārrom	سه چهارم

8. Números. Operações básicas

subtração (f)	tafriq	تفریق
subtrair (vi, vt)	tafriq kardan	تفریق کردن
divisão (f)	taqsim	تقسیم
dividir (vt)	taqsim kardan	تقسیم کردن

adição (f)	jam'	جمع
somar (vt)	jam' kardan	جمع کردن
adicionar (vt)	ezāfe kardan	اضافه کردن
multiplicação (f)	zarb	ضرب
multiplicar (vt)	zarb kardan	ضرب کردن

9. Números. Diversos

algarismo, dígito (m)	raqam	رقم
número (m)	adad	عدد
numeral (m)	adadi	عددی
menos (m)	manfi	منفی
mais (m)	mosbat	مثبت
fórmula (f)	formul	فرمول
cálculo (m)	mohāsebe	محاسبه
contar (vt)	šemordan	شمردن

| calcular (vt) | mohāsebe kardan | محاسبه کردن |
| comparar (vt) | moqāyse kardan | مقایسه کردن |

Quanto, -os, -as?	čeqadr?	چقدر؟
soma (f)	jam'-e kol	جمع کل
resultado (m)	natije	نتیجه
resto (m)	bāqimānde	باقیمانده

alguns, algumas ...	čand	چند
um pouco de ...	kami	کمی
resto (m)	baqiye	بقیه
um e meio	yek-o nim	یک و نیم
dúzia (f)	dojin	دوجین

ao meio	be do qesmat	به دو قسمت
em partes iguais	be tāsavi	به تساوی
metade (f)	nim	نیم
vez (f)	daf'e	دفعه

10. Os verbos mais importantes. Parte 1

abrir (vt)	bāz kardan	باز کردن
acabar, terminar (vt)	be pāyān resāndan	به پایان رساندن
aconselhar (vt)	nasihat kardan	نصیحت کردن
adivinhar (vt)	hads zadan	حدس زدن
advertir (vt)	hošdār dādan	هشدار دادن

ajudar (vt)	komak kardan	کمک کردن
almoçar (vi)	nāhār xordan	ناهار خوردن
alugar (~ um apartamento)	ejāre kardan	اجاره کردن
amar (vt)	dust dāštan	دوست داشتن
ameaçar (vt)	tahdid kardan	تهدید کردن

anotar (escrever)	neveštan	نوشتن
apanhar (vt)	gereftan	گرفتن
apressar-se (vr)	ajale kardan	عجله کردن
arrepender-se (vr)	afsus xordan	افسوس خوردن
assinar (vt)	emzā kardan	امضا کردن

atirar, disparar (vi)	tirandāzi kardan	تیراندازی کردن
brincar (vi)	šuxi kardan	شوخی کردن
brincar, jogar (crianças)	bāzi kardan	بازی کردن
buscar (vt)	jostoju kardan	جستجو کردن
caçar (vi)	šekār kardan	شکار کردن

cair (vi)	oftādan	افتادن
cavar (vt)	kandan	کندن
cessar (vt)	bas kardan	بس کردن
chamar (~ por socorro)	komak xāstan	کمک خواستن
chegar (vi)	residan	رسیدن
chorar (vi)	gerye kardan	گریه کردن

| começar (vt) | šoru' kardan | شروع کردن |
| comparar (vt) | moqāyse kardan | مقایسه کردن |

compreender (vt)	fahmidan	فهمیدن
concordar (vi)	movāfeqat kardan	موافقت کردن
confiar (vt)	etminān kardan	اطمینان کردن

confundir (equivocar-se)	qāti kardan	قاطی کردن
conhecer (vt)	šenāxtan	شناختن
contar (fazer contas)	šemordan	شمردن
contar com (esperar)	hesāb kardan	حساب کردن
continuar (vt)	edāme dādan	ادامه دادن

controlar (vt)	kontorol kardan	کنترل کردن
convidar (vt)	da'vat kardan	دعوت کردن
correr (vi)	davidan	دویدن
criar (vt)	ijād kardan	ایجاد کردن
custar (vt)	qeymat dāštan	قیمت داشتن

11. Os verbos mais importantes. Parte 2

dar (vt)	dādan	دادن
dar uma dica	sarnax dādan	سرنخ دادن
decorar (enfeitar)	tazyin kardan	تزیین کردن
defender (vt)	defā' kardan	دفاع کردن
deixar cair (vt)	andāxtan	انداختن

descer (para baixo)	pāyin āmadan	پایین آمدن
desculpar (vt)	baxšidan	بخشیدن
desculpar-se (vr)	ozr xāstan	عذر خواستن
dirigir (~ uma empresa)	edāre kardan	اداره کردن
discutir (notícias, etc.)	bahs kardan	بحث کردن
dizer (vt)	goftan	گفتن

duvidar (vt)	šok dāštan	شک داشتن
enganar (vt)	farib dādan	فریب دادن
entrar (na sala, etc.)	vāred šodan	وارد شدن
enviar (uma carta)	ferestādan	فرستادن

errar (equivocar-se)	eštebāh kardan	اشتباه کردن
escolher (vt)	entexāb kardan	انتخاب کردن
esconder (vt)	penhān kardan	پنهان کردن
escrever (vt)	neveštan	نوشتن
esperar (o autocarro, etc.)	montazer budan	منتظر بودن

esperar (ter esperança)	omid dāštan	امید داشتن
esquecer (vt)	farāmuš kardan	فراموش کردن
estudar (vt)	dars xāndan	درس خواندن
exigir (vt)	darxāst kardan	درخواست کردن
existir (vi)	vojud dāštan	وجود داشتن

explicar (vt)	touzih dādan	توضیح دادن
falar (vi)	harf zadan	حرف زدن
faltar (clases, etc.)	qāyeb budan	غایب بودن
fazer (vt)	anjām dādan	انجام دادن
ficar em silêncio	sāket māndan	ساکت ماندن
gabar-se, jactar-se (vr)	be rox kešidan	به رخ کشیدن

gostar (apreciar)	dust dāštan	دوست داشتن
gritar (vi)	faryād zadan	فریاد زدن
guardar (cartas, etc.)	hefz kardan	حفظ کردن
informar (vt)	āgah kardan	آگاه کردن
insistir (vi)	esrār kardan	اصرار کردن
insultar (vt)	towhin kardan	توهین کردن
interessar-se (vr)	alāqe dāštan	علاقه داشتن
ir (a pé)	raftan	رفتن
ir nadar	ābtani kardan	آبتنی کردن
jantar (vi)	šām xordan	شام خوردن

12. Os verbos mais importantes. Parte 3

ler (vt)	xāndan	خواندن
libertar (cidade, etc.)	āzād kardan	آزاد کردن
matar (vt)	koštan	کشتن
mencionar (vt)	zekr kardan	ذکر کردن
mostrar (vt)	nešān dādan	نشان دادن
mudar (modificar)	avaz kardan	عوض کردن
nadar (vi)	šenā kardan	شنا کردن
negar-se a ...	rad kardan	رد کردن
objetar (vt)	moxalefat kardan	مخالفت کردن
observar (vt)	mošāhede kardan	مشاهده کردن
ordenar (mil.)	farmān dādan	فرمان دادن
ouvir (vt)	šenidan	شنیدن
pagar (vt)	pardāxtan	پرداختن
parar (vi)	motevaghef šodan	متوقف شدن
participar (vi)	šerekat kardan	شرکت کردن
pedir (comida)	sefāreš dādan	سفارش دادن
pedir (um favor, etc.)	xāstan	خواستن
pegar (tomar)	bardāštan	برداشتن
pensar (vt)	fekr kardan	فکر کردن
perceber (ver)	motevajjeh šodan	متوجه شدن
perdoar (vt)	baxšidan	بخشیدن
perguntar (vt)	porsidan	پرسیدن
permitir (vt)	ejāze dādan	اجازه دادن
pertencer a ...	ta'alloq dāštan	تعلق داشتن
planear (vt)	barnāmerizi kardan	برنامه ریزی کردن
poder (vi)	tavānestan	توانستن
possuir (vt)	sāheb budan	صاحب بودن
preferir (vt)	tarjih dādan	ترجیح دادن
preparar (vt)	poxtan	پختن
prever (vt)	pišbini kardan	پیش بینی کردن
prometer (vt)	qowl dādan	قول دادن
pronunciar (vt)	talaffoz kardan	تلفظ کردن
propor (vt)	pišnahād dādan	پیشنهاد دادن
punir (castigar)	tanbih kardan	تنبیه کردن

13. Os verbos mais importantes. Parte 4

quebrar (vt)	šekastan	شکستن
queixar-se (vr)	šekāyat kardan	شکایت کردن
querer (desejar)	xāstan	خواستن
recomendar (vt)	towsie kardan	توصیه کردن
repetir (dizer outra vez)	tekrār kardan	تکرار کردن
repreender (vt)	da'vā kardan	دعوا کردن
reservar (~ um quarto)	rezerv kardan	رزرو کردن
responder (vt)	javāb dādan	جواب دادن
rezar, orar (vi)	do'ā kardan	دعا کردن
rir (vi)	xandidan	خندیدن
roubar (vt)	dozdidan	دزدیدن
saber (vt)	dānestan	دانستن
sair (~ de casa)	birun raftan	بیرون رفتن
salvar (vt)	najāt dādan	نجات دادن
seguir ...	donbāl kardan	دنبال کردن
sentar-se (vr)	nešastan	نشستن
ser necessário	hāmi budan	حامی بودن
ser, estar	budan	بودن
significar (vt)	ma'ni dāštan	معنی داشتن
sorrir (vi)	labxand zadan	لبخند زدن
subestimar (vt)	dast-e kam gereftan	دست کم گرفتن
surpreender-se (vr)	mote'ajjeb šodan	متعجب شدن
tentar (vt)	talāš kardan	تلاش کردن
ter (vt)	dāštan	داشتن
ter fome	gorosne budan	گرسنه بودن
ter medo	tarsidan	ترسیدن
ter sede	tešne budan	تشنه بودن
tocar (com as mãos)	lams kardan	لمس کردن
tomar o pequeno-almoço	sobhāne xordan	صبحانه خوردن
trabalhar (vi)	kār kardan	کار کردن
traduzir (vt)	tarjome kardan	ترجمه کردن
unir (vt)	mottahed kardan	متحد کردن
vender (vt)	foruxtan	فروختن
ver (vt)	didan	دیدن
virar (ex. ~ à direita)	pičidan	پیچیدن
voar (vi)	parvāz kardan	پرواز کردن

14. Cores

cor (f)	rang	رنگ
matiz (m)	teyf-e rang	طیف رنگ
tom (m)	rangmaye	رنگمایه
arco-íris (m)	rangin kamān	رنگین کمان
branco	sefid	سفید

| preto | siyāh | سیاه |
| cinzento | xākestari | خاکستری |

verde	sabz	سبز
amarelo	zard	زرد
vermelho	sorx	سرخ

azul	abi	آبی
azul claro	ābi rowšan	آبی روشن
rosa	surati	صورتی
laranja	nārenji	نارنجی
violeta	banafš	بنفش
castanho	qahve i	قهوه ای

| dourado | talāyi | طلایی |
| prateado | noqre i | نقره ای |

bege	baž	بژ
creme	kerem	کرم
turquesa	firuze i	فیروزه ای
vermelho cereja	ālbāluyi	آلبالویی
lilás	banafš yasi	بنفش یاسی
carmesim	zereški	زرشکی

claro	rowšan	روشن
escuro	tire	تیره
vivo	rowšan	روشن

de cor	rangi	رنگی
a cores	rangi	رنگی
preto e branco	siyāh-o sefid	سیاه و سفید
unicolor	yek rang	یک رنگ
multicor	rangārang	رنگارنگ

15. Questões

Quem?	če kas-i?	چه کسی؟
Que?	če čiz-i?	چه چیزی؟
Onde?	kojā?	کجا؟
Para onde?	kojā?	کجا؟
De onde?	az kojā?	از کجا؟
Quando?	če vaqt?	چه وقت؟
Para quê?	čerā?	چرا؟
Porquê?	čerā?	چرا؟

Para quê?	barā-ye če?	برای چه؟
Como?	četor?	چطور؟
Qual?	kodām?	کدام؟
Qual? (entre dois ou mais)	kodām?	کدام؟

A quem?	barā-ye ki?	برای کی؟
Sobre quem?	dar bāre-ye ki?	درباره کی؟
Do quê?	darbāre-ye či?	درباره چی؟
Com quem?	bā ki?	با کی؟

| Quanto, -os, -as? | čeqadr? | چقدر؟ |
| De quem? | māl-e ki? | مال کی؟ |

16. Preposições

com (prep.)	bā	با
sem (prep.)	bedune	بدون
a, para (exprime lugar)	be	به
sobre (ex. falar ~)	rāje' be	راجع به
antes de ...	piš az	پیش از
diante de ...	dar moqābel	در مقابل
sob (debaixo de)	zir	زیر
sobre (em cima de)	bālā-ye	بالای
sobre (~ a mesa)	ruy	روی
de (vir ~ Lisboa)	az	از
de (feito ~ pedra)	az	از
dentro de (~ dez minutos)	tā	تا
por cima de ...	az bālāye	از بالای

17. Palavras funcionais. Advérbios. Parte 1

Onde?	kojā?	کجا؟
aqui	in jā	این جا
lá, ali	ānjā	آنجا
em algum lugar	jā-yi	جایی
em lugar nenhum	hič kojā	هیچ کجا
ao pé de ...	nazdik	نزدیک
ao pé da janela	nazdik panjere	نزدیک پنجره
Para onde?	kojā?	کجا؟
para cá	in jā	این جا
para lá	ānjā	آنجا
daqui	az injā	از اینجا
de lá, dali	az ānjā	از آنجا
perto	nazdik	نزدیک
longe	dur	دور
perto de ...	nazdik	نزدیک
ao lado de	nazdik	نزدیک
perto, não fica longe	nazdik	نزدیک
esquerdo	čap	چپ
à esquerda	dast-e čap	دست چپ
para esquerda	be čap	به چپ
direito	rāst	راست
à direita	dast-e rāst	دست راست

para direita	be rãst	به راست
à frente	jelo	جلو
da frente	jelo	جلو
em frente (para a frente)	jelo	جلو
atrás de …	aqab	عقب
por detrás (vir ~)	az aqab	از عقب
para trás	aqab	عقب
meio (m), metade (f)	vasat	وسط
no meio	dar vasat	در وسط
de lado	pahlu	پهلو
em todo lugar	hame jã	همه جا
ao redor (olhar ~)	atrãf	اطراف
de dentro	az daxel	از داخل
para algum lugar	jã-yi	جایی
diretamente	mostaqim	مستقیم
de volta	aqab	عقب
de algum lugar	az har jã	از هر جا
de um lugar	az yek jã-yi	از یک جایی
em primeiro lugar	avvalan	اولاً
em segundo lugar	dumã	دوما
em terceiro lugar	sãlesan	ثالثاً
de repente	nãgahãn	ناگهان
no início	dar avval	در اول
pela primeira vez	barã-ye avvalin bãr	برای اولین بار
muito antes de …	xeyli vaqt piš	خیلی وقت پیش
de novo, novamente	az now	از نو
para sempre	barã-ye hamiše	برای همیشه
nunca	hič vaqt	هیچ وقت
de novo	dobãre	دوباره
agora	alãn	الان
frequentemente	aqlab	اغلب
então	ãn vaqt	آن وقت
urgentemente	foran	فوراً
usualmente	ma'mulan	معمولاً
a propósito, …	rãst-i	راستی
é possível	momken ast	ممکن است
provavelmente	ehtemãlan	احتمالاً
talvez	šãyad	شاید
além disso, …	bealãve	بعلاوه
por isso …	be hamin xãter	به همین خاطر
apesar de …	alãraqm	علیرغم
graças a …	be lotf	به لطف
que (pron.)	če?	چه؟
que (conj.)	ke	که
algo	yek čiz-i	یک چیزی
alguma coisa	yek kãri	یک کاری

nada	hič čiz	هیچ چیز
quem	ki	کی
alguém (~ teve uma ideia ...)	yek kas-i	یک کسی
alguém	yek kas-i	یک کسی

ninguém	hič kas	هیچ کس
para lugar nenhum	hič kojā	هیچ کجا
de ninguém	māl-e hičkas	مال هیچ کس
de alguém	har kas-i	هر کسی

tão	xeyli	خیلی
também (gostaria ~ de ...)	ham	هم
também (~ eu)	ham	هم

18. Palavras funcionais. Advérbios. Parte 2

Porquê?	čerā?	چرا؟
por alguma razão	be dalil-i	به دلیلی
porque ...	čon	چون
por qualquer razão	barā-ye maqsudi	برای مقصودی

e (tu ~ eu)	va	و
ou (ser ~ não ser)	yā	یا
mas (porém)	ammā	اما
para (~ a minha mãe)	barā-ye	برای

demasiado, muito	besyār	بسیار
só, somente	faqat	فقط
exatamente	daqiqan	دقیقا
cerca de (~ 10 kg)	taqriban	تقریباً

aproximadamente	taqriban	تقریباً
aproximado	taqribi	تقریبی
quase	taqriban	تقریباً
resto (m)	baqiye	بقیه

o outro (segundo)	digar	دیگر
outro	digar	دیگر
cada	har	هر
qualquer	har	هر
muito	ziyād	زیاد
muitas pessoas	besyāri	بسیاری
todos	hame	همه

em troca de ...	dar avaz	در عوض
em troca	dar barābar	در برابر
à mão	dasti	دستی
pouco provável	baid ast	بعید است

provavelmente	ehtemālan	احتمالاً
de propósito	amdan	عمداً
por acidente	tasādofi	تصادفی
muito	besyār	بسیار
por exemplo	masalan	مثلاً

entre	beyn	بين
entre (no meio de)	miyān	ميان
tanto	in qadr	اين قدر
especialmente	maxsusan	مخصوصاً

Conceitos básicos. Parte 2

19. Opostos

rico	servatmand	ثروتمند
pobre	faqir	فقیر
doente	bimār	بیمار
são	sālem	سالم
grande	bozorg	بزرگ
pequeno	kučak	کوچک
rapidamente	sari'	سریع
lentamente	āheste	آهسته
rápido	sari'	سریع
lento	āheste	آهسته
alegre	xošhāl	خوشحال
triste	qamgin	غمگین
juntos	bāham	باهم
separadamente	jodāgāne	جداگانه
em voz alta (ler ~)	boland	بلند
para si (em silêncio)	be ārāmi	به آرامی
alto	boland	بلند
baixo	kutāh	کوتاه
profundo	amiq	عمیق
pouco fundo	sathi	سطحی
sim	bale	بله
não	neh	نه
distante (no espaço)	dur	دور
próximo	nazdik	نزدیک
longe	dur	دور
perto	nazdik	نزدیک
longo	derāz	دراز
curto	kutāh	کوتاه
bom, bondoso	mehrbān	مهربان
mau	badjens	بدجنس
casado	mote'ahhel	متاهل

solteiro	mojarrad	مجرد
proibir (vt)	mamnuʻ kardan	ممنوع کردن
permitir (vt)	ejāze dādan	اجازه دادن
fim (m)	pāyān	پایان
começo (m)	šoruʻ	شروع
esquerdo	čap	چپ
direito	rāst	راست
primeiro	avvalin	اولین
último	āxarin	آخرین
crime (m)	jenāyat	جنایت
castigo (m)	mojāzāt	مجازات
ordenar (vt)	farmān dādan	فرمان دادن
obedecer (vt)	etāʻat kardan	اطاعت کردن
reto	mostaqim	مستقیم
curvo	monhani	منحنی
paraíso (m)	behešt	بهشت
inferno (m)	jahannam	جهنم
nascer (vi)	motevalled šodan	متولد شدن
morrer (vi)	mordan	مردن
forte	nirumand	نیرومند
fraco, débil	zaʻif	ضعیف
idoso	kohne	کهنه
jovem	javān	جوان
velho	qadimi	قدیمی
novo	jadid	جدید
duro	soft	سفت
mole	narm	نرم
tépido	garm	گرم
frio	sard	سرد
gordo	čāq	چاق
magro	lāqar	لاغر
estreito	bārik	باریک
largo	vasiʻ	وسیع
bom	xub	خوب
mau	bad	بد
valente	šojāʻ	شجاع
cobarde	tarsu	ترسو

20. Dias da semana

segunda-feira (f)	došanbe	دوشنبه
terça-feira (f)	se šanbe	سه شنبه
quarta-feira (f)	čāhāršanbe	چهارشنبه
quinta-feira (f)	panj šanbe	پنج شنبه
sexta-feira (f)	jom'e	جمعه
sábado (m)	šanbe	شنبه
domingo (m)	yek šanbe	یک شنبه
hoje	emruz	امروز
amanhã	fardā	فردا
depois de amanhã	pas fardā	پس فردا
ontem	diruz	دیروز
anteontem	pariruz	پریروز
dia (m)	ruz	روز
dia (m) de trabalho	ruz-e kāri	روز کاری
feriado (m)	ruz-e jašn	روز جشن
dia (m) de folga	ruz-e ta'til	روز تعطیل
fim (m) de semana	āxar-e hafte	آخر هفته
o dia todo	tamām-e ruz	تمام روز
no dia seguinte	ruz-e ba'd	روز بعد
há dois dias	do ruz-e piš	دو روز پیش
na véspera	ruz-e qabl	روز قبل
diário	ruzāne	روزانه
todos os dias	har ruz	هر روز
semana (f)	hafte	هفته
na semana passada	hafte-ye gozašte	هفته گذشته
na próxima semana	hafte-ye āyande	هفته آینده
semanal	haftegi	هفتگی
cada semana	har hafte	هر هفته
duas vezes por semana	do bār dar hafte	دو بار درهفته
cada terça-feira	har sešanbe	هر سه شنبه

21. Horas. Dia e noite

manhã (f)	sobh	صبح
de manhã	sobh	صبح
meio-dia (m)	zohr	ظهر
à tarde	ba'd az zohr	بعد ازظهر
noite (f)	asr	عصر
à noite (noitinha)	asr	عصر
noite (f)	šab	شب
à noite	šab	شب
meia-noite (f)	nesfe šab	نصفه شب
segundo (m)	sānie	ثانیه
minuto (m)	daqiqe	دقیقه
hora (f)	sā'at	ساعت

meia hora (f)	nim sā'at	نیم ساعت
quarto (m) de hora	yek rob'	یک ربع
quinze minutos	pānzdah daqiqe	پانزده دقیقه
vinte e quatro horas	šabāne ruz	شبانه روز

nascer (m) do sol	tolu-'e āftāb	طلوع آفتاب
amanhecer (m)	sahar	سحر
madrugada (f)	sobh-e zud	صبح زود
pôr do sol (m)	qorub	غروب

de madrugada	sobh-e zud	صبح زود
hoje de manhã	emruz sobh	امروز صبح
amanhã de manhã	fardā sobh	فردا صبح

hoje à tarde	emruz zohr	امروز ظهر
à tarde	ba'd az zohr	بعد ازظهر
amanhã à tarde	fardā ba'd az zohr	فردا بعد ازظهر

| hoje à noite | emšab | امشب |
| amanhã à noite | fardā šab | فردا شب |

às três horas em ponto	sar-e sā'at-e se	سر ساعت ۳
por volta das quatro	nazdik-e sā'at-e čāhār	نزدیک ساعت ۴
às doze	nazdik zohr	نزدیک ظهر

dentro de vinte minutos	bist daqiqe-ye digar	۲۰ دقیقه دیگر
dentro duma hora	yek sā'at-e digar	یک ساعت دیگر
a tempo	be moqe'	به موقع

menos um quarto	yek rob' be	یک ربع به
durante uma hora	yek sā'at-e digar	یک ساعت دیگر
a cada quinze minutos	har pānzdah daqiqe	هر ۵۱ دقیقه
as vinte e quatro horas	šabāne ruz	شبانه روز

22. Meses. Estações

janeiro (m)	žānvie	ژانویه
fevereiro (m)	fevriye	فوریه
março (m)	mārs	مارس
abril (m)	āvril	آوریل
maio (m)	meh	مه
junho (m)	žuan	ژوئن

julho (m)	žuiye	ژوئیه
agosto (m)	owt	اوت
setembro (m)	septāmbr	سپتامبر
outubro (m)	oktobr	اکتبر
novembro (m)	novāmbr	نوامبر
dezembro (m)	desāmr	دسامبر

primavera (f)	bahār	بهار
na primavera	dar bahār	در بهار
primaveril	bahāri	بهاری
verão (m)	tābestān	تابستان

no verão	dar tābestān	در تابستان
de verão	tābestāni	تابستانی
outono (m)	pāyiz	پاییز
no outono	dar pāyiz	در پاییز
outonal	pāyizi	پاییزی
inverno (m)	zemestān	زمستان
no inverno	dar zemestān	در زمستان
de inverno	zemestāni	زمستانی
mês (m)	māh	ماه
este mês	in māh	این ماه
no próximo mês	māh-e āyande	ماه آینده
no mês passado	māh-e gozašte	ماه گذشته
há um mês	yek māh qabl	یک ماه قبل
dentro de um mês	yek māh digar	یک ماه دیگر
dentro de dois meses	do māh-e digar	۲ ماه دیگر
todo o mês	tamām-e māh	تمام ماه
um mês inteiro	tamām-e māh	تمام ماه
mensal	māhāne	ماهانه
mensalmente	māhāne	ماهانه
cada mês	har māh	هر ماه
duas vezes por mês	do bār dar māh	دو بار درماه
ano (m)	sāl	سال
este ano	emsāl	امسال
no próximo ano	sāl-e āyande	سال آینده
no ano passado	sāl-e gozašte	سال گذشته
há um ano	yek sāl qabl	یک سال قبل
dentro dum ano	yek sāl-e digar	یک سال دیگر
dentro de 2 anos	do sāl-e digar	۲ سال دیگر
todo o ano	tamām-e sāl	تمام سال
um ano inteiro	tamām-e sāl	تمام سال
cada ano	har sāl	هر سال
anual	sālāne	سالانه
anualmente	sālāne	سالانه
quatro vezes por ano	čāhār bār dar sāl	چهار بار در سال
data (~ de hoje)	tārix	تاریخ
data (ex. ~ de nascimento)	tārix	تاریخ
calendário (m)	taqvim	تقویم
meio ano	nim sāl	نیم سال
seis meses	nim sāl	نیم سال
estação (f)	fasl	فصل
século (m)	qarn	قرن

23. Tempo. Diversos

tempo (m)	zamān	زمان
momento (m)	lahze	لحظه

instante (m)	lahze	لحظه
instantâneo	āni	آنی
lapso (m) de tempo	baxši az zamān	بخشی از زمان
vida (f)	zendegi	زندگی
eternidade (f)	abadiyat	ابدیت

época (f)	asr	عصر
era (f)	dowre	دوره
ciclo (m)	čarxe	چرخه
período (m)	dowre	دوره
prazo (m)	mohlat	مهلت

futuro (m)	āyande	آینده
futuro	āyande	آینده
da próxima vez	daf'e-ye ba'd	دفعه بعد
passado (m)	gozašte	گذشته
passado	gozašte	گذشته
na vez passada	daf'e-ye gozašte	دفعه گذشته
mais tarde	ba'dan	بعداً
depois	ba'd az	بعد از
atualmente	aknun	اکنون
agora	alān	الان
imediatamente	foran	فوراً
em breve, brevemente	be zudi	به زودی
de antemão	az qabl	از قبل

há muito tempo	moddathā piš	مدت ها پیش
há pouco tempo	axiran	اخیراً
destino (m)	sarnevešt	سرنوشت
recordações (f pl)	xāterāt	خاطرات
arquivo (m)	āršiv	آرشیو
durante …	dar zamān	در زمان
durante muito tempo	tulāni	طولانی
pouco tempo	kutāh	کوتاه
cedo (levantar-se ~)	zud	زود
tarde (deitar-se ~)	dir	دیر

para sempre	barā-ye hamiše	برای همیشه
começar (vt)	šoru' kardan	شروع کردن
adiar (vt)	mowkul kardan	موکول کردن

simultaneamente	ham zamān	هم زمان
permanentemente	dāemi	دائمی
constante (ruído, etc.)	dāemi	دائمی
temporário	movaqqati	موقتی

às vezes	gāh-i	گاهی
raramente	be nodrat	به ندرت
frequentemente	aqlab	اغلب

24. Linhas e formas

| quadrado (m) | morabba' | مربع |
| quadrado | morabba' | مربع |

círculo (m)	dãyere	دایره
redondo	gard	گرد
triângulo (m)	mosallas	مثلث
triangular	mosallasi	مثلثی

oval (f)	beyzi	بیضی
oval	beyzi	بیضی
retângulo (m)	mostatil	مستطیل
retangular	mostatil	مستطیل

pirâmide (f)	heram	هرم
rombo, losango (m)	lowz-i	لوزی
trapézio (m)	zuzanaqe	ذوزنقه
cubo (m)	moka'ab	مکعب
prisma (m)	manšur	منشور

circunferência (f)	mohit-e monhani	محیط منحنی
esfera (f)	kare	کره
globo (m)	kare	کره
diâmetro (m)	qotr	قطر
raio (m)	šo'ã'	شعاع
perímetro (m)	mohit	محیط
centro (m)	markaz	مرکز

horizontal	ofoqi	افقی
vertical	amudi	عمودی
paralela (f)	movãzi	موازی
paralelo	movãzi	موازی

linha (f)	xat	خط
traço (m)	xat	خط
reta (f)	xatt-e mostaqim	خط مستقیم
curva (f)	monhani	منحنی
fino (linha ~a)	nãzok	نازک
contorno (m)	borun namã	برون نما

interseção (f)	taqãto'	تقاطع
ângulo (m) reto	zãvie-ye qãem	زاویه قائم
segmento (m)	qet'e	قطعه
setor (m)	baxš	بخش
lado (de um triângulo, etc.)	taraf	طرف
ângulo (m)	zãvie	زاویه

25. Unidades de medida

peso (m)	vazn	وزن
comprimento (m)	tul	طول
largura (f)	arz	عرض
altura (f)	ertefã'	ارتفاع
profundidade (f)	omq	عمق
volume (m)	hajm	حجم
área (f)	masãhat	مساحت
grama (m)	garm	گرم
miligrama (m)	mili geram	میلی گرم

quilograma (m)	kilugeram	کیلوگرم
tonelada (f)	ton	تن
libra (453,6 gramas)	pond	پوند
onça (f)	ons	اونس

metro (m)	metr	متر
milímetro (m)	mili metr	میلی متر
centímetro (m)	sāntimetr	سانتیمتر
quilómetro (m)	kilumetr	کیلومتر
milha (f)	māyel	مایل

polegada (f)	inč	اینچ
pé (304,74 mm)	fowt	فوت
jarda (914,383 mm)	yārd	یارد

| metro (m) quadrado | metr morabba' | متر مربع |
| hectare (m) | hektār | هکتار |

litro (m)	litr	لیتر
grau (m)	daraje	درجه
volt (m)	volt	ولت
ampere (m)	āmper	آمپر
cavalo-vapor (m)	asb-e boxār	اسب بخار

quantidade (f)	meqdār	مقدار
um pouco de ...	kami	کمی
metade (f)	nim	نیم
dúzia (f)	dojin	دوجین
peça (f)	tā	تا

| dimensão (f) | andāze | اندازه |
| escala (f) | meqyās | مقیاس |

mínimo	haddeaqal	حداقل
menor, mais pequeno	kučaktarin	کوچکترین
médio	motevasset	متوسط
máximo	haddeaksar	حداکثر
maior, mais grande	bištarin	بیشترین

26. Recipientes

boião (m) de vidro	šišeh konserv	شیشه کنسرو
lata (~ de cerveja)	quti	قوطی
balde (m)	satl	سطل
barril (m)	boške	بشکه

bacia (~ de plástico)	tašt	تشت
tanque (m)	maxzan	مخزن
cantil (m) de bolso	qomqome	قمقمه
bidão (m) de gasolina	dabbe	دبه
cisterna (f)	maxzan	مخزن

| caneca (f) | livān | لیوان |
| chávena (f) | fenjān | فنجان |

pires (m)	na'lbeki	نعلبکی
copo (m)	estekān	استکان
taça (f) de vinho	gilās-e šarāb	گیلاس شراب
panela, caçarola (f)	qāblame	قابلمه

| garrafa (f) | botri | بطری |
| gargalo (m) | gardan-e botri | گردن بطری |

jarro, garrafa (f)	tong	تنگ
jarro (m) de barro	pārč	پارچ
recipiente (m)	zarf	ظرف
pote (m)	sofāl	سفال
vaso (m)	goldān	گلدان

frasco (~ de perfume)	botri	بطری
frasquinho (ex. ~ de iodo)	viyāl	ویال
tubo (~ de pasta dentífrica)	tiyub	تیوب

saca (ex. ~ de açúcar)	kise	کیسه
saco (~ de plástico)	pākat	پاکت
maço (m)	baste	بسته

caixa (~ de sapatos, etc.)	ja'be	جعبه
caixa (~ de madeira)	sanduq	صندوق
cesta (f)	sabad	سبد

27. Materiais

material (m)	mādde	ماده
madeira (f)	deraxt	درخت
de madeira	čubi	چوبی

| vidro (m) | šiše | شیشه |
| de vidro | šiše i | شیشه ای |

| pedra (f) | sang | سنگ |
| de pedra | sangi | سنگی |

| plástico (m) | pelāstik | پلاستیک |
| de plástico | pelāstiki | پلاستیکی |

| borracha (f) | lāstik | لاستیک |
| de borracha | lāstiki | لاستیکی |

| tecido, pano (m) | pārče | پارچه |
| de tecido | pārče-i | پارچه ی |

| papel (m) | kāqaz | کاغذ |
| de papel | kāqazi | کاغذی |

cartão (m)	kārton	کارتن
de cartão	kārtoni	کارتونی
polietileno (m)	polietilen	پلیاتیلن
celofane (m)	solofān	سلوفان

| linóleo (m) | linoleom | لینولئوم |
| contraplacado (m) | taxte-ye čand lāyi | تخته چند لایی |

porcelana (f)	čini	چینی
de porcelana	čini	چینی
barro (f)	xāk-e ros	خاک رس
de barro	sofāli	سفالی
cerâmica (f)	serāmik	سرامیک
de cerâmica	serāmiki	سرامیکی

28. Metais

metal (m)	felez	فلز
metálico	felezi	فلزی
liga (f)	ālyiāž	آلیاژ

ouro (m)	talā	طلا
de ouro	talā	طلا
prata (f)	noqre	نقره
de prata	noqre	نقره

ferro (m)	āhan	آهن
de ferro	āhani	آهنی
aço (m)	fulād	فولاد
de aço	fulādi	فولادی
cobre (m)	mes	مس
de cobre	mesi	مسی

alumínio (m)	ālominiyom	آلومینیوم
de alumínio	ālominiyomi	آلومینیومی
bronze (m)	boronz	برنز
de bronze	boronzi	برنزی

latão (m)	berenj	برنج
níquel (m)	nikel	نیکل
platina (f)	pelātin	پلاتین
mercúrio (m)	jive	جیوه
estanho (m)	qal'	قلع
chumbo (m)	sorb	سرب
zinco (m)	ruy	روی

O SER HUMANO

O ser humano. O corpo

29. Humanos. Conceitos básicos

ser (m) humano	ensān	انسان
homem (m)	mard	مرد
mulher (f)	zan	زن
criança (f)	kudak	کودک
menina (f)	doxtar	دختر
menino (m)	pesar bače	پسر بچه
adolescente (m)	nowjavān	نوجوان
velho (m)	pirmard	پیرمرد
velha, anciã (f)	pirzan	پیرزن

30. Anatomia humana

organismo (m)	orgānism	ارگانیسم
coração (m)	qalb	قلب
sangue (m)	xun	خون
artéria (f)	sorxrag	سرخرگ
veia (f)	siyāhrag	سیاهرگ
cérebro (m)	maqz	مغز
nervo (m)	asab	عصب
nervos (m pl)	a'sāb	اعصاب
vértebra (f)	mohre	مهره
coluna (f) vertebral	sotun-e faqarāt	ستون فقرات
estômago (m)	me'de	معده
intestinos (m pl)	rude	روده
intestino (m)	rude	روده
fígado (m)	kabed	کبد
rim (m)	kolliye	کلیه
osso (m)	ostexān	استخوان
esqueleto (m)	eskelet	اسکلت
costela (f)	dande	دنده
crânio (m)	jomjome	جمجمه
músculo (m)	azole	عضله
bíceps (m)	azole-ye dosar	عضلهٔ دوسر
tríceps (m)	azole-ye se sar	عضلهٔ سه سر
tendão (m)	tāndon	تاندون
articulação (f)	mofassal	مفصل

pulmões (m pl)	rie	ریه
órgãos (m pl) genitais	andām hā-ye tanāsol-i	اندام های تناسلی
pele (f)	pust	پوست

31. Cabeça

cabeça (f)	sar	سر
cara (f)	surat	صورت
nariz (m)	bini	بینی
boca (f)	dahān	دهان
olho (m)	češm	چشم
olhos (m pl)	češm-hā	چشم ها
pupila (f)	mardomak	مردمک
sobrancelha (f)	abru	ابرو
pestana (f)	može	مژه
pálpebra (f)	pelek	پلک
língua (f)	zabān	زبان
dente (m)	dandān	دندان
lábios (m pl)	lab-hā	لب ها
maçãs (f pl) do rosto	ostexānhā-ye gune	استخوان های گونه
gengiva (f)	lase	لثه
palato (m)	saqf-e dahān	سقف دهان
narinas (f pl)	surāxhā-ye bini	سوراخ های بینی
queixo (m)	čāne	چانه
mandíbula (f)	fak	فک
bochecha (f)	gune	گونه
testa (f)	pišāni	پیشانی
têmpora (f)	gijgāh	گیجگاه
orelha (f)	guš	گوش
nuca (f)	pas gardan	پس گردن
pescoço (m)	gardan	گردن
garganta (f)	galu	گلو
cabelos (m pl)	mu-hā	مو ها
penteado (m)	model-e mu	مدل مو
corte (m) de cabelo	model-e mu	مدل مو
peruca (f)	kolāh-e gis	کلاه گیس
bigode (m)	sebil	سبیل
barba (f)	riš	ریش
usar, ter (~ barba, etc.)	gozāštan	گذاشتن
trança (f)	muy-ye bāfte	موی بافته
suíças (f pl)	xatt-e riš	خط ریش
ruivo	muqermez	موقرمز
grisalho	sefid-e mu	سفید مو
calvo	tās	طاس
calva (f)	tāsi	طاسی
rabo-de-cavalo (m)	dom-e asbi	دم اسبی
franja (f)	čatri	چتری

32. Corpo humano

Português	Persa (transliteração)	Persa
mão (f)	dast	دست
braço (m)	bāzu	بازو
dedo (m)	angošt	انگشت
dedo (m) do pé	šast-e pā	شصت پا
polegar (m)	šost	شصت
dedo (m) mindinho	angošt-e kučak	انگشت کوچک
unha (f)	nāxon	ناخن
punho (m)	mošt	مشت
palma (f) da mão	kaf-e dast	کف دست
pulso (m)	moč-e dast	مچ دست
antebraço (m)	sā'ed	ساعد
cotovelo (m)	āranj	آرنج
ombro (m)	ketf	کتف
perna (f)	pā	پا
pé (m)	pā	پا
joelho (m)	zānu	زانو
barriga (f) da perna	sāq	ساق
anca (f)	rān	ران
calcanhar (m)	pāšne-ye pā	پاشنهٔ پا
corpo (m)	badan	بدن
barriga (f)	šekam	شکم
peito (m)	sine	سینه
seio (m)	sine	سینه
lado (m)	pahlu	پهلو
costas (f pl)	pošt	پشت
região (f) lombar	kamar	کمر
cintura (f)	dur-e kamar	دور کمر
umbigo (m)	nāf	ناف
nádegas (f pl)	nešiman-e gāh	نشیمن گاه
traseiro (m)	bāsan	باسن
sinal (m)	xāl	خال
sinal (m) de nascença	xāl-e mādarzād	خال مادرزاد
tatuagem (f)	xāl kubi	خال کوبی
cicatriz (f)	jā-ye zaxm	جای زخم

Vestuário & Acessórios

33. Roupa exterior. Casacos

roupa (f)	lebās	لباس
roupa (f) exterior	lebās-e ru	لباس رو
roupa (f) de inverno	lebās-e zemestāni	لباس زمستانی
sobretudo (m)	pāltow	پالتو
casaco (m) de peles	pālto-ye pustin	پالتوی پوستین
casaco curto (m) de peles	kot-e pustin	کت پوستین
casaco (m) acolchoado	kāpšan	کاپشن
casaco, blusão (m)	kot	کت
impermeável (m)	bārāni	بارانی
impermeável	zed-e āb	ضد آب

34. Vestuário de homem & mulher

camisa (f)	pirāhan	پیراهن
calças (f pl)	šalvār	شلوار
calças (f pl) de ganga	jin	جین
casaco (m) de fato	kot	کت
fato (m)	kat-o šalvār	کت و شلوار
vestido (ex. ~ vermelho)	lebās	لباس
saia (f)	dāman	دامن
blusa (f)	boluz	بلوز
casaco (m) de malha	jeliqe-ye kešbāf	جلیقه کشباف
casaco, blazer (m)	kot	کت
T-shirt, camiseta (f)	tey šarr-at	تی شرت
calções (Bermudas, etc.)	šalvarak	شلوارک
fato (m) de treino	lebās-e varzeši	لباس ورزشی
roupão (m) de banho	howle-ye hamām	حوله حمام
pijama (m)	pižāme	پیژامه
suéter (m)	poliver	پلیور
pulôver (m)	poliver	پلیور
colete (m)	jeliqe	جلیقه
fraque (m)	kat-e dāman gerd	کت دامن گرد
smoking (m)	esmoking	اسموکینگ
uniforme (m)	oniform	اونیفورم
roupa (f) de trabalho	lebās-e kār	لباس کار
fato-macaco (m)	rupuš	روپوش
bata (~ branca, etc.)	rupuš	روپوش

35. Vestuário. Roupa interior

roupa (f) interior	lebās-e zir	لباس زیر
cuecas boxer (f pl)	šort-e bākser	شورت باكسر
cuecas (f pl)	šort-e zanāne	شورت زنانه
camisola (f) interior	zir-e pirāhan-i	زیر پیراهنی
peúgas (f pl)	jurāb	جوراب
camisa (f) de noite	lebās-e xāb	لباس خواب
sutiã (m)	sine-ye band	سینه بند
meias longas (f pl)	sāq	ساق
meia-calça (f)	jurāb-e šalvāri	جوراب شلواری
meias (f pl)	jurāb-e sāqeboland	جوراب ساقه بلند
fato (m) de banho	māyo	مایو

36. Adereços de cabeça

chapéu (m)	kolāh	كلاه
chapéu (m) de feltro	šāpo	شاپو
boné (m) de beisebol	kolāh beysbāl	كلاه بیس بال
boné (m)	kolāh-e taxt	كلاه تخت
boina (f)	kolāh barre	كلاه بره
capuz (m)	kolāh-e bārāni	كلاه بارانی
panamá (m)	kolāh-e dowre-ye boland	كلاه دوره بلند
gorro (m) de malha	kolāh-e bāftani	كلاه بافتنی
lenço (m)	rusari	روسری
chapéu (m) de mulher	kolāh-e zanāne	كلاه زنانه
capacete (m) de proteção	kolāh-e imeni	كلاه ایمنی
bibico (m)	kolāh-e pādegān	كلاه پادگان
capacete (m)	kolāh-e imeni	كلاه ایمنی
chapéu-coco (m)	kolāh-e namadi	كلاه نمدی
chapéu (m) alto	kolāh-e ostovānei	كلاه استوانه ای

37. Calçado

calçado (m)	kafš	كفش
botinas (f pl)	putin	پوتین
sapatos (de salto alto, etc.)	kafš	كفش
botas (f pl)	čakme	چكمه
pantufas (f pl)	dampāyi	دمپایی
ténis (m pl)	kafš katān-i	كفش كتانی
sapatilhas (f pl)	kafš katān-i	كفش كتانی
sandálias (f pl)	sandal	صندل
sapateiro (m)	kaffāš	كفاش
salto (m)	pāšne-ye kafš	پاشنۀ كفش

par (m)	yek joft	یک جفت
atacador (m)	band-e kafš	بند کفش
apertar os atacadores	band-e kafš bastan	بند کفش بستن
calçadeira (f)	pāšne keš	پاشنه کش
graxa (f) para calçado	vāks	واکس

38. Têxtil. Tecidos

algodão (m)	panbe	پنبه
de algodão	panbe i	پنبه ای
linho (m)	katān	کتان
de linho	katāni	کتانی

seda (f)	abrišam	ابریشم
de seda	abrišami	ابریشمی
lã (f)	pašm	پشم
de lã	pašmi	پشمی

veludo (m)	maxmal	مخمل
camurça (f)	jir	جیر
bombazina (f)	maxmal-e kebriti	مخمل کبریتی

náilon (m)	nāylon	نایلون
de náilon	nāyloni	نایلونی
poliéster (m)	poliester	پلی استر
de poliéster	poliester	پلاستر

couro (m)	čarm	چرم
de couro	čarmi	چرمی
pele (f)	xaz	خز
de peles, de pele	xaz	خز

39. Acessórios pessoais

luvas (f pl)	dastkeš	دستکش
mitenes (f pl)	dastkeš-e yek angošti	دستکش یک انگشتی
cachecol (m)	šāl-e gardan	شال گردن

óculos (m pl)	eynak	عینک
armação (f) de óculos	qāb	قاب
guarda-chuva (m)	čatr	چتر
bengala (f)	asā	عصا
escova (f) para o cabelo	bores-e mu	برس مو
leque (m)	bādbezan	بادبزن

gravata (f)	kerāvāt	کراوات
gravata-borboleta (f)	pāpiyon	پاپیون
suspensórios (m pl)	band šalvār	بند شلوار
lenço (m)	dastmāl	دستمال

| pente (m) | šāne | شانه |
| travessão (m) | sanjāq-e mu | سنجاق مو |

| gancho (m) de cabelo | sanjāq-e mu | سنجاق مو |
| fivela (f) | sagak | سگک |

| cinto (m) | kamarband | کمربند |
| correia (f) | tasme | تسمه |

mala (f)	keyf	کیف
mala (f) de senhora	keyf-e zanāne	کیف زنانه
mochila (f)	kule pošti	کوله پشتی

40. Vestuário. Diversos

moda (f)	mod	مد
na moda	mod	مد
estilista (m)	tarrāh-e lebas	طراح لباس

colarinho (m), gola (f)	yaqe	یقه
bolso (m)	jib	جیب
de bolso	jibi	جیبی
manga (f)	āstin	آستین
alcinha (f)	band-e āviz	بند آویز
braguilha (f)	zip	زیپ

fecho (m) de correr	zip	زیپ
fecho (m), colchete (m)	sagak	سگک
botão (m)	dokme	دکمه
casa (f) de botão	surāx-e dokme	سوراخ دکمه
soltar-se (vr)	kande šodan	کنده شدن

coser, costurar (vi)	duxtan	دوختن
bordar (vt)	golduzi kardan	گلدوزی کردن
bordado (m)	golduzi	گلدوزی
agulha (f)	suzan	سوزن
fio (m)	nax	نخ
costura (f)	darz	درز

sujar-se (vr)	kasif šodan	کثیف شدن
mancha (f)	lakke	لکه
engelhar-se (vr)	čoruk šodan	چروک شدن
rasgar (vt)	pāre kardan	پاره کردن
traça (f)	šab parre	شب پره

41. Cuidados pessoais. Cosméticos

pasta (f) de dentes	xamir-e dandān	خمیر دندان
escova (f) de dentes	mesvāk	مسواک
escovar os dentes	mesvāk zadan	مسواک زدن

máquina (f) de barbear	tiq	تیغ
creme (m) de barbear	kerem-e riš tarāši	کرم ریش تراشی
barbear-se (vr)	riš tarāšidan	ریش تراشیدن
sabonete (m)	sābun	صابون

champô (m)	šāmpu	شامپو
tesoura (f)	qeyči	قیچی
lima (f) de unhas	sohan-e nāxon	سوهان ناخن
corta-unhas (m)	nāxon gir	ناخن گیر
pinça (f)	mučin	موچین
cosméticos (m pl)	lavāzem-e ārāyeši	لوازم آرایشی
máscara (f) facial	māsk	ماسک
manicura (f)	mānikur	مانیکور
fazer a manicura	mānikur kardan	مانیکور کردن
pedicure (f)	pedikur	پدیکور
mala (f) de maquilhagem	kife lavāzem-e ārāyeši	کیف لوازم آرایشی
pó (m)	pudr	پودر
caixa (f) de pó	ja'be-ye pudr	جعبۀ پودر
blush (m)	sorxāb	سرخاب
perfume (m)	atr	عطر
água (f) de toilette	atr	عطر
loção (f)	losiyon	لوسیون
água-de-colónia (f)	odkolon	اودکلن
sombra (f) de olhos	sāye-ye češm	سایه چشم
lápis (m) delineador	medād čašm	مداد چشم
máscara (f), rímel (m)	rimel	ریمل
batom (m)	mātik	ماتیک
verniz (m) de unhas	lāk-e nāxon	لاک ناخن
laca (f) para cabelos	esperey-ye mu	اسپری مو
desodorizante (m)	deodyrant	دئودورانت
creme (m)	kerem	کرم
creme (m) de rosto	kerem-e surat	کرم صورت
creme (m) de mãos	kerem-e dast	کرم دست
creme (m) antirrugas	kerem-e zedd-e čoruk	کرم ضد چروک
creme (m) de dia	kerem-e ruz	کرم روز
creme (m) de noite	kerem-e šab	کرم شب
de dia	ruzāne	روزانه
da noite	šab	شب
tampão (m)	tāmpon	تامپون
papel (m) higiénico	kāqaz-e tuālet	کاغذ توالت
secador (m) elétrico	sešovār	سشوار

42. Joalheria

joias (f pl)	javāherāt	جواهرات
precioso	qeymati	قیمتی
marca (f) de contraste	ayār	عیار
anel (m)	angoštar	انگشتر
aliança (f)	halqe	حلقه
pulseira (f)	alangu	النگو
brincos (m pl)	gušvāre	گوشواره

colar (m)	gardan band	گردن بند
coroa (f)	tāj	تاج
colar (m) de contas	gardan band	گردن بند

diamante (m)	almās	الماس
esmeralda (f)	zomorrod	زمرد
rubi (m)	yāqut	یاقوت
safira (f)	yāqut-e kabud	یاقوت کبود
pérola (f)	morvārid	مروارید
âmbar (m)	kahrobā	کهربا

43. Relógios de pulso. Relógios

relógio (m) de pulso	sā'at-e moči	ساعت مچی
mostrador (m)	safhe-ye sā'at	صفحهٔ ساعت
ponteiro (m)	aqrabe	عقربه
bracelete (f) em aço	band-e sāat	بند ساعت
bracelete (f) em couro	band-e čarmi	بند چرمی

pilha (f)	bātri	باطری
descarregar-se	tamām šodan bātri	تمام شدن باتری
trocar a pilha	bātri avaz kardan	باطری عوض کردن
estar adiantado	jelo oftādan	جلو افتادن
estar atrasado	aqab māndan	عقب ماندن

relógio (m) de parede	sā'at-e divāri	ساعت دیواری
ampulheta (f)	sā'at-e šeni	ساعت شنی
relógio (m) de sol	sā'at-e āftābi	ساعت آفتابی
despertador (m)	sā'at-e zang dār	ساعت زنگ دار
relojoeiro (m)	sā'at sāz	ساعت ساز
reparar (vt)	ta'mir kardan	تعمیر کردن

Alimentação. Nutrição

44. Comida

carne (f)	gušt	گوشت
galinha (f)	morq	مرغ
frango (m)	juje	جوجه
pato (m)	ordak	اردک
ganso (m)	qāz	غاز
caça (f)	gušt-e šekār	گوشت شکار
peru (m)	gušt-e buqalamun	گوشت بوقلمون

carne (f) de porco	gušt-e xuk	گوشت خوک
carne (f) de vitela	gušt-e gusāle	گوشت گوساله
carne (f) de carneiro	gušt-e gusfand	گوشت گوسفند
carne (f) de vaca	gušt-e gāv	گوشت گاو
carne (f) de coelho	xarguš	خرگوش

chouriço, salsichão (m)	kālbās	کالباس
salsicha (f)	sosis	سوسیس
bacon (m)	beykon	بیکن
fiambre (f)	žāmbon	ژامبون
presunto (m)	rān xuk	ران خوک

patê (m)	pāte	پاته
fígado (m)	jegar	جگر
carne (f) moída	hamberger	همبرگر
língua (f)	zabān	زبان

ovo (m)	toxm-e morq	تخم مرغ
ovos (m pl)	toxm-e morq-ha	تخم مرغ ها
clara (f) do ovo	sefide-ye toxm-e morq	سفیده تخم مرغ
gema (f) do ovo	zarde-ye toxm-e morq	زرده تخم مرغ

peixe (m)	māhi	ماهی
mariscos (m pl)	qazā-ye daryāyi	غذای دریایی
crustáceos (m pl)	saxtpustān	سختپوستان
caviar (m)	xāviār	خاویار

caranguejo (m)	xarčang	خرچنگ
camarão (m)	meygu	میگو
ostra (f)	sadaf-e xorāki	صدف خوراکی
lagosta (f)	xarčang-e xārdār	خرچنگ خاردار
polvo (m)	hašt pā	هشت پا
lula (f)	māhi-ye morakkab	ماهی مرکب

esturjão (m)	māhi-ye xāviār	ماهی خاویار
salmão (m)	māhi-ye salemon	ماهی سالمون
halibute (m)	halibut	هالیبوت
bacalhau (m)	māhi-ye rowqan	ماهی روغن

cavala, sarda (f)	māhi-ye esqumeri	ماهی اسقومری
atum (m)	tan māhi	تن ماهی
enguia (f)	mārmāhi	مارماهی

truta (f)	māhi-ye qezelālā	ماهی قزل آلا
sardinha (f)	sārdin	ساردین
lúcio (m)	ordak māhi	اردک ماهی
arenque (m)	māhi-ye šur	ماهی شور

pão (m)	nān	نان
queijo (m)	panir	پنیر
açúcar (m)	qand	قند
sal (m)	namak	نمک

arroz (m)	berenj	برنج
massas (f pl)	mākāroni	ماکارونی
talharim (m)	rešte-ye farangi	رشته فرنگی

manteiga (f)	kare	کره
óleo (m) vegetal	rowqan-e naḇāti	روغن نباتی
óleo (m) de girassol	rowqan āftābgardān	روغن آفتاب گردان
margarina (f)	mārgārin	مارگارین

| azeitonas (f pl) | zeytun | زیتون |
| azeite (m) | rowqan-e zeytun | روغن زیتون |

leite (m)	šir	شیر
leite (m) condensado	šir-e čegāl	شیر چگال
iogurte (m)	mās-at	ماست
nata (f) azeda	xāme-ye torš	خامهٔ ترش
nata (f) do leite	saršir	سرشیر

| maionese (f) | māyonez | مایونز |
| creme (m) | xāme | خامه |

grãos (m pl) de cereais	hobubāt	حبوبات
farinha (f)	ārd	آرد
enlatados (m pl)	konserv-hā	کنسرو ها

flocos (m pl) de milho	bereštuk	برشتوک
mel (m)	asal	عسل
doce (m)	morabbā	مربا
pastilha (f) elástica	ādāms	آدامس

45. Bebidas

água (f)	āb	آب
água (f) potável	āb-e āšāmidani	آب آشامیدنی
água (f) mineral	āb-e ma'dani	آب معدنی

sem gás	bedun-e gāz	بدون گاز
gaseificada	gāzdār	گازدار
com gás	gāzdār	گازدار
gelo (m)	yax	یخ

com gelo	yax dār	یخ دار
sem álcool	bi alkol	بی الکل
bebida (f) sem álcool	nušābe-ye bi alkol	نوشابهٔ بی الکل
refresco (m)	nušābe-ye xonak	نوشابهٔ خنک
limonada (f)	limunād	لیموناد
bebidas (f pl) alcoólicas	mašrubāt-e alkoli	مشرویات الکلی
vinho (m)	šarāb	شراب
vinho (m) branco	šarāb-e sefid	شراب سفید
vinho (m) tinto	šarāb-e sorx	شراب سرخ
licor (m)	likor	لیکور
champanhe (m)	šāmpāyn	شامپاین
vermute (m)	vermut	ورموت
uísque (m)	viski	ویسکی
vodka (f)	vodkā	ودکا
gim (m)	jin	جین
conhaque (m)	konyāk	کنیاک
rum (m)	araq-e neyšekar	عرق نیشکر
café (m)	qahve	قهوه
café (m) puro	qahve-ye talx	قهوهٔ تلخ
café (m) com leite	šir-qahve	شیرقهوه
cappuccino (m)	kāpočino	کاپوچینو
café (m) solúvel	qahve-ye fowri	قهوه فوری
leite (m)	šir	شیر
coquetel (m)	kuktel	کوکتل
batido (m) de leite	kuktele šir	کوکتل شیر
sumo (m)	āb-e mive	آب میوه
sumo (m) de tomate	āb-e gowjefarangi	آب گوجه فرنگی
sumo (m) de laranja	āb-e porteqāl	آب پرتقال
sumo (m) fresco	āb-e mive-ye taze	آب میوهٔ تازه
cerveja (f)	ābejow	آبجو
cerveja (f) clara	ābejow-ye sabok	آبجوی سبک
cerveja (f) preta	ābejow-ye tire	آبجوی تیره
chá (m)	čāy	چای
chá (m) preto	čāy-e siyāh	چای سیاه
chá (m) verde	čāy-e sabz	چای سبز

46. Vegetais

legumes (m pl)	sabzijāt	سبزیجات
verduras (f pl)	sabzi	سبزی
tomate (m)	gowje farangi	گوجه فرنگی
pepino (m)	xiyār	خیار
cenoura (f)	havij	هویج
batata (f)	sib zamini	سیب زمینی
cebola (f)	piyāz	پیاز

alho (m)	sir	سیر
couve (f)	kalam	کلم
couve-flor (f)	gol kalam	گل کلم
couve-de-bruxelas (f)	koll-am boruksel	کلم بروکسل
brócolos (m pl)	kalam borokli	کلم بروکلی
beterraba (f)	čoqondar	چغندر
beringela (f)	bādenjān	بادنجان
curgete (f)	kadu sabz	کدو سبز
abóbora (f)	kadu tanbal	کدو تنبل
nabo (m)	šalqam	شلغم
salsa (f)	ja'fari	جعفری
funcho, endro (m)	šavid	شوید
alface (f)	kāhu	کاهو
aipo (m)	karafs	کرفس
espargo (m)	mārčube	مارچوبه
espinafre (m)	esfenāj	اسفناج
ervilha (f)	noxod	نخود
fava (f)	lubiyā	لوبیا
milho (m)	zorrat	ذرت
feijão (m)	lubiyā qermez	لوبیا قرمز
pimentão (m)	felfel	فلفل
rabanete (m)	torobče	تربچه
alcachofra (f)	kangar farangi	کنگرفرنگی

47. Frutos. Nozes

fruta (f)	mive	میوه
maçã (f)	sib	سیب
pera (f)	golābi	گلابی
limão (m)	limu	لیمو
laranja (f)	porteqāl	پرتقال
morango (m)	tut-e farangi	توت فرنگی
tangerina (f)	nārengi	نارنگی
ameixa (f)	ālu	آلو
pêssego (m)	holu	هلو
damasco (m)	zardālu	زردآلو
framboesa (f)	tamešk	تمشک
ananás (m)	ānānās	آناناس
banana (f)	mowz	موز
melancia (f)	hendevāne	هندوانه
uva (f)	angur	انگور
ginja (f)	ālbālu	آلبالو
cereja (f)	gilās	گیلاس
meloa (f)	xarboze	خربزه
toranja (f)	gerip forut	گریپ فوروت
abacate (m)	āvokādo	اووکادو
papaia (f)	pāpāyā	پاپایا

| manga (f) | anbe | انبه |
| romã (f) | anār | انار |

groselha (f) vermelha	angur-e farangi-ye sorx	انگور فرنگی سرخ
groselha (f) preta	angur-e farangi-ye siyāh	انگور فرنگی سیاه
groselha (f) espinhosa	angur-e farangi	انگور فرنگی
mirtilo (m)	zoqāl axte	زغال اخته
amora silvestre (f)	šāh tut	شاه توت

uvas (f pl) passas	kešmeš	کشمش
figo (m)	anjir	انجیر
tâmara (f)	xormā	خرما

amendoim (m)	bādām zamin-i	بادام زمینی
amêndoa (f)	bādām	بادام
noz (f)	gerdu	گردو
avelã (f)	fandoq	فندق
coco (m)	nārgil	نارگیل
pistáchios (m pl)	peste	پسته

48. Pão. Bolaria

pastelaria (f)	širini jāt	شیرینی جات
pão (m)	nān	نان
bolacha (f)	biskuit	بیسکوییت

chocolate (m)	šokolāt	شکلات
de chocolate	šokolāti	شکلاتی
rebuçado (m)	āb nabāt	آب نبات
bolo (cupcake, etc.)	nān-e širini	نان شیرینی
bolo (m) de aniversário	širini	شیرینی

| tarte (~ de maçã) | keyk | کیک |
| recheio (m) | čāšni | چاشنی |

doce (m)	morabbā	مربا
geleia (f) de frutas	mārmālād	مارمالاد
waffle (m)	vāfel	وافل
gelado (m)	bastani	بستنی
pudim (m)	puding	پودینگ

49. Pratos cozinhados

prato (m)	qazā	غذا
cozinha (~ portuguesa)	qazā	غذا
receita (f)	dastur-e poxt	دستور پخت
porção (f)	pors	پرس

salada (f)	sālād	سالاد
sopa (f)	sup	سوپ
caldo (m)	pāye-ye sup	پایه سوپ
sandes (f)	sāndevič	ساندویچ

ovos (m pl) estrelados	nimru	نیمرو
hambúrguer (m)	hamberger	همبرگر
bife (m)	esteyk	استیک
conduto (m)	moxallafāt	مخلفات
espaguete (m)	espāgeti	اسپاگتی
puré (m) de batata	pure-ye sibi zamini	پورهٔ سیب زمینی
pizza (f)	pitzā	پیتزا
papa (f)	šurbā	شوربا
omelete (f)	ommol-at	املت
cozido em água	āb paz	آب پز
fumado	dudi	دودی
frito	sorx šode	سرخ شده
seco	xošk	خشک
congelado	yax zade	یخ زده
em conserva	torši	ترشی
doce (açucarado)	širin	شیرین
salgado	šur	شور
frio	sard	سرد
quente	dāq	داغ
amargo	talx	تلخ
gostoso	xoš mazze	خوش مزه
cozinhar (em água a ferver)	poxtan	پختن
fazer, preparar (vt)	poxtan	پختن
fritar (vt)	sorx kardan	سرخ کردن
aquecer (vt)	garm kardan	گرم کردن
salgar (vt)	namak zadan	نمک زدن
apimentar (vt)	felfel pāšidan	فلفل پاشیدن
ralar (vt)	rande kardan	رنده کردن
casca (f)	pust	پوست
descascar (vt)	pust kandan	پوست کندن

50. Especiarias

sal (m)	namak	نمک
salgado	šur	شور
salgar (vt)	namak zadan	نمک زدن
pimenta (f) preta	felfel-e siyāh	فلفل سیاه
pimenta (f) vermelha	felfel-e sorx	فلفل سرخ
mostarda (f)	xardal	خردل
raiz-forte (f)	torob-e kuhi	ترب کوهی
condimento (m)	adviye	ادویه
especiaria (f)	adviye	ادویه
molho (m)	ses	سس
vinagre (m)	serke	سرکه
anis (m)	rāziyāne	رازیانه
manjericão (m)	reyhān	ریحان

cravo (m)	mixak	میخک
gengibre (m)	zanjefil	زنجفیل
coentro (m)	gešniz	گشنیز
canela (f)	dārčin	دارچین
sésamo (m)	konjed	کنجد
folhas (f pl) de louro	barg-e bu	برگ بو
páprica (f)	paprika	پاپریکا
cominho (m)	zire	زیره
açafrão (m)	za'ferān	زعفران

51. Refeições

comida (f)	qazā	غذا
comer (vt)	xordan	خوردن
pequeno-almoço (m)	sobhāne	صبحانه
tomar o pequeno-almoço	sobhāne xordan	صبحانه خوردن
almoço (m)	nāhār	ناهار
almoçar (vi)	nāhār xordan	ناهار خوردن
jantar (m)	šām	شام
jantar (vi)	šām xordan	شام خوردن
apetite (m)	eštehā	اشتها
Bom apetite!	nuš-e jān	نوش جان
abrir (~ uma lata, etc.)	bāz kardan	باز کردن
derramar (vt)	rixtan	ریختن
derramar-se (vr)	rixtan	ریختن
ferver (vi)	jušidan	جوشیدن
ferver (vt)	jušāndan	جوشاندن
fervido	jušide	جوشیده
arrefecer (vt)	sard kardan	سرد کردن
arrefecer-se (vr)	sard šodan	سرد شدن
sabor, gosto (m)	maze	مزه
gostinho (m)	maze	مزه
fazer dieta	lāqar kardan	لاغر کردن
dieta (f)	režim	رژیم
vitamina (f)	vitāmin	ویتامین
caloria (f)	kālori	کالری
vegetariano (m)	giyāh xār	گیاه خوار
vegetariano	giyāh xāri	گیاه خواری
gorduras (f pl)	čarbi-hā	چربی ها
proteínas (f pl)	porotein	پروتئین
carboidratos (m pl)	karbohidrāt-hā	کربو هیدرات ها
fatia (~ de limão, etc.)	qet'e	قطعه
pedaço (~ de bolo)	tekke	تکه
migalha (f)	zarre	ذره

52. Por a mesa

colher (f)	qāšoq	قاشق
faca (f)	kārd	کارد
garfo (m)	čangāl	چنگال
chávena (f)	fenjān	فنجان
prato (m)	bošqāb	بشقاب
pires (m)	na'lbeki	نعلبکی
guardanapo (m)	dastmāl	دستمال
palito (m)	xelāl-e dandān	خلال دندان

53. Restaurante

restaurante (m)	resturān	رستوران
café (m)	kāfe	کافه
bar (m), cervejaria (f)	bār	بار
salão (m) de chá	qahve xāne	قهوه خانه
empregado (m) de mesa	pišxedmat	پیشخدمت
empregada (f) de mesa	pišxedmat	پیشخدمت
barman (m)	motesaddi-ye bār	متصدی بار
ementa (f)	meno	منو
lista (f) de vinhos	kārt-e šarāb	کارت شراب
reservar uma mesa	miz rezerv kardan	میز رزرو کردن
prato (m)	qazā	غذا
pedir (vt)	sefāreš dādan	سفارش دادن
fazer o pedido	sefāreš dādan	سفارش دادن
aperitivo (m)	mašrub-e piš qazā	مشروب پیش غذا
entrada (f)	piš qazā	پیش غذا
sobremesa (f)	deser	دسر
conta (f)	surat hesāb	صورت حساب
pagar a conta	surat-e hesāb rā pardāxtan	صورت حساب را پرداختن
dar o troco	baqiye rā dādan	بقیه را دادن
gorjeta (f)	an'ām	انعام

Família, parentes e amigos

54. Informação pessoal. Formulários

nome (m)	esm	اسم
apelido (m)	nãm-e xãnevãdegi	نام خانوادگی
data (f) de nascimento	tãrix-e tavallod	تاریخ تولد
local (m) de nascimento	mahall-e tavallod	محل تولد
nacionalidade (f)	melliyat	ملیت
lugar (m) de residência	mahall-e sokunat	محل سکونت
país (m)	kešvar	کشور
profissão (f)	šoql	شغل
sexo (m)	jens	جنس
estatura (f)	qad	قد
peso (m)	vazn	وزن

55. Membros da família. Parentes

mãe (f)	mãdar	مادر
pai (m)	pedar	پدر
filho (m)	pesar	پسر
filha (f)	doxtar	دختر
filha (f) mais nova	doxtar-e kučak	دختر کوچک
filho (m) mais novo	pesar-e kučak	پسر کوچک
filha (f) mais velha	doxtar-e bozorg	دختر بزرگ
filho (m) mais velho	pesar-e bozorg	پسر بزرگ
irmão (m)	barãdar	برادر
irmão (m) mais velho	barãdar-e bozorg	برادر بزرگ
irmão (m) mais novo	barãdar-e kučak	برادر کوچک
irmã (f)	xãhar	خواهر
irmã (f) mais velha	xãhar-e bozorg	خواهر بزرگ
irmã (f) mais nova	xãhar-e kučak	خواهر کوچک
primo (m)	pesar 'amu	پسر عمو
prima (f)	doxtar amu	دختر عمو
mamã (f)	mãmãn	مامان
papá (m)	bãbã	بابا
pais (pl)	vãledeyn	والدین
criança (f)	kudak	کودک
crianças (f pl)	bače-hã	بچه ها
avó (f)	mãdarbozorg	مادربزرگ
avô (m)	pedar-bozorg	پدربزرگ

neto (m)	nave	نوه
neta (f)	nave	نوه
netos (pl)	nave-hã	نوه ها

tio (m)	amu	عمو
tia (f)	xāle yā amme	خاله یا عمه
sobrinho (m)	barādar-zāde	برادرزاده
sobrinha (f)	xāhar-zāde	خواهرزاده

sogra (f)	mādarzan	مادرزن
sogro (m)	pedar-šowhar	پدرشوهر
genro (m)	dāmād	داماد
madrasta (f)	nāmādari	نامادری
padrasto (m)	nāpedari	ناپدری

criança (f) de colo	nowzād	نوزاد
bebé (m)	širxār	شیرخوار
menino (m)	pesar-e kučulu	پسر کوچولو

mulher (f)	zan	زن
marido (m)	šowhar	شوهر
esposo (m)	hamsar	همسر
esposa (f)	hamsar	همسر

casado	mote'ahhel	متاهل
casada	mote'ahhel	متاهل
solteiro	mojarrad	مجرد
solteirão (m)	mojarrad	مجرد
divorciado	talāq gerefte	طلاق گرفته
viúva (f)	bive zan	بیوه زن
viúvo (m)	bive	بیوه

parente (m)	xišāvand	خویشاوند
parente (m) próximo	aqvām-e nazdik	اقوام نزدیک
parente (m) distante	aqvām-e dur	اقوام دور
parentes (m pl)	aqvām	اقوام

órfão (m), órfã (f)	yatim	یتیم
tutor (m)	qayyem	قیم
adotar (um filho)	be pesari gereftan	به پسری گرفتن
adotar (uma filha)	be doxtari gereftan	به دختری گرفتن

56. Amigos. Colegas de trabalho

amigo (m)	dust	دوست
amiga (f)	dust	دوست
amizade (f)	dusti	دوستی
ser amigos	dust budan	دوست بودن

amigo (m)	rafiq	رفیق
amiga (f)	rafiq	رفیق
parceiro (m)	šarik	شریک
chefe (m)	ra'is	رئیس
superior (m)	ra'is	رئیس

proprietário (m)	sāheb	صاحب
subordinado (m)	zirdast	زیردست
colega (m)	hamkār	همکار

conhecido (m)	āšnā	آشنا
companheiro (m) de viagem	hamsafar	همسفر
colega (m) de classe	ham kelās	هم کلاس

vizinho (m)	hamsāye	همسایه
vizinha (f)	hamsāye	همسایه
vizinhos (pl)	hamsāye-hā	همسایه ها

57. Homem. Mulher

mulher (f)	zan	زن
rapariga (f)	doxtar	دختر
noiva (f)	arus	عروس

bonita	zibā	زیبا
alta	qad boland	قد بلند
esbelta	xoš andām	خوش اندام
de estatura média	qad kutāh	قد کوتاه

| loura (f) | mu bur | مو بور |
| morena (f) | mu siyāh | مو سیاه |

de senhora	zanāne	زنانه
virgem (f)	bākere	باکره
grávida	bārdār	باردار

homem (m)	mard	مرد
louro (m)	mu bur	مو بور
moreno (m)	mu siyāh	مو سیاه
alto	qad boland	قد بلند
de estatura média	qad kutāh	قد کوتاه

rude	xašen	خشن
atarracado	tanumand	تنومند
robusto	tanumand	تنومند
forte	nirumand	نیرومند
força (f)	niru	نیرو

gordo	čāq	چاق
moreno	sabze ru	سبزه رو
esbelto	xoš andām	خوش اندام
elegante	barāzande	برازنده

58. Idade

idade (f)	sen	سن
juventude (f)	javāni	جوانی
jovem	javān	جوان

| mais novo | kučaktar | كوچكتر |
| mais velho | bozorgtar | بزرگتر |

jovem (m)	mard-e javān	مرد جوان
adolescente (m)	nowjavān	نوجوان
rapaz (m)	mard	مرد

| velho (m) | pirmard | پيرمرد |
| velhota (f) | pirzan | پيرزن |

adulto	bāleq	بالغ
de meia-idade	miyānsāl	ميانسال
idoso, de idade	sālmand	سالمند
velho	mosen	مسن

reforma (f)	mostamerri	مستمرى
reformar-se (vr)	bāznešaste šodan	بازنشسته شدن
reformado (m)	bāznešaste	بازنشسته

59. Crianças

criança (f)	kudak	كودك
crianças (f pl)	bače-hā	بچه ها
gémeos (m pl)	doqolu	دوقلو

berço (m)	gahvāre	گهواره
guizo (m)	jeqjeqe	جغجغه
fralda (f)	pušak	پوشك

chupeta (f)	pestānak	پستانك
carrinho (m) de bebé	kāleske	كالسكه
jardim (m) de infância	kudakestān	كودكستان
babysitter (f)	parastār bače	پرستار بچه

infância (f)	kudaki	كودكى
boneca (f)	arusak	عروسك
brinquedo (m)	asbāb bāzi	اسباب بازى
jogo (m) de armar	xāne sāzi	خانه سازى

bem-educado	bā tarbiyat	با تربيت
mal-educado	bi tarbiyat	بى تربيت
mimado	lus	لوس

ser travesso	šeytanat kardan	شيطنت كردن
travesso, traquinas	bāziguš	بازيگوش
travessura (f)	šeytāni	شيطانى
criança (f) travessa	šeytān	شيطان

| obediente | moti‘ | مطيع |
| desobediente | sarkeš | سركش |

dócil	āqel	عاقل
inteligente	bāhuš	باهوش
menino (m) prodígio	kudak nābeqe	كودك نابغه

60. Casais. Vida de família

beijar (vt)	busidan	بوسیدن
beijar-se (vr)	hamdigar rā busidan	همدیگررا بوسیدن
família (f)	xānevāde	خانواده
familiar	xānevādegi	خانوادگی
casal (m)	zoj	زوج
matrimónio (m)	ezdevāj	ازدواج
lar (m)	kāšāne	کاشانه
dinastia (f)	selsele	سلسله
encontro (m)	qarār	قرار
beijo (m)	buse	بوسه
amor (m)	ešq	عشق
amar (vt)	dust dāštan	دوست داشتن
amado, querido	mahbub	محبوب
ternura (f)	mehrbāni	مهربانی
terno, afetuoso	mehrbān	مهربان
fidelidade (f)	vafā	وفا
fiel	vafādār	وفادار
cuidado (m)	tavajjoh	توجه
carinhoso	ba molāheze	با ملاحظه
recém-casados (m pl)	tāze ezdevāj karde	تازه ازدواج کرده
lua de mel (f)	māh-e asal	ماه عسل
casar-se (com um homem)	ezdevāj kardan	ازدواج کردن
casar-se (com uma mulher)	ezdevāj kardan	ازدواج کردن
boda (f)	arusi	عروسی
amante (m)	ma'šuq	معشوق
amante (f)	ma'šuqe	معشوقه
adultério (m)	xiyānat	خیانت
cometer adultério	xiyānat kardan	خیانت کردن
ciumento	hasud	حسود
ser ciumento	hasud budan	حسود بودن
divórcio (m)	talāq	طلاق
divorciar-se (vr)	talāq gereftan	طلاق گرفتن
brigar (discutir)	da'vā kardan	دعوا کردن
fazer as pazes	āšti kardan	آشتی کردن
juntos	bāham	باهم
sexo (m)	seks	سکس
felicidade (f)	xošbaxti	خوشبختی
feliz	xošbaxt	خوشبخت
infelicidade (f)	badbaxti	بدبختی
infeliz	badbaxt	بدبخت

Caráter. Sentimentos. Emoções

61. Sentimentos. Emoções

sentimento (m)	ehsās	احساس
sentimentos (m pl)	ehsāsat	احساسات
sentir (vt)	ehsās kardan	احساس کردن

fome (f)	gorosnegi	گرسنگی
ter fome	gorosne budan	گرسنه بودن
sede (f)	tešnegi	تشنگی
ter sede	tešne budan	تشنه بودن
sonolência (f)	xāb āludegi	خواب آلودگی
estar sonolento	xābālud budan	خواب آلود بودن

cansaço (m)	xastegi	خستگی
cansado	xaste	خسته
ficar cansado	xaste šodan	خسته شدن

humor (m)	xolq	خلق
tédio (m)	bi hoselegi	بی حوصلگی
aborrecer-se (vr)	hosele sar raftan	حوصله سررفتن
isolamento (m)	guše nešini	گوشه نشینی
isolar-se	guše nešini kardan	گوشه نشینی کردن

preocupar (vt)	negarān kardan	نگران کردن
preocupar-se (vr)	negarān šodan	نگران شدن
preocupação (f)	negarāni	نگرانی
ansiedade (f)	negarāni	نگرانی
preocupado	moztareb	مضطرب
estar nervoso	asabi šodan	عصبی شدن
entrar em pânico	vahšat kardan	وحشت کردن

| esperança (f) | omid | امید |
| esperar (vt) | omid dāštan | امید داشتن |

certeza (f)	etminān	اطمینان
certo	motmaen	مطمئن
indecisão (f)	adam-e etminān	عدم اطمینان
indeciso	nā motmaen	نا مطمئن

ébrio, bêbado	mast	مست
sóbrio	hošyār	هوشیار
fraco	za'if	ضعیف
feliz	xošbaxt	خوشبخت
assustar (vt)	tarsāndan	ترساندن
fúria (f)	qeyz	غیظ
ira, raiva (f)	xašm	خشم
depressão (f)	afsordegi	افسردگی
desconforto (m)	nārāhati	ناراحتی

conforto (m)	āsāyeš	آسایش
arrepender-se (vr)	afsus xordan	افسوس خوردن
arrependimento (m)	afsus	افسوس
azar (m), má sorte (f)	bad šāns-i	بد شانسی
tristeza (f)	delxori	دلخوری
vergonha (f)	šarm	شرم
alegria (f)	šādi	شادی
entusiasmo (m)	eštiyāq	اشتیاق
entusiasta (m)	moštāq	مشتاق
mostrar entusiasmo	eštiyāq dāštan	اشتیاق داشتن

62. Caráter. Personalidade

caráter (m)	šaxsiyat	شخصیت
falha (f) de caráter	naqs	نقص
mente (f), razão (f)	aql	عقل
consciência (f)	vejdān	وجدان
hábito (m)	ādat	عادت
habilidade (f)	este'dād	استعداد
saber (~ nadar, etc.)	tavānestan	توانستن
paciente	bā howsele	با حوصله
impaciente	bi hosele	بی حوصله
curioso	konjkāv	کنجکاو
curiosidade (f)	konjkāvi	کنجکاوی
modéstia (f)	forutani	فروتنی
modesto	forutan	فروتن
imodesto	gostāx	گستاخ
preguiça (f)	tanbali	تنبلی
preguiçoso	tanbal	تنبل
preguiçoso (m)	tanbal	تنبل
astúcia (f)	mokāri	مکاری
astuto	makkār	مکار
desconfiança (f)	bad gomāni	بد گمانی
desconfiado	bad gomān	بد گمان
generosidade (f)	sexāvat	سخاوت
generoso	ba sexāvat	با سخاوت
talentoso	bā este'dād	با استعداد
talento (m)	este'dād	استعداد
corajoso	šojā'	شجاع
coragem (f)	šojā'at	شجاعت
honesto	sādeq	صادق
honestidade (f)	sedāqat	صداقت
prudente	bā ehtiyāt	با احتیاط
valente	bi bāk	بی باک
sério	jeddi	جدی

severo	saxt gir	سخت گیر
decidido	mosammam	مصمم
indeciso	do del	دو دل
tímido	xejālati	خجالتی
timidez (f)	xejālat	خجالت

confiança (f)	e'temād	اعتماد
confiar (vt)	bāvar kardan	باور کردن
crédulo	zud bāvar	زود باور

sinceramente	sādeqāne	صادقانه
sincero	sādeq	صادق
sinceridade (f)	sedāqat	صداقت
aberto	sarih	صریح

calmo	ārām	آرام
franco	rok	رک
ingénuo	sāde lowh	ساده لوح
distraído	sar be havā	سربه هوا
engraçado	xande dār	خنده دار

ganância (f)	hers	حرص
ganancioso	haris	حریص
avarento	xasis	خسیس
mau	badjens	بدجنس
teimoso	lajuj	لجوج
desagradável	nāxošāyand	ناخوشایند

egoísta (m)	xodxāh	خودخواه
egoísta	xodxāhi	خودخواهی
cobarde (m)	tarsu	ترسو
cobarde	tarsu	ترسو

63. O sono. Sonhos

dormir (vi)	xābidan	خوابیدن
sono (m)	xāb	خواب
sonho (m)	royā	رویا
sonhar (vi)	xāb didan	خواب دیدن
sonolento	xāb ālud	خواب آلود

cama (f)	taxt-e xāb	تخت خواب
colchão (m)	tošak	تشک
cobertor (m)	patu	پتو
almofada (f)	bālešt	بالشت
lençol (m)	malāfe	ملافه

insónia (f)	bi-xābi	بیخوابی
insone	bi xāb	بی خواب
sonífero (m)	xāb āvar	خواب آور
tomar um sonífero	xābāvar xordan	خواب آور خوردن

| estar sonolento | xābālud budan | خواب آلود بودن |
| bocejar (vi) | xamyāze kešidan | خمیازه کشیدن |

ir para a cama	be raxtexãb raftan	به رختخواب رفتن
fazer a cama	raxtexãb-e pahn kardan	رختخواب پهن کردن
adormecer (vi)	xãbidan	خوابیدن

pesadelo (m)	kãbus	کابوس
ronco (m)	xoropof	خروپف
roncar (vi)	xoropof kardan	خروپف کردن

despertador (m)	sã'at-e zang dãr	ساعت زنگ دار
acordar, despertar (vt)	bidãr kardan	بیدار کردن
acordar (vi)	bidãr šodan	بیدار شدن
levantar-se (vr)	boland šodan	بلند شدن
lavar-se (vr)	dast-o ru šostan	دست و روشستن

64. Humor. Riso. Alegria

humor (m)	šuxi	شوخی
sentido (m) de humor	šux ta'bi	شوخ طبعی
divertir-se (vr)	šãdi kardan	شادی کردن
alegre	šãd	شاد
alegria (f)	šãdi	شادی

sorriso (m)	labxand	لبخند
sorrir (vi)	labxand zadan	لبخند زدن
começar a rir	xandidan	هندیدن
rir (vi)	xandidan	خندیدن
riso (m)	xande	خنده

anedota (f)	latife	لطیفه
engraçado	xande dãr	خنده دار
ridículo	xande dãr	خنده دار

brincar, fazer piadas	šuxi kardan	شوخی کردن
piada (f)	šuxi	شوخی
alegria (f)	šãdi	شادی
regozijar-se (vr)	xošhãl šodan	خوشحال شدن
alegre	xošhãl	خوشحال

65. Discussão, conversação. Parte 1

| comunicação (f) | ertebãt | ارتباط |
| comunicar-se (vr) | ertebãt dãštan | ارتباط داشتن |

conversa (f)	mokãleme	مکالمه
diálogo (m)	goftogu	گفتگو
discussão (f)	mobãhese	مباحثه
debate (m)	mošãjere	مشاجره
debater (vt)	mošãjere kardan	مشاجره کردن

interlocutor (m)	ham soxan	هم سخن
tema (m)	mowzu'	موضوع
ponto (m) de vista	noqte nazar	نقطه نظر

| opinião (f) | nazar | نظر |
| discurso (m) | soxanrāni | سخنرانی |

discussão (f)	mozākere	مذاکره
discutir (vt)	bahs kardan	بحث کردن
conversa (f)	goftogu	گفتگو
conversar (vi)	goftogu kardan	گفتگو کردن
encontro (m)	didār	دیدار
encontrar-se (vr)	molāqāt kardan	ملاقات کردن

provérbio (m)	zarb-ol-masal	ضرب المثل
ditado (m)	zarb-ol-masal	ضرب المثل
adivinha (f)	mo'ammā	معما
dizer uma adivinha	mo'ammā matrah kardan	معما مطرح کردن
senha (f)	ramz	رمز
segredo (m)	rāz	راز

juramento (m)	sowgand	سوگند
jurar (vi)	sowgand xordan	سوگند خوردن
promessa (f)	va'de	وعده
prometer (vt)	qowl dādan	قول دادن

conselho (m)	nasihat	نصیحت
aconselhar (vt)	nasihat kardan	نصیحت کردن
seguir o conselho	nasihat-e kasi rā donbāl kardan	نصیحت کسی را دنبال کردن
escutar (~ os conselhos)	guš kardan	گوش کردن

novidade, notícia (f)	xabar	خبر
sensação (f)	hayajān	هیجان
informação (f)	ettelā'āt	اطلاعات
conclusão (f)	natije	نتیجه
voz (f)	sedā	صدا
elogio (m)	ta'rif	تعریف
amável	bā mohabbat	با محبت

palavra (f)	kalame	کلمه
frase (f)	ebārat	عبارت
resposta (f)	javāb	جواب

| verdade (f) | haqiqat | حقیقت |
| mentira (f) | doruq | دروغ |

pensamento (m)	fekr	فکر
ideia (f)	fekr	فکر
fantasia (f)	fāntezi	فانتزی

66. Discussão, conversação. Parte 2

estimado	mohtaram	محترم
respeitar (vt)	ehterām gozāštan	احترام گذاشتن
respeito (m)	ehterām	احترام
Estimado ..., Caro ...	gerāmi	گرامی
apresentar (vt)	mo'arrefi kardan	معرفی کردن

travar conhecimento	āšnā šodan	آشنا شدن
intenção (f)	qasd	قصد
tencionar (vt)	qasd dāštan	قصد داشتن
desejo (m)	ārezu	آرزو
desejar (ex. ~ boa sorte)	ārezu kardan	آرزو کردن
surpresa (f)	ta'ajjob	تعجب
surpreender (vt)	mote'ajjeb kardan	متعجب کردن
surpreender-se (vr)	mote'ajjeb šodan	متعجب شدن
dar (vt)	dādan	دادن
pegar (tomar)	bardāštan	برداشتن
devolver (vt)	bargardāndan	برگرداندن
retornar (vt)	pas dādan	پس دادن
desculpar-se (vr)	ozr xāstan	عذر خواستن
desculpa (f)	ozr xāhi	عذر خواهی
perdoar (vt)	baxšidan	بخشیدن
falar (vi)	harf zadan	حرف زدن
escutar (vt)	guš dādan	گوش دادن
ouvir até o fim	xub guš dādan	خوب گوش دادن
compreender (vt)	fahmidan	فهمیدن
mostrar (vt)	nešān dādan	نشان دادن
olhar para ...	negāh kardan	نگاه کردن
chamar (dizer em voz alta o nome)	sedā kardan	صدا کردن
distrair (vt)	mozāhem šodan	مزاحم شدن
perturbar (vt)	mozāhem šodan	مزاحم شدن
entregar (~ em mãos)	dādan	دادن
pedido (m)	xāheš	خواهش
pedir (ex. ~ ajuda)	xāheš kardan	خواهش کردن
exigência (f)	taqāzā	تقاضا
exigir (vt)	darxāst kardan	درخواست کردن
chamar nomes (vt)	dast endāxtan	دست انداختن
zombar (vt)	masxare kardan	مسخره کردن
zombaria (f)	masxare	مسخره
alcunha (f)	laqab	لقب
insinuação (f)	kenāye	کنایه
insinuar (vt)	kenāye zadan	کنایه زدن
subentender (vt)	ma'ni dāštan	معنی داشتن
descrição (f)	towsif	توصیف
descrever (vt)	towsif kardan	توصیف کردن
elogio (m)	tahsin	تحسین
elogiar (vt)	tahsin kardan	تحسین کردن
desapontamento (m)	nāomidi	ناامیدی
desapontar (vt)	nāomid kardan	ناامید کردن
desapontar-se (vr)	nāomid šodan	ناامید شدن
suposição (f)	farz	فرض
supor (vt)	farz kardan	فرض کردن

| advertência (f) | extār | اخطار |
| advertir (vt) | extār dādan | اخطار دادن |

67. Discussão, conversação. Parte 3

| convencer (vt) | rāzi kardan | راضی کردن |
| acalmar (vt) | ārām kardan | آرام کردن |

silêncio (o ~ é de ouro)	sokut	سکوت
ficar em silêncio	sāket māndan	ساکت ماندن
sussurrar (vt)	najvā kardan	نجوا کردن
sussurro (m)	najvā	نجوا

| francamente | sādeqāne | صادقانه |
| a meu ver ... | be nazar-e man | به نظرمن |

detalhe (~ da história)	joz'iyāt	جزئیات
detalhado	mofassal	مفصل
detalhadamente	be tafsil	به تفصیل

| dica (f) | sarnax | سرنخ |
| dar uma dica | sarnax dādan | سرنخ دادن |

olhar (m)	nazar	نظر
dar uma vista de olhos	nazar andāxtan	نظر انداختن
fixo (olhar ~)	bi harekat	بی حرکت
piscar (vi)	pelk zadan	پلک زدن
pestanejar (vt)	češmak zadan	چشمک زدن
acenar (com a cabeça)	sar-e tekān dādan	سر تکان دادن

suspiro (m)	āh	آه
suspirar (vi)	āh kešidan	آه کشیدن
estremecer (vi)	larzidan	لرزیدن
gesto (m)	žest	ژست
tocar (com as mãos)	lams kardan	لمس کردن
agarrar (~ pelo braço)	gereftan	گرفتن
bater de leve	zadan	زدن

Cuidado!	movāzeb bāš!	مواظب باش!
A sério?	vāqe'an?	واقعاً؟
Tem certeza?	motmaenn-i?	مطمئنی؟
Boa sorte!	movaffaq bāšid!	موفق باشید!
Compreendi!	albate!	البته!
Que pena!	heyf!	حیف!

68. Acordo. Recusa

consentimento (~ mútuo)	movāfeqat	موافقت
consentir (vi)	movāfeqat kardan	موافقت کردن
aprovação (f)	ta'id	تایید
aprovar (vt)	ta'id kardan	تایید کردن
recusa (f)	emtenā'	امتناع

negar-se (vt)	rad kardan	رد کردن
Está ótimo!	āli	عالی
Muito bem!	xub	خوب
Está bem! De acordo!	besyār xob!	بسیارخوب!

proibido	mamnuʿ	ممنوع
é proibido	mamnuʿ ast	ممنوع است
é impossível	qeyr-e momken ast	غیر ممکن است
incorreto	nādorost	نادرست

rejeitar (~ um pedido)	rad kardan	رد کردن
apoiar (vt)	poštibāni kardan	پشتیبانی کردن
aceitar (desculpas, etc.)	qabul kardan	قبول کردن

confirmar (vt)	taʿyid kardan	تأیید کردن
confirmação (f)	taʿyid	تأیید
permissão (f)	ejāze	اجازه
permitir (vt)	ejāze dādan	اجازه دادن
decisão (f)	tasmim	تصمیم
não dizer nada	sokut kardan	سکوت کردن

condição (com uma ~)	šart	شرط
pretexto (m)	bahāne	بهانه
elogio (m)	tahsin	تحسین
elogiar (vt)	tahsin kardan	تحسین کردن

69. Sucesso. Boa sorte. Insucesso

êxito, sucesso (m)	movaffaqiyat	موفقیت
com êxito	bā movaffaqiyat	با موفقیت
bem sucedido	movaffaqiyat āmiz	موفقیت آمیز

sorte (fortuna)	šāns	شانس
Boa sorte!	movaffaq bāšid!	موفق باشید!
de sorte	šāns	شانس
sortudo, felizardo	xoš šāns	خوش شانس

fracasso (m)	nākāmi	ناکامی
pouca sorte (f)	bad šāns-i	بد شانسی
azar (m), má sorte (f)	bad šāns-i	بد شانسی

| mal sucedido | nā movaffaq | نا موفق |
| catástrofe (f) | fājeʿe | فاجعه |

orgulho (m)	eftexār	افتخار
orgulhoso	maqrur	مغرور
estar orgulhoso	eftexār kardan	افتخارکردن

vencedor (m)	barande	برنده
vencer (vi)	piruz šodan	پیروز شدن
perder (vt)	bāxtan	باختن
tentativa (f)	talāš	تلاش
tentar (vt)	talāš kardan	تلاش کردن
chance (m)	šāns	شانس

70. Conflitos. Emoções negativas

grito (m)	faryād	فریاد
gritar (vi)	faryād zadan	فریاد زدن
começar a gritar	faryād zadan	فریاد زدن
discussão (f)	da'vā	دعوا
discutir (vt)	da'vā kardan	دعوا کردن
escândalo (m)	mošājere	مشاجره
criar escândalo	janjāl kardan	جنجال کردن
conflito (m)	dargiri	درگیری
mal-entendido (m)	su'-e tafāhom	سوء تفاهم
insulto (m)	towhin	توهین
insultar (vt)	towhin kardan	توهین کردن
insultado	towhin šode	توهین شده
ofensa (f)	ranješ	رنجش
ofender (vt)	ranjāndan	رنجاندن
ofender-se (vr)	ranjidan	رنجیدن
indignação (f)	xašm	خشم
indignar-se (vr)	xašmgin šodan	خشمگین شدن
queixa (f)	šekāyat	شکایت
queixar-se (vr)	šekāyat kardan	شکایت کردن
desculpa (f)	ozr xāhi	عذر خواهی
desculpar-se (vr)	ozr xāstan	عذر خواستن
pedir perdão	ozr xāstan	عذر خواستن
crítica (f)	enteqād	انتقاد
criticar (vt)	enteqād kardan	انتقاد کردن
acusação (f)	ettehām	اتهام
acusar (vt)	mottaham kardan	متهم کردن
vingança (f)	enteqām	انتقام
vingar (vt)	enteqām gereftan	انتقام گرفتن
vingar-se (vr)	talāfi darāvardan	تلافی درآوردن
desprezo (m)	tahqir	تحقیر
desprezar (vt)	tahqir kardan	تحقیر کردن
ódio (m)	nefrat	نفرت
odiar (vt)	motenaffer budan	متنفر بودن
nervoso	asabi	عصبی
estar nervoso	asabi šodan	عصبی شدن
zangado	xašmgin	خشمگین
zangar (vt)	xašmgin kardan	خشمگین کردن
humilhação (f)	tahqir	تحقیر
humilhar (vt)	tahqir kardan	تحقیر کردن
humilhar-se (vr)	tahqir šodan	تحقیر شدن
choque (m)	šok	شوک
chocar (vt)	šokke kardan	شوکه کردن
aborrecimento (m)	moškel	مشکل

desagradável	nāxošāyand	ناخوشايند
medo (m)	tars	ترس
terrível (tempestade, etc.)	eftezāh	افتضاح
assustador (ex. história ~a)	vahšatnāk	وحشتناک
horror (m)	vahšat	وحشت
horrível (crime, etc.)	vahšat āvar	وحشت آور

começar a tremer	larzidan	لرزيدن
chorar (vi)	gerye kardan	گريه کردن
começar a chorar	gerye sar dādan	گريه سر دادن
lágrima (f)	ašk	اشک

falta (f)	taqsir	تقصير
culpa (f)	gonāh	گناه
desonra (f)	ār	عار
protesto (m)	e'terāz	اعتراض
stresse (m)	fešār	فشار

perturbar (vt)	mozāhem šodan	مزاحم شدن
zangar-se com ...	xašmgin budan	خشمگين بودن
zangado	xašmgin	خشمگين
terminar (vt)	qat' kardan	قطع کردن
praguejar	fohš dādan	فحش دادن

assustar-se	tarsidan	ترسيدن
golpear (vt)	zadan	زدن
brigar (na rua, etc.)	zad-o-xord kardan	زد و خورد کردن

resolver (o conflito)	hal-o-fasl kardan	حل و فصل کردن
descontente	nārāzi	ناراضی
furioso	qazabnāk	غضبناک

| Não está bem! | xub nist! | خوب نيست! |
| É mau! | bad ast! | بد است! |

Medicina

71. Doenças

doença (f)	bimāri	بیماری
estar doente	bimār budan	بیمار بودن
saúde (f)	salāmati	سلامتی
nariz (m) a escorrer	āb-e rizeš-e bini	آب ریزش بینی
amigdalite (f)	varam-e lowze	ورم لوزه
constipação (f)	sarmā xordegi	سرما خوردگی
constipar-se (vr)	sarmā xordan	سرما خوردن
bronquite (f)	boronšit	برنشیت
pneumonia (f)	zātorrie	ذات الریه
gripe (f)	ānfolānzā	آنفولانزا
míope	nazdik bin	نزدیک بین
presbita	durbin	دوربین
estrabismo (m)	enherāf-e čašm	انحراف چشم
estrábico	luč	لوچ
catarata (f)	āb morvārid	آب مروارید
glaucoma (m)	ab-e siyāh	آب سیاه
AVC (m), apoplexia (f)	sekte-ye maqzi	سکته مغزی
ataque (m) cardíaco	sekte-ye qalbi	سکته قلبی
enfarte (m) do miocárdio	ānfārktus	آنفارکتوس
paralisia (f)	falaji	فلجی
paralisar (vt)	falj kardan	فلج کردن
alergia (f)	ālerži	آلرژی
asma (f)	āsm	آسم
diabetes (f)	diyābet	دیابت
dor (f) de dentes	dandān-e dard	دندان درد
cárie (f)	pusidegi	پوسیدگی
diarreia (f)	eshāl	اسهال
prisão (f) de ventre	yobusat	یبوست
desarranjo (m) intestinal	nārāhati-ye me'de	ناراحتی معده
intoxicação (f) alimentar	masmumiyat	مسمومیت
intoxicar-se	masmum šodan	مسموم شدن
artrite (f)	varam-e mafāsel	ورم مفاصل
raquitismo (m)	rāšitism	راشیتیسم
reumatismo (m)	romātism	روماتیسم
arteriosclerose (f)	tasallob-e šarāin	تصلب شرائین
gastrite (f)	varam-e me'de	ورم معده
apendicite (f)	āpāndisit	آپاندیسیت

colecistite (f)	eltehāb-e kise-ye safrā	التهاب کیسه صفرا
úlcera (f)	zaxm	زخم
sarampo (m)	sorxak	سرخک
rubéola (f)	sorxje	سرخجه
iterícia (f)	yaraqān	یرقان
hepatite (f)	hepātit	هپاتیت
esquizofrenia (f)	šizoferni	شیزوفرنی
raiva (f)	hāri	هاری
neurose (f)	extelāl-e a'sāb	اختلال اعصاب
comoção (f) cerebral	zarbe-ye maqzi	ضربه مغزی
cancro (m)	saratān	سرطان
esclerose (f)	eskeleroz	اسکلروز
esclerose (f) múltipla	eskeleroz čandgāne	اسکلروز چندگانه
alcoolismo (m)	alkolism	الکلیسم
alcoólico (m)	alkoli	الکلی
sífilis (f)	siflis	سیفلیس
SIDA (f)	eydz	ایدز
tumor (m)	tumor	تومور
maligno	bad xim	بد خیم
benigno	xoš xim	خوش خیم
febre (f)	tab	تب
malária (f)	mālāriyā	مالاریا
gangrena (f)	qānqāriyā	قانقاریا
enjoo (m)	daryā-zadegi	دریازدگی
epilepsia (f)	sar'	صرع
epidemia (f)	epidemi	اپیدمی
tifo (m)	hasbe	حصبه
tuberculose (f)	sel	سل
cólera (f)	vabā	وبا
peste (f)	tā'un	طاعون

72. Sintomas. Tratamentos. Parte 1

sintoma (m)	alāem-e bimāri	علائم بیماری
temperatura (f)	damā	دما
febre (f)	tab	تب
pulso (m)	nabz	نبض
vertigem (f)	sargije	سرگیجه
quente (testa, etc.)	dāq	داغ
calafrio (m)	ra'še	رعشه
pálido	rang paride	رنگ پریده
tosse (f)	sorfe	سرفه
tossir (vi)	sorfe kardan	سرفه کردن
espirrar (vi)	atse kardan	عطسه کردن
desmaio (m)	qaš	غش

desmaiar (vi)	qaš kardan	غش کردن
nódoa (f) negra	kabudi	کبودی
galo (m)	barāmadegi	برآمدگی
magoar-se (vr)	barxord kardan	برخورد کردن
pisadura (f)	kuftegi	کوفتگی
aleijar-se (vr)	zarb didan	ضرب دیدن

coxear (vi)	langidan	لنگیدن
deslocação (f)	dar raftegi	دررفتگی
deslocar (vt)	dar raftan	دررفتن
fratura (f)	šekastegi	شکستگی
fraturar (vt)	dočār-e šekastegi šodan	دچار شکستگی شدن

corte (m)	boridegi	بریدگی
cortar-se (vr)	boridan	بریدن
hemorragia (f)	xunrizi	خونریزی

queimadura (f)	suxtegi	سوختگی
queimar-se (vr)	dočār-e suxtegi šodan	دچار سوختگی شدن

picar (vt)	surāx kardan	سوراخ کردن
picar-se (vr)	surāx kardan	سوراخ کردن
lesionar (vt)	āsib resāndan	آسیب رساندن
lesão (m)	zaxm	زخم
ferida (f), ferimento (m)	zaxm	زخم
trauma (m)	zarbe	ضربه

delirar (vi)	hazyān goftan	هذیان گفتن
gaguejar (vi)	loknat dāštan	لکنت داشتن
insolação (f)	āftāb-zadegi	آفتابزدگی

73. Sintomas. Tratamentos. Parte 2

dor (f)	dard	درد
farpa (no dedo)	xār	خار

suor (m)	araq	عرق
suar (vi)	araq kardan	عرق کردن
vómito (m)	estefrāq	استفراغ
convulsões (f pl)	tašannoj	تشنج

grávida	bārdār	باردار
nascer (vi)	motevalled šodan	متولد شدن
parto (m)	vaz'-e haml	وضع حمل
dar à luz	be donyā āvardan	به دنیا آوردن
aborto (m)	seqt-e janin	سقط جنین

respiração (f)	tanaffos	تنفس
inspiração (f)	estenšāq	استنشاق
expiração (f)	bāzdam	بازدم
expirar (vi)	bāzdamidan	بازدمیدن
inspirar (vi)	nafas kešidan	نفس کشیدن
inválido (m)	ma'lul	معلول
aleijado (m)	falaj	فلج

toxicodependente (m)	mo'tād	معتاد
surdo	kar	کر
mudo	lāl	لال
surdo-mudo	kar-o lāl	کر و لال

louco (adj.)	divāne	دیوانه
louco (m)	divāne	دیوانه
louca (f)	divāne	دیوانه
ficar louco	divāne šodan	دیوانه شدن

gene (m)	žen	ژن
imunidade (f)	masuniyat	مصونیت
hereditário	mowrusi	موروثی
congénito	mādarzād	مادرزاد

vírus (m)	virus	ویروس
micróbio (m)	mikrob	میکروب
bactéria (f)	bākteri	باکتری
infeção (f)	ofunat	عفونت

74. Sintomas. Tratamentos. Parte 3

hospital (m)	bimārestān	بیمارستان
paciente (m)	bimār	بیمار

diagnóstico (m)	tašxis	تشخیص
cura (f)	mo'āleje	معالجه
tratamento (m) médico	darmān	درمان
curar-se (vr)	darmān šodan	درمان شدن
tratar (vt)	mo'āleje kardan	معالجه کردن
cuidar (pessoa)	parastāri kardan	پرستاری کردن
cuidados (m pl)	parastāri	پرستاری

operação (f)	amal-e jarrāhi	عمل جراحی
enfaixar (vt)	pānsemān kardan	پانسمان کردن
enfaixamento (m)	pānsemān	پانسمان

vacinação (f)	vāksināsyon	واکسیناسیون
vacinar (vt)	vāksine kardan	واکسینه کردن
injeção (f)	tazriq	تزریق
dar uma injeção	tazriq kardan	تزریق کردن

ataque (~ de asma, etc.)	hamle	حمله
amputação (f)	qat'-e ozv	قطع عضو
amputar (vt)	qat' kardan	قطع کردن
coma (f)	komā	کما
estar em coma	dar komā budan	در کما بودن
reanimação (f)	morāqebat-e viže	مراقبت ویژه

recuperar-se (vr)	behbud yāftan	بهبود یافتن
estado (~ de saúde)	hālat	حالت
consciência (f)	huš	هوش
memória (f)	hāfeze	حافظه
tirar (vt)	dandān kešidan	دندان کشیدن

| chumbo (m), obturação (f) | por kardan | پر کردن |
| chumbar, obturar (vt) | por kardan | پر کردن |

| hipnose (f) | hipnotizm | هیپنوتیزم |
| hipnotizar (vt) | hipnotizm kardan | هیپنوتیزم کردن |

75. Médicos

médico (m)	pezešk	پزشک
enfermeira (f)	parastār	پرستار
médico (m) pessoal	pezešk-e šaxsi	پزشک شخصی

dentista (m)	dandān pezešk	دندان پزشک
oculista (m)	češm-pezešk	چشم پزشک
terapeuta (m)	pezešk omumi	پزشک عمومی
cirurgião (m)	jarrāh	جراح

psiquiatra (m)	ravānpezešk	روانپزشک
pediatra (m)	pezešk-e kudakān	پزشک کودکان
psicólogo (m)	ravānšenās	روانشناس
ginecologista (m)	motexasses-e zanān	متخصص زنان
cardiologista (m)	motexasses-e qalb	متخصص قلب

76. Medicina. Drogas. Acessórios

medicamento (m)	dāru	دارو
remédio (m)	darmān	درمان
receitar (vt)	tajviz kardan	تجویز کردن
receita (f)	nosxe	نسخه

comprimido (m)	qors	قرص
pomada (f)	pomād	پماد
ampola (f)	āmpul	آمپول
preparado (m)	šarbat	شربت
xarope (m)	šarbat	شربت
cápsula (f)	kapsul	کپسول
remédio (m) em pó	pudr	پودر

ligadura (f)	bānd	باند
algodão (m)	panbe	پنبه
iodo (m)	yod	ید

penso (m) rápido	časb-e zaxm	چسب زخم
conta-gotas (m)	qatre čekān	قطره چکان
termómetro (m)	damāsanj	دماسنج
seringa (f)	sorang	سرنگ

| cadeira (f) de rodas | vilčer | ویلچر |
| muletas (f pl) | čub zir baqal | چوب زیر بغل |

| analgésico (m) | mosaken | مسکن |
| laxante (m) | moshel | مسهل |

álcool (m) etílico	alkol	الکل
ervas (f pl) medicinais	giyāhān-e dāruyi	گیاهان دارویی
de ervas (chá ~)	giyāhi	گیاهی

77. Fumar. Produtos tabágicos

tabaco (m)	tutun	توتون
cigarro (m)	sigār	سیگار
charuto (m)	sigār	سیگار
cachimbo (m)	pip	پیپ
maço (~ de cigarros)	baste	بسته

fósforos (m pl)	kebrit	کبریت
caixa (f) de fósforos	quti-ye kebrit	قوطی کبریت
isqueiro (m)	fandak	فندک
cinzeiro (m)	zir-sigāri	زیرسیگاری
cigarreira (f)	quti-ye sigār	قوطی سیگار

| boquilha (f) | čub-e sigār | چوب سیگار |
| filtro (m) | filter | فیلتر |

fumar (vi, vt)	sigār kešidan	سیگار کشیدن
acender um cigarro	sigār rowšan kardan	سیگار روشن کردن
tabagismo (m)	sigār kešidan	سیگار کشیدن
fumador (m)	sigāri	سیگاری

beata (f)	tah-e sigār	ته سیگار
fumo (m)	dud	دود
cinza (f)	xākestar	خاکستر

HABITAT HUMANO

Cidade

78. Cidade. Vida na cidade

cidade (f)	šahr	شهر
capital (f)	pāytaxt	پایتخت
aldeia (f)	rustā	روستا
mapa (m) da cidade	naqše-ye šahr	نقشۀ شهر
centro (m) da cidade	markaz-e šahr	مرکز شهر
subúrbio (m)	hume-ye šahr	حومۀ شهر
suburbano	hume-ye šahr	حومۀ شهر
periferia (f)	hume	حومه
arredores (m pl)	hume	حومه
quarteirão (m)	mahalle	محله
quarteirão (m) residencial	mahalle-ye maskuni	محلۀ مسکونی
tráfego (m)	obur-o morur	عبور و مرور
semáforo (m)	čerāq-e rāhnamā	چراغ راهنما
transporte (m) público	haml-o naql-e šahri	حمل و نقل شهری
cruzamento (m)	čahārrāh	چهارراه
passadeira (f)	xatt-e āber-e piyāde	خط عابرپیاده
passagem (f) subterrânea	zir-e gozar	زیر گذر
cruzar, atravessar (vt)	obur kardan	عبور کردن
peão (m)	piyāde	پیاده
passeio (m)	piyāde row	پیاده رو
ponte (f)	pol	پل
margem (f) do rio	xiyābān-e sāheli	خیابان ساحلی
fonte (f)	češme	چشمه
alameda (f)	bāq rāh	باغ راه
parque (m)	pārk	پارک
bulevar (m)	bolvār	بولوار
praça (f)	meydān	میدان
avenida (f)	xiyābān	خیابان
rua (f)	xiyābān	خیابان
travessa (f)	kuče	کوچه
beco (m) sem saída	bon bast	بن بست
casa (f)	xāne	خانه
edifício, prédio (m)	sāxtemān	ساختمان
arranha-céus (m)	āsemānxarāš	آسمانخراش
fachada (f)	namā	نما
telhado (m)	bām	بام

janela (f)	panjere	پنجره
arco (m)	tāq-e qowsi	طاق قوسی
coluna (f)	sotun	ستون
esquina (f)	nabš	نبش

montra (f)	vitrin	ویترین
letreiro (m)	tāblo	تابلو
cartaz (m)	poster	پوستر
cartaz (m) publicitário	poster-e tabliqāti	پوستر تبلیغاتی
painel (m) publicitário	bilbord	بیلبورد

lixo (m)	āšqāl	آشغال
cesta (f) do lixo	satl-e āšqāl	سطل آشغال
jogar lixo na rua	kasif kardan	کثیف کردن
aterro (m) sanitário	jā-ye dafn-e āšqāl	جای دفن آشغال

cabine (f) telefónica	kābin-e telefon	کابین تلفن
candeeiro (m) de rua	tir-e barq	تیر برق
banco (m)	nimkat	نیمکت

polícia (m)	polis	پلیس
polícia (instituição)	polis	پلیس
mendigo (m)	gedā	گدا
sem-abrigo (m)	bi xānomān	بی خانمان

79. Instituições urbanas

loja (f)	maqāze	مغازه
farmácia (f)	dāruxāne	داروخانه
ótica (f)	eynak foruši	عینک فروشی
centro (m) comercial	markaz-e tejāri	مرکز تجاری
supermercado (m)	supermārket	سوپرمارکت

padaria (f)	nānvāyi	نانوایی
padeiro (m)	nānvā	نانوا
pastelaria (f)	qannādi	قنادی
mercearia (f)	baqqāli	بقالی
talho (m)	gušt foruši	گوشت فروشی

| loja (f) de legumes | sabzi foruši | سبزی فروشی |
| mercado (m) | bāzār | بازار |

café (m)	kāfe	کافه
restaurante (m)	resturān	رستوران
bar (m), cervejaria (f)	bār	بار
pizzaria (f)	pitzā-foruši	پیتزا فروشی

salão (m) de cabeleireiro	ārāyešgāh	آرایشگاه
correios (m pl)	post	پست
lavandaria (f)	xošk-šuyi	خشک‌شویی
estúdio (m) fotográfico	ātolye-ye akkāsi	آتلیۀ عکاسی

| sapataria (f) | kafš foruši | کفش فروشی |
| livraria (f) | ketāb-foruši | کتاب فروشی |

loja (f) de artigos de desporto	maqāze-ye varzeši	مغازهٔ ورزشی
reparação (f) de roupa	ta'mir-e lebās	تعمیر لباس
aluguer (m) de roupa	kerāye-ye lebās	کرایهٔ لباس
aluguer (m) de filmes	kerāye-ye film	کرایهٔ فیلم

circo (m)	sirak	سیرک
jardim (m) zoológico	bāq-e vahš	باغ وحش
cinema (m)	sinamā	سینما
museu (m)	muze	موزه
biblioteca (f)	ketābxāne	کتابخانه

teatro (m)	teātr	تئاتر
ópera (f)	operā	اپرا
clube (m) noturno	kābāre	کاباره
casino (m)	kāzino	کازینو

mesquita (f)	masjed	مسجد
sinagoga (f)	kenešt	کنشت
catedral (f)	kelisā-ye jāme'	کلیسای جامع
templo (m)	ma'bad	معبد
igreja (f)	kelisā	کلیسا

instituto (m)	anistito	انستیتو
universidade (f)	dānešgāh	دانشگاه
escola (f)	madrese	مدرسه

prefeitura (f)	ostāndāri	استانداری
câmara (f) municipal	šahrdāri	شهرداری
hotel (m)	hotel	هتل
banco (m)	bānk	بانک

embaixada (f)	sefārat	سفارت
agência (f) de viagens	āžāns-e jahāngardi	آژانس جهانگردی
agência (f) de informações	daftar-e ettelāāt	دفتر اطلاعات
casa (f) de câmbio	sarrāfi	صرافی

| metro (m) | metro | مترو |
| hospital (m) | bimārestān | بیمارستان |

| posto (m) de gasolina | pomp-e benzin | پمپ بنزین |
| parque (m) de estacionamento | pārking | پارکینگ |

80. Sinais

letreiro (m)	tāblo	تابلو
inscrição (f)	nevešte	نوشته
cartaz, póster (m)	poster	پوستر
sinal (m) informativo	rāhnamā	راهنما
seta (f)	alāmat	علامت

aviso (advertência)	ehtiyāt	احتیاط
sinal (m) de aviso	alāmat-e hošdār	علامت هشدار
avisar, advertir (vt)	hošdār dādan	هشدار دادن
dia (m) de folga	ruz-e ta'til	روز تعطیل

| horário (m) | jadval | جدول |
| horário (m) de funcionamento | sāʿathā-ye kāri | ساعت های کاری |

BEM-VINDOS!	xoš āmadid	خوش آمدید
ENTRADA	vorud	ورود
SAÍDA	xoruj	خروج

EMPURRE	hel dādan	هل دادن
PUXE	bekešid	بکشید
ABERTO	bāz	باز
FECHADO	baste	بسته

| MULHER | zanāne | زنانه |
| HOMEM | mardāne | مردانه |

DESCONTOS	taxfif	تخفیف
SALDOS	harāj	حراج
NOVIDADE!	jadid	جدید
GRÁTIS	majjāni	مجانی

ATENÇÃO!	tavajjoh	توجه
NÃO HÁ VAGAS	otāq-e xāli nadārim	اتاق خالی نداریم
RESERVADO	rezerv šode	رزرو شده

| ADMINISTRAÇÃO | edāre | اداره |
| SOMENTE PESSOAL AUTORIZADO | xāse personel | خاص پرسنل |

CUIDADO CÃO FEROZ	movāzeb-e sag bāšid	مواظب سگ باشید
PROIBIDO FUMAR!	sigār kešidan mamnuʾ	سیگار کشیدن ممنوع
NÃO TOCAR	dast nazanid	دست نزنید

PERIGOSO	xatarnāk	خطرناک
PERIGO	xatar	خطر
ALTA TENSÃO	voltāj bālā	ولتاژ بالا
PROIBIDO NADAR	šenā mamnuʿ	شنا ممنوع
AVARIADO	xārāb	خراب

INFLAMÁVEL	qābel-e ehterāq	قابل احتراق
PROIBIDO	mamnuʿ	ممنوع
ENTRADA PROIBIDA	obur mamnuʿ	عبور ممنوع
CUIDADO TINTA FRESCA	rang-e xis	رنگ خیس

81. Transportes urbanos

autocarro (m)	otobus	اتوبوس
elétrico (m)	terāmvā	تراموا
troleicarro (m)	otobus-e barqi	اتوبوس برقی
itinerário (m)	xat	خط
número (m)	šomāre	شماره

ir de ... (carro, etc.)	raftan bā	رفتن با
entrar (~ no autocarro)	savār šodan	سوار شدن
descer de ...	piyāde šodan	پیاده شدن

paragem (f)	istgāh-e otobus	ایستگاه اتوبوس
próxima paragem (f)	istgāh-e ba'di	ایستگاه بعدی
ponto (m) final	istgāh-e āxar	ایستگاه آخر
horário (m)	barnāme	برنامه
esperar (vt)	montazer budan	منتظر بودن

| bilhete (m) | belit | بلیط |
| custo (m) do bilhete | qeymat-e belit | قیمت بلیت |

bilheteiro (m)	sanduqdār	صندوقدار
controlo (m) dos bilhetes	kontorol-e belit	کنترل بلیط
revisor (m)	kontorol či	کنترل چی

atrasar-se (vr)	ta'xir dāštan	تأخیرداشتن
perder (o autocarro, etc.)	az dast dādan	از دست دادن
estar com pressa	ajale kardan	عجله کردن

táxi (m)	tāksi	تاکسی
taxista (m)	rānande-ye tāksi	راننده تاکسی
de táxi (ir ~)	bā tāksi	با تاکسی
praça (f) de táxis	istgāh-e tāksi	ایستگاه تاکسی
chamar um táxi	tāksi gereftan	تاکسی گرفتن
apanhar um táxi	tāksi gereftan	تاکسی گرفتن

tráfego (m)	obur-o morur	عبور و مرور
engarrafamento (m)	terāfik	ترافیک
horas (f pl) de ponta	sā'at-e šoluqi	ساعت شلوغی
estacionar (vi)	pārk kardan	پارک کردن
estacionar (vt)	pārk kardan	پارک کردن
parque (m) de estacionamento	pārking	پارکینگ

metro (m)	metro	مترو
estação (f)	istgāh	ایستگاه
ir de metro	bā metro raftan	با مترو رفتن
comboio (m)	qatār	قطار
estação (f)	istgāh-e rāh-e āhan	ایستگاه راه آهن

82. Turismo

monumento (m)	mojassame	مجسمه
fortaleza (f)	qal'e	قلعه
palácio (m)	kāx	کاخ
castelo (m)	qal'e	قلعه
torre (f)	borj	برج
mausoléu (m)	ārāmgāh	آرامگاه

arquitetura (f)	me'māri	معماری
medieval	qorun-e vasati	قرون وسطی
antigo	qadimi	قدیمی
nacional	melli	ملی
conhecido	mašhur	مشهور

| turista (m) | turist | توریست |
| guia (pessoa) | rāhnamā-ye tur | راهنمای تور |

excursão (f)	gardeš	گردش
mostrar (vt)	nešān dādan	نشان دادن
contar (vt)	hekāyat kardan	حکایت کردن

encontrar (vt)	peydā kardan	پیدا کردن
perder-se (vr)	gom šodan	گم شدن
mapa (~ do metrô)	naqše	نقشه
mapa (~ da cidade)	naqše	نقشه

lembrança (f), presente (m)	sowqāti	سوغاتی
loja (f) de presentes	forušgāh-e sowqāti	فروشگاه سوغاتی
fotografar (vt)	aks gereftan	عکس گرفتن
fotografar-se	aks gereftan	عکس گرفتن

83. Compras

comprar (vt)	xarid kardan	خرید کردن
compra (f)	xarid	خرید
fazer compras	xarid kardan	خرید کردن
compras (f pl)	xarid	خرید

| estar aberta (loja, etc.) | bāz budan | باز بودن |
| estar fechada | baste budan | بسته بودن |

calçado (m)	kafš	کفش
roupa (f)	lebās	لباس
cosméticos (m pl)	lavāzem-e ārāyeši	لوازم آرایشی
alimentos (m pl)	mavādd-e qazāyi	مواد غذایی
presente (m)	hedye	هدیه

| vendedor (m) | forušande | فروشنده |
| vendedora (f) | forušande-ye zan | فروشنده زن |

caixa (f)	sanduq	صندوق
espelho (m)	āyene	آینه
balcão (m)	pišxān	پیشخوان
cabine (f) de provas	otāq porov	اتاق پرو

provar (vt)	emtehān kardan	امتحان کردن
servir (vi)	monāseb budan	مناسب بودن
gostar (apreciar)	dust dāštan	دوست داشتن

preço (m)	qeymat	قیمت
etiqueta (f) de preço	barčasb-e qeymat	برچسب قیمت
custar (vt)	qeymat dāštan	قیمت داشتن
Quanto?	čeqadr?	چقدر؟
desconto (m)	taxfif	تخفیف

não caro	arzān	ارزان
barato	arzān	ارزان
caro	gerān	گران
É caro	gerān ast	گران است
aluguer (m)	kerāye	کرایه
alugar (vestidos, etc.)	kerāye kardan	کرایه کردن

| crédito (m) | vām | وام |
| a crédito | xarid-e e'tebāri | خرید اعتباری |

84. Dinheiro

dinheiro (m)	pul	پول
câmbio (m)	tabdil-e arz	تبدیل ارز
taxa (f) de câmbio	nerx-e arz	نرخ ارز
Caixa Multibanco (m)	xodpardāz	خودپرداز
moeda (f)	sekke	سکه

| dólar (m) | dolār | دلار |
| euro (m) | yuro | یورو |

lira (f)	lire	لیره
marco (m)	mārk	مارک
franco (m)	farānak	فرانک
libra (f) esterlina	pond-e esterling	پوند استرلینگ
iene (m)	yen	ین

dívida (f)	qarz	قرض
devedor (m)	bedehkār	بدهکار
emprestar (vt)	qarz dādan	قرض دادن
pedir emprestado	qarz gereftan	قرض گرفتن

banco (m)	bānk	بانک
conta (f)	hesāb-e bānki	حساب بانکی
depositar (vt)	rixtan	ریختن
depositar na conta	be hesāb rixtan	به حساب ریختن
levantar (vt)	az hesāb bardāštan	از حساب برداشتن

cartão (m) de crédito	kārt-e e'tebāri	کارت اعتباری
dinheiro (m) vivo	pul-e naqd	پول نقد
cheque (m)	ček	چک
passar um cheque	ček neveštan	چک نوشتن
livro (m) de cheques	daste-ye ček	دسته چک

carteira (f)	kif-e pul	کیف پول
porta-moedas (m)	kif-e pul	کیف پول
cofre (m)	gāvsanduq	گاوصندوق

herdeiro (m)	vāres	وارث
herança (f)	mirās	میراث
fortuna (riqueza)	dārāyi	دارایی

arrendamento (m)	ejāre	اجاره
renda (f) de casa	kerāye-ye xāne	کرایة خانه
alugar (vt)	ejāre kardan	اجاره کردن

preço (m)	qeymat	قیمت
custo (m)	arzeš	ارزش
soma (f)	jam'-e kol	جمع کل
gastar (vt)	xarj kardan	خرج کردن
gastos (m pl)	maxārej	مخارج

| economizar (vi) | sarfeju-yi kardan | صرفه جویی کردن |
| economico | maqrun besarfe | مقرون به صرفه |

pagar (vt)	pardāxtan	پرداختن
pagamento (m)	pardāxt	پرداخت
troco (m)	pul-e xerad	پول خرد

imposto (m)	māliyāt	مالیات
multa (f)	jarime	جریمه
multar (vt)	jarime kardan	جریمه کردن

85. Correios. Serviço postal

correios (m pl)	post	پست
correio (m)	post	پست
carteiro (m)	nāme resān	نامه رسان
horário (m)	sā'athā-ye kāri	ساعت های کاری

carta (f)	nāme	نامه
carta (f) registada	nāme-ye sefāreši	نامه سفارشی
postal (m)	kārt-e postāl	کارت پستال
telegrama (m)	telegrām	تلگرام
encomenda (f) postal	baste posti	بسته پستی
remessa (f) de dinheiro	havāle	حواله

receber (vt)	gereftan	گرفتن
enviar (vt)	ferestādan	فرستادن
envio (m)	ersāl	ارسال

endereço (m)	nešāni	نشانی
código (m) postal	kod-e posti	کد پستی
remetente (m)	ferestande	فرستنده
destinatário (m)	girande	گیرنده

| nome (m) | esm | اسم |
| apelido (m) | nām-e xānevādegi | نام خانوادگی |

tarifa (f)	ta'refe	تعرفه
ordinário	ādi	عادی
económico	ādi	عادی

peso (m)	vazn	وزن
pesar (estabelecer o peso)	vazn kardan	وزن کردن
envelope (m)	pākat	پاکت
selo (m)	tambr	تمبر
colar o selo	tamr zadan	تمبر زدن

Moradia. Casa. Lar

86. Casa. Habitação

casa (f)	xāne	خانه
em casa	dar xāne	در خانه
pátio (m)	hayāt	حیاط
cerca (f)	hesār	حصار
tijolo (m)	ājor	آجر
de tijolos	ājori	آجری
pedra (f)	sang	سنگ
de pedra	sangi	سنگی
betão (m)	boton	بتن
de betão	botoni	بتنی
novo	jadid	جدید
velho	qadimi	قدیمی
decrépito	maxrube	مخروبه
moderno	modern	مدرن
de muitos andares	čandtabaqe	چندطبقه
alto	boland	بلند
andar (m)	tabaqe	طبقه
de um andar	yek tabaqe	یک طبقه
andar (m) de baixo	tabaqe-ye pāin	طبقهٔ پائین
andar (m) de cima	tabaqe-ye bālā	طبقهٔ بالا
telhado (m)	bām	بام
chaminé (f)	dudkeš	دودکش
telha (f)	saqf-e kazeb	سقف کاذب
de telha	sofāli	سفالی
sótão (m)	zir-širvāni	زیرشیروانی
janela (f)	panjere	پنجره
vidro (m)	šiše	شیشه
parapeito (m)	tāqče-ye panjare	طاقچهٔ پنجره
portadas (f pl)	kerkere	کرکره
parede (f)	divār	دیوار
varanda (f)	bālkon	بالکن
tubo (m) de queda	nāvdān	ناودان
em cima	bālā	بالا
subir (~ as escadas)	bālā raftan	بالا رفتن
descer (vi)	pāyin āmadan	پایین آمدن
mudar-se (vr)	asbābkeši kardan	اسباب کشی کردن

87. Casa. Entrada. Elevador

entrada (f)	darb-e vorudi	درب ورودی
escada (f)	pellekān	پلکان
degraus (m pl)	pelle-hā	پله ها
corrimão (m)	narde	نرده
hall (m) de entrada	lābi	لابی

caixa (f) de correio	sanduq-e post	صندوق پست
caixote (m) do lixo	zobāle dān	زباله دان
conduta (f) do lixo	šuting zobale	شوتینگ زباله

elevador (m)	āsānsor	آسانسور
elevador (m) de carga	bālābar	بالابر
cabine (f)	kābin-e āsānsor	کابین آسانسور
pegar o elevador	āsānsor gereftan	آسانسور گرفتن

apartamento (m)	āpārtemān	آپارتمان
moradores (m pl)	sākenān	ساکنان
vizinho (m)	hamsāye	همسایه
vizinha (f)	hamsāye	همسایه
vizinhos (pl)	hamsāye-hā	همسایه ها

88. Casa. Eletricidade

eletricidade (f)	barq	برق
lâmpada (f)	lāmp	لامپ
interruptor (m)	kelid	کلید
fusível (m)	fiyuz	فیوز

fio, cabo (m)	sim	سیم
instalação (f) elétrica	sim keši	سیم کشی
contador (m) de eletricidade	kontor	کنتور
indicação (f), registo (m)	dastgāh-e xaneš	دستگاه خوانش

89. Casa. Portas. Fechaduras

porta (f)	darb	درب
portão (m)	darvāze	دروازه
maçaneta (f)	dastgire-ye dar	دستگیرهٔ در
destrancar (vt)	bāz kardan	باز کردن
abrir (vt)	bāz kardan	باز کردن
fechar (vt)	bastan	بستن

chave (f)	kelid	کلید
molho (m)	daste	دسته
ranger (vi)	qežqež kardan	غژغژ کردن
rangido (m)	qež qež	غژ غژ
dobradiça (f)	lowlā	لولا
tapete (m) de entrada	pādari	پادری
fechadura (f)	qofl	قفل

buraco (m) da fechadura	surāx kelid	سوراخ کلید
ferrolho (m)	kolun-e dar	کلون در
fecho (ferrolho pequeno)	čeft	چفت
cadeado (m)	qofl	قفل

tocar (vt)	zang zadan	زنگ زدن
toque (m)	zang	زنگ
campainha (f)	zang-e dar	زنگ در
botão (m)	zang	زنگ
batida (f)	dar zadan	درزدن
bater (vi)	dar zadan	درزدن

código (m)	kod	کد
fechadura (f) de código	qofl-e ramz dār	قفل رمز دار
telefone (m) de porta	āyfon	آیفون
número (m)	pelāk-e manzel	پلاک منزل
placa (f) de porta	pelāk	پلاک
vigia (f), olho (m) mágico	češmi	چشمی

90. Casa de campo

aldeia (f)	rustā	روستا
horta (f)	jāliz	جالیز
cerca (f)	parčin	پرچین
paliçada (f)	hesār	حصار
cancela (f) do jardim	darvāze	دروازه

celeiro (m)	anbār	انبار
adega (f)	zirzamin	زیرزمین
galpão, barracão (m)	ālonak	آلونک
poço (m)	čāh	چاه

fogão (m)	boxāri	بخاری
atiçar o fogo	rowšan kardan-e boxāri	روشن کردن بخاری
lenha (carvão ou ~)	hizom	هیزم
acha (lenha)	kande-ye čub	کندۀ چوب

varanda (f)	eyvān-e sarpušide	ایوان سرپوشیده
alpendre (m)	terās	تراس
degraus (m pl) de entrada	vorudi-e xāne	ورودی خانه
balouço (m)	tāb	تاب

91. Moradia. Mansão

casa (f) de campo	xāne-ye xārej-e šahr	خانۀ خارج شهر
vila (f)	vilā	ویلا
ala (~ do edifício)	bāl	بال

jardim (m)	bāq	باغ
parque (m)	pārk	پارک
estufa (f)	golxāne	گلخانه
cuidar de ...	negahdāri kardan	نگهداری کردن

piscina (f)	estaxr	استخر
ginásio (m)	sālon-e varzeš	سالن ورزش
campo (m) de ténis	zamin-e tenis	زمین تنیس
cinema (m)	sinamā	سینما
garagem (f)	gārāž	گاراژ
propriedade (f) privada	melk-e xosusi	ملک خصوصی
terreno (m) privado	melk-e xosusi	ملک خصوصی
advertência (f)	hošdār	هشدار
sinal (m) de aviso	alāmat-e hošdār	علامت هشدار
guarda (f)	hefāzat	حفاظت
guarda (m)	negahbān	نگهبان
alarme (m)	dozdgir	دزدگیر

92. Castelo. Palácio

castelo (m)	qal'e	قلعه
palácio (m)	kāx	کاخ
fortaleza (f)	qal'e	قلعه
muralha (f)	divār	دیوار
torre (f)	borj	برج
calabouço (m)	borj-e asli	برج اصلی
grade (f) levadiça	darb-e kešowyi	درب کشویی
passagem (f) subterrânea	rāh-e zirzamini	راه زیرزمینی
fosso (m)	xandaq	خندق
corrente, cadeia (f)	zanjir	زنجیر
seteira (f)	mazqal	مزغل
magnífico	mojallal	مجلل
majestoso	bāšokuh	باشکوه
inexpugnável	nofoz nāpazir	نفوذ ناپذیر
medieval	qorun-e vasati	قرون وسطی

93. Apartamento

apartamento (m)	āpārtemān	آپارتمان
quarto (m)	otāq	اتاق
quarto (m) de dormir	otāq-e xāb	اتاق خواب
sala (f) de jantar	otāq-e qazāxori	اتاق غذاخوری
sala (f) de estar	mehmānxāne	مهمانخانه
escritório (m)	daftar	دفتر
antessala (f)	tālār-e vorudi	تالار ورودی
quarto (m) de banho	hammām	حمام
toilette (lavabo)	tuālet	توالت
teto (m)	saqf	سقف
chão, soalho (m)	kaf	کف
canto (m)	guše	گوشه

94. Apartamento. Limpeza

arrumar, limpar (vt)	tamiz kardan	تمیز کردن
guardar (no armário, etc.)	morattab kardan	مرتب کردن
pó (m)	gard	گرد
empoeirado	gard ālud	گرد آلود
limpar o pó	gardgiri kardan	گردگیری کردن
aspirador (m)	jāru barqi	جارو برقی
aspirar (vt)	jāru barq-i kešidan	جارو برقی کشیدن
varrer (vt)	jāru kardan	جارو کردن
sujeira (f)	āšqāl	آشغال
arrumação (f), ordem (f)	nazm	نظم
desordem (f)	bi nazmi	بی نظمی
esfregão (m)	jāru-ye dastedār	جاروی دسته دار
pano (m), trapo (m)	kohne	کهنه
vassoura (f)	jārub	جاروب
pá (f) de lixo	xāk andāz	خاک انداز

95. Mobiliário. Interior

mobiliário (m)	mobl	مبل
mesa (f)	miz	میز
cadeira (f)	sandali	صندلی
cama (f)	taxt-e xāb	تخت خواب
divã (m)	kānāpe	کاناپه
cadeirão (m)	mobl-e rāhati	مبل راحتی
estante (f)	qafase-ye ketāb	قفسه کتاب
prateleira (f)	qafase	قفسه
guarda-vestidos (m)	komod	کمد
cabide (m) de parede	raxt āviz	رخت آویز
cabide (m) de pé	čub lebāsi	چوب لباسی
cómoda (f)	komod	کمد
mesinha (f) de centro	miz-e pišdasti	میز پیشدستی
espelho (m)	āyene	آینه
tapete (m)	farš	فرش
tapete (m) pequeno	qāliče	قالیچه
lareira (f)	šumine	شومینه
vela (f)	šam'	شمع
castiçal (m)	šam'dān	شمعدان
cortinas (f pl)	parde	پرده
papel (m) de parede	kāqaz-e divāri	کاغذ دیواری
estores (f pl)	kerkere	کرکره
candeeiro (m) de mesa	čerāq-e rumizi	چراغ رومیزی
candeeiro (m) de parede	čerāq-e divāri	چراغ دیواری

candeeiro (m) de pé	ābāžur	آباژور
lustre (m)	luster	لوستر

pé (de mesa, etc.)	pāye	پایه
braço (m)	daste-ye sandali	دستۀ صندلی
costas (f pl)	pošti	پشتی
gaveta (f)	kešow	کشو

96. Quarto de dormir

roupa (f) de cama	raxt-e xāb	رخت خواب
almofada (f)	bālešt	بالشت
fronha (f)	rubalešt	روبالشت
cobertor (m)	patu	پتو
lençol (m)	malāfe	ملافه
colcha (f)	rutaxti	روتختی

97. Cozinha

cozinha (f)	āšpazxāne	آشپزخانه
gás (m)	gāz	گاز
fogão (m) a gás	ojāgh-e gāz	اجاق گاز
fogão (m) elétrico	ojāgh-e barghi	اجاق برقی
forno (m)	fer	فر
forno (m) de micro-ondas	māykrofer	مایکروفر

frigorífico (m)	yaxčāl	یخچال
congelador (m)	fereyzer	فریزر
máquina (f) de lavar louça	māšin-e zarfšuyi	ماشین ظرفشویی

moedor (m) de carne	čarx-e gušt	چرخ گوشت
espremedor (m)	ābmive giri	آبمیوه گیری
torradeira (f)	towster	توستر
batedeira (f)	maxlut kon	مخلوط کن

máquina (f) de café	qahve sāz	قهوه ساز
cafeteira (f)	qahve juš	قهوه جوش
moinho (m) de café	āsiyāb-e qahve	آسیاب قهوه

chaleira (f)	ketri	کتری
bule (m)	quri	قوری
tampa (f)	sarpuš	سرپوش
coador (m) de chá	čāy sāf kon	چای صاف کن

colher (f)	qāšoq	قاشق
colher (f) de chá	qāšoq čāy xori	قاشق چای خوری
colher (f) de sopa	qāšoq sup xori	قاشق سوپ خوری
garfo (m)	čangāl	چنگال
faca (f)	kārd	کارد

louça (f)	zoruf	ظروف
prato (m)	bošqāb	بشقاب

pires (m)	na'lbeki	نعلبکی
cálice (m)	gilās-e vodkā	گیلاس ودکا
copo (m)	estekān	استکان
chávena (f)	fenjān	فنجان

açucareiro (m)	qandān	قندان
saleiro (m)	namakdān	نمکدان
pimenteiro (m)	felfeldān	فلفلدان
manteigueira (f)	zarf-e kare	ظرف کره

panela, caçarola (f)	qāblame	قابلمه
frigideira (f)	tābe	تابه
concha (f)	malāqe	ملاقه
passador (m)	ābkeš	آبکش
bandeja (f)	sini	سینی

garrafa (f)	botri	بطری
boião (m) de vidro	šiše	شیشه
lata (f)	quti	قوطی

abre-garrafas (m)	dar bāz kon	در بازکن
abre-latas (m)	dar bāz kon	در بازکن
saca-rolhas (m)	dar bāz kon	در بازکن
filtro (m)	filter	فیلتر
filtrar (vt)	filter kardan	فیلتر کردن

| lixo (m) | āšqāl | آشغال |
| balde (m) do lixo | satl-e zobāle | سطل زباله |

98. Casa de banho

quarto (m) de banho	hammām	حمام
água (f)	āb	آب
torneira (f)	šir	شیر
água (f) quente	āb-e dāq	آب داغ
água (f) fria	āb-e sard	آب سرد

pasta (f) de dentes	xamir-e dandān	خمیر دندان
escovar os dentes	mesvāk zadan	مسواک زدن
escova (f) de dentes	mesvāk	مسواک

barbear-se (vr)	riš tarāšidan	ریش تراشیدن
espuma (f) de barbear	xamir-e eslāh	خمیر اصلاح
máquina (f) de barbear	tiq	تیغ

lavar (vt)	šostan	شستن
lavar-se (vr)	hamām kardan	حمام کردن
duche (m)	duš	دوش
tomar um duche	duš gereftan	دوش گرفتن

banheira (f)	vān hammām	وان حمام
sanita (f)	tuālet-e farangi	توالت فرنگی
lavatório (m)	sink	سینک
sabonete (m)	sābun	صابون

saboneteira (f)	jā sābun	جا صابون
esponja (f)	abr	ابر
champô (m)	šāmpu	شامپو
toalha (f)	howle	حوله
roupão (m) de banho	howle-ye hamām	حوله حمام

lavagem (f)	raxčuyi	لباسشویی
máquina (f) de lavar	māšin-e lebas-šui	ماشین لباسشویی
lavar a roupa	šostan-e lebās	شستن لباس
detergente (m)	pudr-e lebas-šui	پودر لباسشویی

99. Eletrodomésticos

televisor (m)	televiziyon	تلویزیون
gravador (m)	zabt-e sowt	ضبط صوت
videogravador (m)	video	ویدئو
rádio (m)	rādiyo	رادیو
leitor (m)	paxš konande	پخش کننده

projetor (m)	video porožektor	ویدئو پروژکتور
cinema (m) em casa	sinamā-ye xānegi	سینمای خانگی
leitor (m) de DVD	paxš konande-ye di vi di	پخش کننده دی وی دی
amplificador (m)	āmpli-fāyer	آمپلی فایر
console (f) de jogos	konsul-e bāzi	کنسول بازی

câmara (f) de vídeo	durbin-e filmbardāri	دوربین فیلمبرداری
máquina (f) fotográfica	durbin-e akkāsi	دوربین عکاسی
câmara (f) digital	durbin-e dijitāl	دوربین دیجیتال

aspirador (m)	jāru barqi	جارو برقی
ferro (m) de engomar	oto	اتو
tábua (f) de engomar	miz-e otu	میز اتو

telefone (m)	telefon	تلفن
telemóvel (m)	telefon-e hamrāh	تلفن همراه
máquina (f) de escrever	māšin-e tahrir	ماشین تحریر
máquina (f) de costura	čarx-e xayyāti	چرخ خیاطی

microfone (m)	mikrofon	میکروفون
auscultadores (m pl)	guši	گوشی
controlo remoto (m)	kontorol az rāh-e dur	کنترل از راه دور

CD (m)	si-di	سیدی
cassete (f)	kāst	کاست
disco (m) de vinil	safhe-ye gerāmāfon	صفحه گرامافون

100. Reparações. Renovação

renovação (f)	ta'mir	تعمیر
renovar (vt), fazer obras	ta'mir kardan	تعمیر کردن
reparar (vt)	ta'mir kardan	تعمیر کردن
consertar (vt)	morattab kardan	مرتب کردن

refazer (vt)	dobāre anjām dādan	دوباره انجام دادن
tinta (f)	rang	رنگ
pintar (vt)	rang kardan	رنگ کردن
pintor (m)	naqqāš	نقاش
pincel (m)	qalam mu	قلم مو

| cal (f) | sefid kāri | سفید کاری |
| caiar (vt) | sefid kāri kardan | سفید کاری کردن |

papel (m) de parede	kāqaz-e divāri	کاغذ دیواری
colocar papel de parede	kāqaz-e divāri kardan	کاغذ دیواری کردن
verniz (m)	lāk	لاک
envernizar (vt)	lāk zadan	لاک زدن

101. Canalizações

água (f)	āb	آب
água (f) quente	āb-e dāq	آب داغ
água (f) fria	āb-e sard	آب سرد
torneira (f)	šir	شیر

gota (f)	qatre	قطره
gotejar (vi)	čakidan	چکیدن
vazar (vt)	našt kardan	نشت کردن
vazamento (m)	našt	نشت
poça (f)	čāle	چاله

tubo (m)	lule	لوله
válvula (f)	šir-e falake	شیر فلکه
entupir-se (vr)	masdud šodan	مسدود شدن

ferramentas (f pl)	abzār	ابزار
chave (f) inglesa	āčār-e farānse	آچار فرانسه
desenroscar (vt)	bāz kardan	باز کردن
enroscar (vt)	pič kardan	پیچ کردن

desentupir (vt)	lule bāz kardan	لوله باز کردن
canalizador (m)	lule keš	لوله کش
cave (f)	zirzamin	زیرزمین
sistema (m) de esgotos	fāzelāb	فاضلاب

102. Fogo. Deflagração

incêndio (m)	ātaš suzi	آتش سوزی
chama (f)	šoʻle	شعله
faísca (f)	jaraqqe	جرقه
fumo (m)	dud	دود
tocha (f)	mašʻal	مشعل
fogueira (f)	ātaš	آتش

| gasolina (f) | benzin | بنزین |
| querosene (m) | naft-e sefid | نفت سفید |

inflamável	sutani	سوختنی
explosivo	mavādd-e monfajere	مواد منفجره
PROIBIDO FUMAR!	sigār kešidan mamnu'	سیگار کشیدن ممنوع
segurança (f)	amniyat	امنیت
perigo (m)	xatar	خطر
perigoso	xatarnāk	خطرناک
incendiar-se (vr)	ātaš gereftan	آتش گرفتن
explosão (f)	enfejār	انفجار
incendiar (vt)	ātaš zadan	آتش زدن
incendiário (m)	ātaš afruz	آتش افروز
incêndio (m) criminoso	ātaš zadan-e amdi	آتش زدن عمدی
arder (vi)	šo'levar budan	شعله ور بودن
queimar (vi)	suxtan	سوختن
queimar tudo (vi)	suxtan	سوختن
chamar os bombeiros	ātaš-e nešāni rā xabar kardan	آتش نشانی را خبر کردن
bombeiro (m)	ātaš nešān	آتش نشان
carro (m) de bombeiros	māšin-e ātašnešāni	ماشین آتش نشانی
corpo (m) de bombeiros	tim-e ātašnešāni	تیم آتش نشانی
escada (f) extensível	nardebān-e ātašnešāni	نردبان آتش نشانی
mangueira (f)	šelang-e ātaš-nešāni	شلنگ آتش نشانی
extintor (m)	kapsul-e ātašnešāni	کپسول آتش نشانی
capacete (m)	kolāh-e imeni	کلاه ایمنی
sirene (f)	āžir-e xatar	آژیر خطر
gritar (vi)	faryād zadan	فریاد زدن
chamar por socorro	be komak talabidan	به کمک طلبیدن
salvador (m)	nejāt-e dahande	نجات دهنده
salvar, resgatar (vt)	najāt dādan	نجات دادن
chegar (vi)	residan	رسیدن
apagar (vt)	xāmuš kardan	خاموش کردن
água (f)	āb	آب
areia (f)	šen	شن
ruínas (f pl)	xarābe	خرابه
ruir (vi)	foru rixtan	فرو ریختن
desmoronar (vi)	rizeš kardan	ریزش کردن
desabar (vi)	foru rixtan	فرو ریختن
fragmento (m)	qet'e	قطعه
cinza (f)	xākestar	خاکستر
sufocar (vi)	xafe šodan	خفه شدن
perecer (vi)	košte šodan	کشته شدن

ATIVIDADES HUMANAS

Emprego. Negócios. Parte 1

103. Escritório. O trabalho no escritório

escritório (~ de advogados)	daftar	دفتر
escritório (do diretor, etc.)	daftar	دفتر
receção (f)	pazir-aš	پذیرش
secretário (m)	monši	منشی
secretária (f)	monši	منشی
diretor (m)	modir	مدیر
gerente (m)	modir	مدیر
contabilista (m)	hesābdār	حسابدار
empregado (m)	kārmand	کارمند
mobiliário (m)	mobl	مبل
mesa (f)	miz	میز
cadeira (f)	sandali dastedār	صندلی دسته دار
bloco (m) de gavetas	kešow	کشو
cabide (m) de pé	čub lebāsi	چوب لباسی
computador (m)	kāmpiyuter	کامپیوتر
impressora (f)	pirinter	پرینتر
fax (m)	faks	فکس
fotocopiadora (f)	dastgāh-e kopi	دستگاه کپی
papel (m)	kāqaz	کاغذ
artigos (m pl) de escritório	lavāzem-e tahrir	لوازم تحریر
tapete (m) de rato	māows pad	ماوس پد
folha (f) de papel	varaq	ورق
pasta (f)	puše	پوشه
catálogo (m)	kātālog	کاتالوگ
diretório (f) telefónico	rāhnamā	راهنما
documentação (f)	asnād	اسناد
brochura (f)	borušur	بروشور
flyer (m)	borušur	بروشور
amostra (f)	nemune	نمونه
formação (f)	āmuzeš	آموزش
reunião (f)	jalase	جلسه
hora (f) de almoço	vaqt-e nāhār	وقت ناهار
fazer uma cópia	kopi gereftan	کپی گرفتن
tirar cópias	kopi gereftan	کپی گرفتن
receber um fax	faks gereftan	فکس گرفتن
enviar um fax	faks ferestādan	فکس فرستادن

fazer uma chamada	telefon zadan	تلفن زدن
responder (vt)	javāb dādan	جواب دادن
passar (vt)	vasl šodan	وصل شدن
marcar (vt)	sāzmān dādan	سازمان دادن
demonstrar (vt)	nemāyeš dādan	نمایش دادن
estar ausente	qāyeb budan	غایب بودن
ausência (f)	qeybat	غیبت

104. Processos negociais. Parte 1

ocupação (f)	šoql	شغل
firma, empresa (f)	šerkat	شرکت
companhia (f)	kompāni	کمپانی
corporação (f)	šerkat-e sahami	شرکت سهامی
empresa (f)	šerkat	شرکت
agência (f)	namāyandegi	نمایندگی
acordo (documento)	qarārdād	قرارداد
contrato (m)	qarārdād	قرارداد
acordo (transação)	mo'āmele	معامله
encomenda (f)	sefāreš	سفارش
cláusulas (f pl), termos (m pl)	šart	شرط
por grosso (adv)	omde furuši	عمده فروشی
por grosso (adj)	omde	عمده
venda (f) por grosso	omde furuši	عمده فروشی
a retalho	xorde-foruši	خرده فروشی
venda (f) a retalho	xorde-foruši	خرده فروشی
concorrente (m)	raqib	رقیب
concorrência (f)	reqābat	رقابت
competir (vi)	reqābat kardan	رقابت کردن
sócio (m)	šarik	شریک
parceria (f)	mošārek-at	مشارکت
crise (f)	bohrān	بحران
bancarrota (f)	varšekastegi	ورشکستگی
entrar em falência	varšekast šodan	ورشکست شدن
dificuldade (f)	saxti	سختی
problema (m)	moškel	مشکل
catástrofe (f)	fāje'e	فاجعه
economia (f)	eqtesād	اقتصاد
económico	eqtesādi	اقتصادی
recessão (f) económica	rokud-e eqtesādi	رکود اقتصادی
objetivo (m)	hadaf	هدف
tarefa (f)	hadaf	هدف
comerciar (vi, vt)	tejārat kardan	تجارت کردن
rede (de distribuição)	šabake-ye towzi'	شبکهٔ توزیع
estoque (m)	fehrest anbār	فهرست انبار

sortimento (m)	majmu'e	مجموعه
líder (m)	rahbar	رهبر
grande (~ empresa)	bozorg	بزرگ
monopólio (m)	enhesār	انحصار

teoria (f)	nazariye	نظریه
prática (f)	amal	عمل
experiência (falar por ~)	tajrobe	تجربه
tendência (f)	gerāyeš	گرایش
desenvolvimento (m)	pišraft	پیشرفت

105. Processos negociais. Parte 2

| rentabilidade (f) | sud | سود |
| rentável | sudāvar | سودآور |

delegação (f)	hey'at-e namāyandegān	هیئت نمایندگان
salário, ordenado (m)	hoquq	حقوق
corrigir (um erro)	eslāh kardan	اصلاح کردن
viagem (f) de negócios	ma'muriyat	مأموریت
comissão (f)	komisiyon	کمیسیون

controlar (vt)	kontorol kardan	کنترل کردن
conferência (f)	konferāns	کنفرانس
licença (f)	parvāne	پروانه
confiável	motmaen	مطمئن

empreendimento (m)	ebtekār	ابتکار
norma (f)	me'yār	معیار
circunstância (f)	vaz'iyat	وضعیت
dever (m)	vazife	وظیفه

empresa (f)	šerkat	شرکت
organização (f)	sāzmāndehi	سازماندهی
organizado	sāzmān yāfte	سازمان یافته
anulação (f)	laqv	لغو
anular, cancelar (vt)	laqv kardan	لغو کردن
relatório (m)	gozāreš	گزارش

patente (f)	govāhi-ye sabt-e exterā'	گواهی ثبت اختراع
patentear (vt)	govāhi exterā' gereftan	گواهی اختراع گرفتن
planear (vt)	barnāmerizi kardan	برنامه ریزی کردن

prémio (m)	pādāš	پاداش
profissional	herfe i	حرفه ای
procedimento (m)	tašrifāt	تشریفات

examinar (a questão)	barresi kardan	بررسی کردن
cálculo (m)	mohāsebe	محاسبه
reputação (f)	e'tebār	اعتبار
risco (m)	risk	ریسک

| dirigir (~ uma empresa) | edāre kardan | اداره کردن |
| informação (f) | ettelā'āt | اطلاعات |

| propriedade (f) | dārāyi | دارایی |
| união (f) | ettehādiye | اتحادیه |

seguro (m) de vida	bime-ye omr	بیمهٔ عمر
fazer um seguro	bime kardan	بیمه کردن
seguro (m)	bime	بیمه

leilão (m)	harāj	حراج
notificar (vt)	xabar dādan	خبر دادن
gestão (f)	edāre	اداره
serviço (indústria de ~s)	xedmat	خدمت

fórum (m)	ham andiši	هم اندیشی
funcionar (vi)	amal kardan	عمل کردن
estágio (m)	marhale	مرحله
jurídico	hoquqi	حقوقی
jurista (m)	hoquq dān	حقوق دان

106. Produção. Trabalhos

usina (f)	kārxāne	کارخانه
fábrica (f)	kārxāne	کارخانه
oficina (f)	kārgāh	کارگاه
local (m) de produção	towlidi	تولیدی

indústria (f)	san'at	صنعت
industrial	san'ati	صنعتی
indústria (f) pesada	sanāye-'e sangin	صنایع سنگین
indústria (f) ligeira	sanāye-'e sabok	صنایع سبک

produção (f)	towlidāt	تولیدات
produzir (vt)	towlid kardan	تولید کردن
matérias-primas (f pl)	mavādd-e xām	مواد خام

chefe (m) de brigada	sarkāregar	سرکارگر
brigada (f)	daste-ye kāregaran	دسته کارگران
operário (m)	kārgar	کارگر

dia (m) de trabalho	ruz-e kāri	روز کاری
pausa (f)	esterāhat	استراحت
reunião (f)	jalase	جلسه
discutir (vt)	bahs kardan	بحث کردن

plano (m)	barnāme	برنامه
cumprir o plano	barnāme rā ejrā kardan	برنامه را اجرا کردن
taxa (f) de produção	nerx-e tolid	نرخ تولید
qualidade (f)	keyfiyat	کیفیت
controlo (m)	kontorol	کنترل
controlo (m) da qualidade	kontorol-e keyfi	کنترل کیفی

segurança (f) no trabalho	amniyat-e kār	امنیت کار
disciplina (f)	enzebāt	انضباط
infração (f)	naqz	نقض
violar (as regras)	naqz kardan	نقض کردن

greve (f)	e'tesāb	اعتصاب
grevista (m)	e'tesāb konande	اعتصاب کننده
estar em greve	e'tesāb kardan	اعتصاب کردن
sindicato (m)	ettehādiye-ye kārgari	اتحادیۀ کارگری

inventar (vt)	exterā' kardan	اختراع کردن
invenção (f)	exterā'	اختراع
pesquisa (f)	tahqiq	تحقیق
melhorar (vt)	behtar kardan	بهتر کردن
tecnologia (f)	fanāvari	فناوری
desenho (m) técnico	rasm-e fani	رسم فنی

carga (f)	bār	بار
carregador (m)	bārbar	باربر
carregar (vt)	bār kardan	بار کردن
carregamento (m)	bārgiri	بارگیری
descarregar (vt)	bārgiri	بارگیری
descarga (f)	bārandāz-i	باراندازی

transporte (m)	haml-o naql	حمل و نقل
companhia (f) de transporte	šerkat-e haml-o naql	شرکت حمل و نقل
transportar (vt)	haml kardan	حمل کردن

vagão (m) de carga	vāgon-e bari	واگن باری
cisterna (f)	maxzan	مخزن
camião (m)	kāmiyon	کامیون

| máquina-ferramenta (f) | dastgāh | دستگاه |
| mecanismo (m) | mekānism | مکانیسم |

resíduos (m pl) industriais	zāye'āt-e san'ati	ضایعات صنعتی
embalagem (f)	baste band-i	بسته بندی
embalar (vt)	baste bandi kardan	بسته بندی کردن

107. Contrato. Acordo

contrato (m)	qarārdād	قرارداد
acordo (m)	tavāfoq-e nāme	توافق نامه
adenda (f), anexo (m)	zamime	ضمیمه

assinar o contrato	qarārdād bastan	قرارداد بستن
assinatura (f)	emzā'	امضاء
assinar (vt)	emzā kardan	امضا کردن
carimbo (m)	mehr	مهر

objeto (m) do contrato	mowzu-'e qarārdād	موضوع قرارداد
cláusula (f)	mādde	ماده
partes (f pl)	tarafeyn	طرفین
morada (f) jurídica	ādres-e hoquqi	آدرس حقوقی

violar o contrato	naqz kardan-e qarārdād	نقض کردن قرارداد
obrigação (f)	ta'ahhod	تعهد
responsabilidade (f)	mas'uliyat	مسئولیت
força (f) maior	šarāyet-e ezterāri	شرایط اضطراری

| litígio (m), disputa (f) | xalāf | خلاف |
| multas (f pl) | eqdāmāt-e tanbihi | اقدامات تنبیهی |

108. Importação & Exportação

importação (f)	vāredāt	واردات
importador (m)	vāred konande	وارد کننده
importar (vt)	vāred kardan	وارد کردن
de importação	vāredāti	وارداتی

exportação (f)	sāderāt	صادرات
exportador (m)	sāder konande	صادر کننده
exportar (vt)	sāder kardan	صادر کردن
de exportação	sāderāti	صادراتی

| mercadoria (f) | kālā | کالا |
| lote (de mercadorias) | mahmule | محموله |

peso (m)	vazn	وزن
volume (m)	hajm	حجم
metro (m) cúbico	metr moka'ab	متر مکعب

produtor (m)	towlid konande	تولید کننده
companhia (f) de transporte	šerkat-e haml-o naql	شرکت حمل و نقل
contentor (m)	kāntiner	کانتینر

fronteira (f)	marz	مرز
alfândega (f)	gomrok	گمرک
taxa (f) alfandegária	avārez-e gomroki	عوارض گمرکی
funcionário (m) da alfândega	ma'mur-e gomrok	مأمور گمرک
contrabando (atividade)	qāčāq	قاچاق
contrabando (produtos)	ajnās-e qāčāq	اجناس قاچاق

109. Finanças

ação (f)	sahām	سهام
obrigação (f)	owrāq-e bahādār	اوراق بهادار
nota (f) promissória	safte	سفته

| bolsa (f) | burs | بورس |
| cotação (m) das ações | nerx-e sahām | نرخ سهام |

| tornar-se mais barato | arzān šodan | ارزان شدن |
| tornar-se mais caro | gerān šodan | گران شدن |

participação (f) maioritária	manāfe-'e kontoroli	منافع کنترلی
investimento (m)	sarmāye gozāri	سرمایه گذاری
investir (vt)	sarmāye gozāri kardan	سرمایه گذاری کردن
percentagem (f)	darsad	درصد
juros (m pl)	sud	سود
lucro (m)	sud	سود
lucrativo	sudāvar	سودآور

imposto (m)	māliyāt	مالیات
divisa (f)	arz	ارز
nacional	melli	ملی
câmbio (m)	tabādol	تبادل

| contabilista (m) | hesābdār | حسابدار |
| contabilidade (f) | hesābdāri | حسابداری |

bancarrota (f)	varšekastegi	ورشکستگی
falência (f)	šekast	شکست
ruína (f)	varšekastegi	ورشکستگی
arruinar-se (vr)	varšekast šodan	ورشکست شدن
inflação (f)	tavarrom	تورم
desvalorização (f)	taqlil-e arzeš-e pul	تقلیل ارزش پول

capital (m)	sarmāye	سرمایه
rendimento (m)	darāmad	درآمد
volume (m) de negócios	gardeš mo'āmelāt	گردش معاملات
recursos (m pl)	manābe'	منابع
recursos (m pl) financeiros	manābe-'e puli	منابع پولی

| despesas (f pl) gerais | maxārej-e kolli | مخارج کلی |
| reduzir (vt) | kam kardan | کم کردن |

110. Marketing

marketing (m)	bāzāryābi	بازاریابی
mercado (m)	bāzār	بازار
segmento (m) do mercado	baxše bāzār	بخش بازار

| produto (m) | mahsul | محصول |
| mercadoria (f) | kālā | کالا |

| marca (f) | barand | برند |
| marca (f) comercial | nešān tejāri | نشان تجاری |

| logotipo (m) | logo | لوگو |
| logo (m) | logo | لوگو |

| demanda (f) | taqāzā | تقاضا |
| oferta (f) | arze | عرضه |

| necessidade (f) | ehtiyāj | احتیاج |
| consumidor (m) | masraf-e konande | مصرف کننده |

| análise (f) | tahlil | تحلیل |
| analisar (vt) | tahlil kardan | تحلیل کردن |

| posicionamento (m) | mowze' giri | موضع گیری |
| posicionar (vt) | mowze' giri kardan | موضع گیری کردن |

preço (m)	qeymat	قیمت
política (f) de preços	siyāsat-e qeymat-e gozār-i	سیاست قیمت گذاری
formação (f) de preços	qeymat gozāri	قیمت گذاری

111. Publicidade

publicidade (f)	āgahi	آگهی
publicitar (vt)	tabliq kardan	تبلیغ کردن
orçamento (m)	budje	بودجه
anúncio (m) publicitário	āgahi	آگهی
publicidade (f) televisiva	tabliqāt-e televiziyoni	تبلیغات تلویزیونی
publicidade (f) na rádio	tabliqāt-e rādiyoyi	تبلیغات رادیویی
publicidade (f) exterior	āgahi-ye biruni	آگهی بیرونی
comunicação (f) de massa	resāne-hay-e jam'i	رسانه های جمعی
periódico (m)	našriye-ye dowrei	نشریۀ دوره ای
imagem (f)	temsāl	تمثال
slogan (m)	šo'ār	شعار
mote (m), divisa (f)	šo'ār	شعار
campanha (f)	kampeyn	کمپین
companha (f) publicitária	kampeyn-e tabliqāti	کمپین تبلیغاتی
grupo (m) alvo	goruh-e hadaf	گروه هدف
cartão (m) de visita	kārt-e vizit	کارت ویزیت
flyer (m)	borušur	بروشور
brochura (f)	borušur	بروشور
folheto (m)	ketābče	کتابچه
boletim (~ informativo)	xabarnāme	خبرنامه
letreiro (m)	tāblo	تابلو
cartaz, póster (m)	poster	پوستر
painel (m) publicitário	bilbord	بیلبورد

112. Banca

banco (m)	bānk	بانک
sucursal, balcão (f)	šo'be	شعبه
consultor (m)	mošāver	مشاور
gerente (m)	modir	مدیر
conta (f)	hesāb-e bānki	حساب بانکی
número (m) da conta	šomāre-ye hesāb	شمارۀ حساب
conta (f) corrente	hesāb-e jāri	حساب جاری
conta (f) poupança	hesāb-e pasandāz	حساب پس انداز
abrir uma conta	hesāb-e bāz kardan	حساب باز کردن
fechar uma conta	hesāb rā bastan	حساب را بستن
depositar na conta	be hesāb rixtan	به حساب ریختن
levantar (vt)	az hesāb bardāštan	از حساب برداشتن
depósito (m)	seporde	سپرده
fazer um depósito	seporde gozāštan	سپرده گذاشتن
transferência (f) bancária	enteqāl	انتقال

transferir (vt)	enteqāl dādan	انتقال دادن
soma (f)	jam'-e kol	جمع کل
Quanto?	čeqadr?	چقدر؟

| assinatura (f) | emzā' | امضاء |
| assinar (vt) | emzā kardan | امضا کردن |

cartão (m) de crédito	kārt-e e'tebāri	کارت اعتباری
código (m)	kod	کد
número (m)	šomāre-ye kārt-e e'tebāri	شماره کارت اعتباری
do cartão de crédito		
Caixa Multibanco (m)	xodpardāz	خودپرداز

cheque (m)	ček	چک
passar um cheque	ček neveštan	چک نوشتن
livro (m) de cheques	daste-ye ček	دسته چک

empréstimo (m)	e'tebār	اعتبار
pedir um empréstimo	darxāst-e vam kardan	درخواست وام کردن
obter um empréstimo	vām gereftan	وام گرفتن
conceder um empréstimo	vām dādan	وام دادن
garantia (f)	zemānat	ضمانت

113. Telefone. Conversação telefónica

telefone (m)	telefon	تلفن
telemóvel (m)	telefon-e hamrāh	تلفن همراه
secretária (f) electrónica	monši-ye telefoni	منشی تلفنی

| fazer uma chamada | telefon zadan | تلفن زدن |
| chamada (f) | tamās-e telefoni | تماس تلفنی |

marcar um número	šomāre gereftan	شماره گرفتن
Alô!	alo!	الو!
perguntar (vt)	porsidan	پرسیدن
responder (vt)	javāb dādan	جواب دادن

ouvir (vt)	šenidan	شنیدن
bem	xub	خوب
mal	bad	بد
ruído (m)	sedā	صدا

auscultador (m)	guši	گوشی
pegar o telefone	guši rā bar dāštan	گوشی را برداشتن
desligar (vi)	guši rā gozāštan	گوشی را گذاشتن

ocupado	mašqul	مشغول
tocar (vi)	zang zadan	زنگ زدن
lista (f) telefónica	daftar-e telefon	دفتر تلفن
local	mahalli	محلی
chamada (f) local	telefon-e dāxeli	تلفن داخلی
de longa distância	beyn-e šahri	بین شهری
chamada (f) de longa distância	telefon-e beyn-e šahri	تلفن بین شهری

| internacional | beynolmelali | بین المللی |
| chamada (f) internacional | telefon-e beynolmelali | تلفن بین المللی |

114. Telefone móvel

telemóvel (m)	telefon-e hamrāh	تلفن همراه
ecrã (m)	namāyešgar	نمایشگر
botão (m)	dokme	دکمه
cartão SIM (m)	sim-e kārt	سیم کارت

bateria (f)	bātri	باطری
descarregar-se	tamām šodan bātri	تمام شدن باتری
carregador (m)	šāržer	شارژ

| menu (m) | meno | منو |
| definições (f pl) | tanzimāt | تنظیمات |

| melodia (f) | āhang | آهنگ |
| escolher (vt) | entexāb kardan | انتخاب کردن |

calculadora (f)	māšin-e hesāb	ماشین حساب
correio (m) de voz	monši-ye telefoni	منشی تلفنی
despertador (m)	sā'at-e zang dār	ساعت زنگ دار
contatos (m pl)	daftar-e telefon	دفتر تلفن

| mensagem (f) de texto | payāmak | پیامک |
| assinante (m) | moštarek | مشترک |

115. Estacionário

| caneta (f) | xodkār | خودکار |
| caneta (f) tinteiro | xodnevis | خودنویس |

lápis (m)	medād	مداد
marcador (m)	māžik	ماژیک
caneta (f) de feltro	māžik	ماژیک

| bloco (m) de notas | daftar-e yāddāšt | دفتر یادداشت |
| agenda (f) | daftar-e yāddāšt | دفتر یادداشت |

régua (f)	xat keš	خط کش
calculadora (f)	māšin-e hesāb	ماشین حساب
borracha (f)	pāk kon	پاک کن

| pionés (m) | punez | پونز |
| clipe (m) | gire | گیره |

| cola (f) | časb | چسب |
| agrafador (m) | mangane-ye zan | منگنه زن |

| furador (m) | pānč | پانچ |
| afia-lápis (m) | madād-e tarāš | مداد تراش |

116. Vários tipos de documentos

relatório (m)	gozāreš	گزارش
acordo (m)	tavāfoq-e nāme	توافق نامه
ficha (f) de inscrição	form-e darxāst	فرم درخواست
autêntico	asli	اصلی
crachá (m)	kārt-e šenāsāyi	کارت شناسایی
cartão (m) de visita	kārt-e vizit	کارت ویزیت
certificado (m)	govāhi	گواهی
cheque (m)	ček	چک
conta (f)	surat hesāb	صورت حساب
constituição (f)	qānun-e asāsi	قانون اساسی
contrato (m)	qarārdād	قرارداد
cópia (f)	nosxe	نسخه
exemplar (m)	nosxe	نسخه
declaração (f) alfandegária	ežhār-nāme	اظهارنامه
documento (m)	sanad	سند
carta (f) de condução	govāhi-nāme-ye rānandegi	گواهینامهٔ رانندگی
adenda (ao contrato)	zamime	ضمیمه
questionário (m)	porsešnāme	پرسشنامه
bilhete (m) de identidade	kārt-e šenāsāyi	کارت شناسایی
inquérito (m)	este'lām	استعلام
convite (m)	da'vatnāme	دعوتنامه
fatura (f)	surat hesāb	صورت حساب
lei (f)	qānun	قانون
carta (correio)	nāme	نامه
papel (m) timbrado	sarnāme	سرنامه
lista (f)	fehrest	فهرست
manuscrito (m)	dast nevis	دست نویس
boletim (~ informativo)	xabarnāme	خبرنامه
bilhete (mensagem breve)	yāddāšt	یادداشت
passe (m)	javāz	جواز
passaporte (m)	gozarnāme	گذرنامه
permissão (f)	mojavvez	مجوز
CV, currículo (m)	rezume	رزومه
vale (nota promissória)	resid	رسید
recibo (m)	resid	رسید
talão (f)	resid	رسید
relatório (m)	gozāreš	گزارش
mostrar (vt)	erā'e kardan	ارائه کردن
assinar (vt)	emzā kardan	امضا کردن
assinatura (f)	emzā'	امضاء
carimbo (m)	mehr	مهر
texto (m)	matn	متن
bilhete (m)	belit	بلیط
riscar (vt)	xat zadan	خط زدن
preencher (vt)	por kardan	پر کردن

| guia (f) de remessa | bārnāme | بارنامه |
| testamento (m) | vasiyat-nāme | وصیتنامه |

117. Tipos de negócios

serviços (m pl) de contabilidade	xadamāt-e hesābdāri	خدمات حسابداری
publicidade (f)	āgahi	آگهی
agência (f) de publicidade	āžāns-e tabliqāti	آژانس تبلیغاتی
ar (m) condicionado	tahviye-ye matbu'	تهویه مطبوع
companhia (f) aérea	šerkat-e havāpeymāyi	شرکت هواپیمایی

bebidas (f pl) alcoólicas	mašrubāt-e alkoli	مشروبات الکلی
comércio (m) de antiguidades	atiqe	عتیقه
galeria (f) de arte	gāleri-ye honari	گالری هنری
serviços (m pl) de auditoria	xadamāt-e momayyezi	خدمات ممیزی

negócios (m pl) bancários	bānk-dāri	بانکداری
bar (m)	bār	بار
salão (m) de beleza	sālon-e zibāyi	سالن زیبایی
livraria (f)	ketāb-foruši	کتاب فروشی
cervejaria (f)	ābe jow-sāzi	آب جوسازی
centro (m) de escritórios	markaz-e tejāri	مرکز تجاری
escola (f) de negócios	moassese-ye bāzargāni	موسسه بازرگانی

casino (m)	kāzino	کازینو
construção (f)	sāxtemān	ساختمان
serviços (m pl) de consultoria	mošavere	مشاوره

estomatologia (f)	dandān-e pezeški	دندان پزشکی
design (m)	tarrāhi	طراحی
farmácia (f)	dāruxāne	داروخانه
lavandaria (f)	xošk-šuyi	خشکشویی
agência (f) de emprego	āžāns-e kāryābi	آژانس کاریابی

serviços (m pl) financeiros	xadamāt-e māli	خدمات مالی
alimentos (m pl)	mavādd-e qazāyi	مواد غذایی
agência (f) funerária	xadamat-e kafno dafn	خدمات کفن ودفن
mobiliário (m)	mobl	مبل
roupa (f)	lebās	لباس
hotel (m)	hotel	هتل

gelado (m)	bastani	بستنی
indústria (f)	san'at	صنعت
seguro (m)	bime	بیمه
internet (f)	internet	اینترنت
investimento (m)	sarmāye gozāri	سرمایه گذاری

joalheiro (m)	javāheri	جواهری
joias (f pl)	javāherāt	جواهرات
lavandaria (f)	xošk-šuyi	خشکشویی
serviços (m pl) jurídicos	xadamāt-e hoquqi	خدمات حقوقی
indústria (f) ligeira	sanāye-'e sabok	صنایع سبک
revista (f)	majalle	مجله

vendas (f pl) por catálogo	foruš-e sefāreš-e posti	فروش سفارش پستی
medicina (f)	pezeški	پزشکی
cinema (m)	sinamā	سینما
museu (m)	muze	موزه

agência (f) de notícias	xabar-gozari	خبرگزاری
jornal (m)	ruznāme	روزنامه
clube (m) noturno	kābāre	کاباره

petróleo (m)	naft	نفت
serviço (m) de encomendas	xadamāt-e post	خدمات پست
indústria (f) farmacêutica	dārusāzi	داروسازی
poligrafia (f)	sahhāfi	صحافی
editora (f)	entešārāt	انتشارات

rádio (m)	rādiyo	رادیو
imobiliário (m)	amvāl-e qeyr-e manqul	اموال غیر منقول
restaurante (m)	resturān	رستوران

empresa (f) de segurança	āžāns-e amniyati	آژانس امنیتی
desporto (m)	varzeš	ورزش
bolsa (f)	burs	بورس
loja (f)	maqāze	مغازه
supermercado (m)	supermārket	سوپرمارکت
piscina (f)	estaxr	استخر

alfaiataria (f)	xayyāti	خیاطی
televisão (f)	televiziyon	تلویزیون
teatro (m)	teātr	تئاتر
comércio (atividade)	tejārat	تجارت
serviços (m pl) de transporte	haml-o naql	حمل و نقل
viagens (f pl)	turism	توریسم

veterinário (m)	dāmpezešk	دامپزشک
armazém (m)	anbār	انبار
recolha (f) do lixo	jam āvari-ye zobāle	جمع آوری زباله

Emprego. Negócios. Parte 2

118. Espetáculo. Feira

feira (f)	namāyešgāh	نمایشگاه
feira (f) comercial	namāyešgāh-e tejāri	نمایشگاه تجاری
participação (f)	šerkat	شرکت
participar (vi)	šerkat kardan	شرکت کردن
participante (m)	šerkat konande	شرکت کننده
diretor (m)	ra'is	رئیس
direção (f)	daftar-e modiriyat	دفتر مدیریت
organizador (m)	sāzmān dahande	سازمان دهنده
organizar (vt)	sāzmān dādan	سازمان دادن
ficha (f) de inscrição	darxāst-e šerkat	درخواست شرکت
preencher (vt)	por kardan	پر کردن
detalhes (m pl)	joz'iyāt	جزئیات
informação (f)	ettelā'āt	اطلاعات
preço (m)	arzeš	ارزش
incluindo	šāmel	شامل
incluir (vt)	šāmel šodan	شامل شدن
pagar (vt)	pardāxtan	پرداختن
taxa (f) de inscrição	haqq-e sabt	حق ثبت
entrada (f)	vorud	ورود
pavilhão (m)	qorfe	غرفه
inscrever (vt)	sabt kardan	ثبت کردن
crachá (m)	kārt-e šenāsāyi	کارت شناسایی
stand (m)	qorfe	غرفه
reservar (vt)	rezerv kardan	رزرو کردن
vitrina (f)	vitrin	ویترین
foco, spot (m)	nurafkan	نورافکن
design (m)	tarh	طرح
pôr, colocar (vt)	qarār dādan	قرار دادن
ser colocado, -a	qarār gereftan	قرار گرفتن
distribuidor (m)	towzi' konande	توزیع کننده
fornecedor (m)	arze konande	عرضه کننده
fornecer (vt)	arze kardan	عرضه کردن
país (m)	kešvar	کشور
estrangeiro	xāreji	خارجی
produto (m)	mahsul	محصول
associação (f)	anjoman	انجمن
sala (f) de conferências	tālār-e konferāns	تالار کنفرانس

congresso (m)	kongere	کنگره
concurso (m)	mosābeqe	مسابقه

visitante (m)	bāzdid konande	بازدید کننده
visitar (vt)	bāzdid kardan	بازدید کردن
cliente (m)	moštari	مشتری

119. Media

jornal (m)	ruznāme	روزنامه
revista (f)	majalle	مجله
imprensa (f)	matbuāt	مطبوعات
rádio (m)	rādiyo	رادیو
estação (f) de rádio	istgāh-e rādiyoyi	ایستگاه رادیویی
televisão (f)	televiziyon	تلویزیون

apresentador (m)	mojri	مجری
locutor (m)	guyande-ye axbār	گوینده اخبار
comentador (m)	mofasser	مفسر

jornalista (m)	ruznāme negār	روزنامه نگار
correspondente (m)	xabarnegār	خبرنگار
repórter (m) fotográfico	akkās-e matbuāti	عکاس مطبوعاتی
repórter (m)	gozārešgar	گزارشگر

redator (m)	virāstār	ویراستار
redator-chefe (m)	sardabir	سردبیر

assinar a ...	moštarak šodan	مشترک شدن
assinatura (f)	ešterāk	اشتراک
assinante (m)	moštarek	مشترک
ler (vt)	xāndan	خواندن
leitor (m)	xānande	خواننده

tiragem (f)	tirāž	تیراژ
mensal	māhāne	ماهانه
semanal	haftegi	هفتگی
número (jornal, revista)	šomāre	شماره
recente	tāze	تازه

manchete (f)	sar xat-e xabar	سرخط خبر
pequeno artigo (m)	maqāle-ye kutāh	مقاله کوتاه
coluna (~ semanal)	sotun	ستون
artigo (m)	maqāle	مقاله
página (f)	safhe	صفحه

reportagem (f)	gozāreš	گزارش
evento (m)	vāqe'e	واقعه
sensação (f)	hayajān	هیجان
escândalo (m)	janjāl	جنجال
escandaloso	janjāl āvar	جنجال آور
grande	bozorg	بزرگ
programa (m) de TV	barnāme	برنامه
entrevista (f)	mosāhebe	مصاحبه

| transmissão (f) em direto | paxš-e mostaqim | پخش مستقیم |
| canal (m) | kānāl | کانال |

120. Agricultura

agricultura (f)	kešāvarzi	کشاورزی
camponês (m)	dehqān	دهقان
camponesa (f)	dehqān	دهقان
agricultor (m)	kešāvarz	کشاورز

| trator (m) | terāktor | تراکتور |
| ceifeira-debulhadora (f) | kombāyn | کمباین |

arado (m)	gāvāhan	گاوآهن
arar (vt)	šoxm zadan	شخم زدن
campo (m) lavrado	zamin āmāde kešt	زمین آماده کشت
rego (m)	šiyār	شیار

semear (vt)	kāštan	کاشتن
semeadora (f)	bazrpāš	بذرپاش
semeadura (f)	košt	کشت

| gadanha (f) | dās | داس |
| gadanhar (vt) | dero kardan | درو کردن |

| pá (f) | bil | بیل |
| cavar (vt) | kandan | کندن |

enxada (f)	kaj bil	کج بیل
carpir (vt)	vajin kardan	وجین کردن
erva (f) daninha	alaf-e harz	علف هرز

regador (m)	āb pāš	آب پاش
regar (vt)	āb dādan	آب دادن
rega (f)	ābyāri	آبیاری

| forquilha (f) | čangak | چنگک |
| ancinho (m) | šen keš | شن کش |

fertilizante (m)	kud	کود
fertilizar (vt)	kud dādan	کود دادن
estrume (m)	kud-e heyvāni	کود حیوانی

campo (m)	sahrā	صحرا
prado (m)	čaman	چمن
horta (f)	jāliz	جالیز
pomar (m)	bāq	باغ

pastar (vt)	čerāndan	چراندن
pastor (m)	čupān	چوپان
pastagem (f)	čerā-gāh	چراگاه

| pecuária (f) | dāmparvari | دامپروری |
| criação (f) de ovelhas | gusfand dāri | گوسفند داری |

plantação (f)	mazrae	مزرعه
canteiro (m)	radif	ردیف
invernadouro (m)	golxāne	گلخانه
seca (f)	xošksāli	خشکسالی
seco (verão ~)	xošk	خشک
cereal (m)	dāne	دانه
cereais (m pl)	qallāt	غلات
colher (vt)	mahsul-e jam' kardan	محصول جمع کردن
moleiro (m)	āsiyābān	آسیابان
moinho (m)	āsiyāb	آسیاب
moer (vt)	qalle kubidan	غله کوبیدن
farinha (f)	ārd	آرد
palha (f)	kāh	کاه

121. Construção. Processo de construção

canteiro (m) de obras	mahal-e sāxt-o sāz	محل ساخت و ساز
construir (vt)	sāxtan	ساختن
construtor (m)	kārgar-e sāxtemāni	کارگر ساختمانی
projeto (m)	porože	پروژه
arquiteto (m)	me'mār	معمار
operário (m)	kārgar	کارگر
fundação (f)	šālude	شالوده
telhado (m)	bām	بام
estaca (f)	pāye	پایه
parede (f)	divār	دیوار
varões (m pl) para betão	milgerd	میلگرد
andaime (m)	dārbast	داربست
betão (m)	boton	بتن
granito (m)	sang-e gerānit	سنگ گرانیت
pedra (f)	sang	سنگ
tijolo (m)	ājor	آجر
areia (f)	šen	شن
cimento (m)	simān	سیمان
emboço (m)	gač kāri	گچ کاری
emboçar (vt)	gačkār-i kardan	گچکاری کردن
tinta (f)	rang	رنگ
pintar (vt)	rang kardan	رنگ کردن
barril (m)	boške	بشکه
grua (f), guindaste (m)	jarsaqil	جرثقیل
erguer (vt)	boland kardan	بلند کردن
baixar (vt)	pāin āvardan	پائین آوردن
buldózer (m)	buldozer	بولدوزر
escavadora (f)	dastgāh-e haffāri	دستگاه حفاری

caçamba (f)	bil	بیل
escavar (vt)	kandan	کندن
capacete (m) de proteção	kolāh-e imeni	کلاه ایمنی

122. Ciência. Investigação. Cientistas

ciência (f)	elm	علم
científico	elmi	علمی
cientista (m)	dānešmand	دانشمند
teoria (f)	nazariye	نظریه

axioma (m)	qā'ede-ye kolli	قاعده کلی
análise (f)	tahlil	تحلیل
analisar (vt)	tahlil kardan	تحلیل کردن
argumento (m)	dalil	دلیل
substância (f)	mādde	ماده

hipótese (f)	farziye	فرضیه
dilema (m)	dorāhi	دوراهی
tese (f)	pāyān nāme	پایان نامه
dogma (m)	aqide	عقیده

doutrina (f)	doktorin	دکترین
pesquisa (f)	tahqiq	تحقیق
pesquisar (vt)	tahghigh kardan	تحقیق کردن
teste (m)	āzmāyeš	آزمایش
laboratório (m)	āzmāyešgāh	آزمایشگاه

método (m)	raveš	روش
molécula (f)	molekul	مولکول
monitoramento (m)	nozzār-at	نظارت
descoberta (f)	kašf	کشف

postulado (m)	engāre	انگاره
princípio (m)	asl	اصل
prognóstico (previsão)	piš bini	پیش بینی
prognosticar (vt)	pišbini kardan	پیش بینی کردن

síntese (f)	santez	سنتز
tendência (f)	gerāyeš	گرایش
teorema (m)	qaziye	قضیه

| ensinamentos (m pl) | āmuzeš | آموزش |
| facto (m) | haqiqat | حقیقت |

| expedição (f) | safar | سفر |
| experiência (f) | āzmāyeš | آزمایش |

académico (m)	ozv-e ākādemi	عضو آکادمی
bacharel (m)	lisāns	لیسانس
doutor (m)	pezešk	پزشک
docente (m)	dānešyār	دانشیار
mestre (m)	foqe lisāns	فوق لیسانس
professor (m) catedrático	porofosor	پروفسور

Profissões e ocupações

123. Procura de emprego. Demissão

trabalho (m)	kār	کار
equipa (f)	kārmandān	کارمندان
pessoal (m)	kādr	کادر
carreira (f)	šoql	شغل
perspetivas (f pl)	durnamā	دورنما
mestria (f)	mahārat	مهارت
seleção (f)	entexāb	انتخاب
agência (f) de emprego	āžāns-e kāryābi	آژانس کاریابی
CV, currículo (m)	rezume	رزومه
entrevista (f) de emprego	mosāhabe-ye kari	مصاحبه کاری
vaga (f)	post-e xāli	پست خالی
salário (m)	hoquq	حقوق
salário (m) fixo	darāmad-e s ābet	درآمد ثابت
pagamento (m)	pardāxt	پرداخت
posto (m)	šoql	شغل
dever (do empregado)	vazife	وظیفه
gama (f) de deveres	šarh-e vazāyef	شرح وظایف
ocupado	mašqul	مشغول
despedir, demitir (vt)	exrāj kardan	اخراج کردن
demissão (f)	exrāj	اخراج
desemprego (m)	bikāri	بیکاری
desempregado (m)	bikār	بیکار
reforma (f)	mostamerri	مستمری
reformar-se	bāznešaste šodan	بازنشسته شدن

124. Gente de negócios

diretor (m)	modir	مدیر
gerente (m)	modir	مدیر
patrão, chefe (m)	ra'is	رئیس
superior (m)	māfowq	مافوق
superiores (m pl)	roasā	رؤسا
presidente (m)	ra'is jomhur	رئیس جمهور
presidente (m) de direção	ra'is	رئیس
substituto (m)	mo'āven	معاون
assistente (m)	mo'āven	معاون

secretário (m)	monši	منشی
secretário (m) pessoal	dastyār-e šaxsi	دستیار شخصی

homem (m) de negócios	bāzargān	بازرگان
empresário (m)	kārāfarin	کارآفرین
fundador (m)	moasses	مؤسس
fundar (vt)	ta'sis kardan	تأسیس کردن

fundador, sócio (m)	hamkār	همکار
parceiro, sócio (m)	šarik	شریک
acionista (m)	sahāmdār	سهامدار

milionário (m)	milyuner	میلیونر
bilionário (m)	milyārder	میلیاردر
proprietário (m)	sāheb	صاحب
proprietário (m) de terras	zamin-dār	زمین دار

cliente (m)	xaridār	خریدار
cliente (m) habitual	xaridār-e dāemi	خریدار دائمی
comprador (m)	xaridār	خریدار
visitante (m)	bāzdid konande	بازدید کننده

profissional (m)	herfe i	حرفه ای
perito (m)	kāršenās	کارشناس
especialista (m)	motexasses	متخصص

banqueiro (m)	kārmand-e bānk	کارمند بانک
corretor (m)	dallāl-e kārgozār	دلال کارگزار

caixa (m, f)	sanduqdār	صندوقدار
contabilista (m)	hesābdār	حسابدار
guarda (m)	negahbān	نگهبان

investidor (m)	sarmāye gozār	سرمایه گذار
devedor (m)	bedehkār	بدهکار
credor (m)	talabkār	طلبکار
mutuário (m)	vām girande	وام گیرنده

importador (m)	vāred konande	وارد کننده
exportador (m)	sāder konande	صادر کننده

produtor (m)	towlid konande	تولید کننده
distribuidor (m)	towzi' konande	توزیع کننده
intermediário (m)	vāsete	واسطه

consultor (m)	mošāver	مشاور
representante (m)	namāyande	نماینده
agente (m)	namāyande	نماینده
agente (m) de seguros	namāyande-ye bime	نمایندۀ بیمه

125. Profissões de serviços

cozinheiro (m)	āšpaz	آشپز
cozinheiro chefe (m)	sarāšpaz	سرآشپز

padeiro (m)	nānvā	نانوا
barman (m)	motesaddi-ye bār	متصدى بار
empregado (m) de mesa	pišxedmat	پیشخدمت
empregada (f) de mesa	pišxedmat	پیشخدمت

advogado (m)	vakil	وکیل
jurista (m)	hoquq dān	حقوق دان
notário (m)	daftardār	دفتردار

eletricista (m)	barq-e kār	برق کار
canalizador (m)	lule keš	لوله کش
carpinteiro (m)	najjār	نجار

massagista (m)	māsāž dahande	ماساژ دهنده
massagista (f)	māsāž dahande	ماساژ دهنده
médico (m)	pezešk	پزشک

taxista (m)	rānande-ye tāksi	راننده تاکسى
condutor (automobilista)	rānande	راننده
entregador (m)	peyk	پیک

camareira (f)	mostaxdem	مستخدم
guarda (m)	negahbān	نگهبان
hospedeira (f) de bordo	mehmāndār-e havāpeymā	مهماندار هواپیما

professor (m)	mo'allem	معلم
bibliotecário (m)	ketābdār	کتابدار
tradutor (m)	motarjem	مترجم
intérprete (m)	motarjem-e šafāhi	مترجم شفاهى
guia (pessoa)	rāhnamā-ye tur	راهنماى تور

cabeleireiro (m)	ārāyešgar	آرایشگر
carteiro (m)	nāme resān	نامه رسان
vendedor (m)	forušande	فروشنده

jardineiro (m)	bāqbān	باغبان
criado (m)	nowkar	نوکر
criada (f)	xedmatkār	خدمتکار
empregada (f) de limpeza	zan-e nezāfatči	زن نظافتچى

126. Profissões militares e postos

soldado (m) raso	sarbāz	سرباز
sargento (m)	goruhbān	گروهبان
tenente (m)	sotvān	ستوان
capitão (m)	kāpitān	کاپیتان

major (m)	sargord	سرگرد
coronel (m)	sarhang	سرهنگ
general (m)	ženerāl	ژنرال
marechal (m)	māršāl	مارشال
almirante (m)	daryāsālār	دریاسالار
militar (m)	nezāmi	نظامى
soldado (m)	sarbāz	سرباز

| oficial (m) | afsar | افسر |
| comandante (m) | farmāndeh | فرمانده |

guarda (m) fronteiriço	marzbān	مرزبان
operador (m) de rádio	bisim či	بیسیم چی
explorador (m)	ettelā'āti	اطلاعاتی
sapador (m)	mohandes estehkāmāt	مهندس استحکامات
atirador (m)	tirandāz	تیرانداز
navegador (m)	nāvbar	ناوبر

127. Oficiais. Padres

| rei (m) | šāh | شاه |
| rainha (f) | maleke | ملکه |

| príncipe (m) | šāhzāde | شاهزاده |
| princesa (f) | pranses | پرنسس |

| czar (m) | tezār | تزار |
| czarina (f) | maleke | ملکه |

presidente (m)	ra'is jomhur	رئیس جمهور
ministro (m)	vazir	وزیر
primeiro-ministro (m)	noxost vazir	نخست وزیر
senador (m)	senātor	سناتور

diplomata (m)	diplomāt	دیپلمات
cônsul (m)	konsul	کنسول
embaixador (m)	safir	سفیر
conselheiro (m)	mošāver	مشاور

funcionário (m)	kārmand	کارمند
prefeito (m)	baxšdār	بخشدار
Presidente (m) da Câmara	šahrdār	شهردار

| juiz (m) | qāzi | قاضی |
| procurador (m) | dādsetān | دادستان |

missionário (m)	misiyoner	میسیونر
monge (m)	rāheb	راهب
abade (m)	rāheb-e bozorg	راهب بزرگ
rabino (m)	xāxām	خاخام

vizir (m)	vazir	وزیر
xá (m)	šāh	شاه
xeque (m)	šeyx	شیخ

128. Profissões agrícolas

apicultor (m)	zanburdār	زنبوردار
pastor (m)	čupān	چوپان
agrónomo (m)	motexasses-e kešāvarzi	متخصص کشاورزی

| criador (m) de gado | dāmparvar | دامپرور |
| veterinário (m) | dāmpezešk | دامپزشک |

agricultor (m)	kešāvarz	کشاورز
vinicultor (m)	šarāb sāz	شراب ساز
zoólogo (m)	jānevar-šenās	جانور شناس
cowboy (m)	gāvčerān	گاوچران

129. Profissões artísticas

| ator (m) | bāzigar | بازیگر |
| atriz (f) | bāzigar | بازیگر |

| cantor (m) | xānande | خواننده |
| cantora (f) | xānande | خواننده |

| bailarino (m) | raqqās | رقاص |
| bailarina (f) | raqqāse | رقاصه |

| artista (m) | honarpiše | هنرپیشه |
| artista (f) | honarpiše | هنرپیشه |

músico (m)	muzisiyan	موزیسین
pianista (m)	piyānist	پیانیست
guitarrista (m)	gitārist	گیتاریست

maestro (m)	rahbar-e orkestr	رهبر ارکستر
compositor (m)	āhangsāz	آهنگساز
empresário (m)	modir-e operā	مدیر اپرا

realizador (m)	kārgardān	کارگردان
produtor (m)	tahiye konande	تهیه کننده
argumentista (m)	senārist	سناریست
crítico (m)	montaqed	منتقد

escritor (m)	nevisande	نویسنده
poeta (m)	šā'er	شاعر
escultor (m)	mojassame sāz	مجسمه ساز
pintor (m)	naqqāš	نقاش

malabarista (m)	tardast	تردست
palhaço (m)	dalqak	دلقک
acrobata (m)	ākrobāt	آکروبات
mágico (m)	šo'bade bāz	شعبده باز

130. Várias profissões

médico (m)	pezešk	پزشک
enfermeira (f)	parastār	پرستار
psiquiatra (m)	ravānpezešk	روانپزشک
estomatologista (m)	dandān pezešk	دندان پزشک
cirurgião (m)	jarrāh	جراح

astronauta (m)	fazānavard	فضانورد
astrónomo (m)	setāre-šenās	ستاره شناس
piloto (m)	xalabān	خلبان
motorista (m)	rānande	راننده
maquinista (m)	rānande	راننده
mecânico (m)	mekānik	مکانیک
mineiro (m)	ma'danči	معدنچی
operário (m)	kārgar	کارگر
serralheiro (m)	qofl sāz	قفل ساز
marceneiro (m)	najjār	نجار
torneiro (m)	tarrāš kār	تراش کار
construtor (m)	kārgar-e sāxtemāni	کارگر ساختمانی
soldador (m)	juš kār	جوش کار
professor (m) catedrático	porofosor	پروفسور
arquiteto (m)	me'mār	معمار
historiador (m)	movarrex	مورخ
cientista (m)	dānešmand	دانشمند
físico (m)	fizikdān	فیزیکدان
químico (m)	šimi dān	شیمی دان
arqueólogo (m)	bāstān-šenās	باستان شناس
geólogo (m)	zamin-šenās	زمین شناس
pesquisador (cientista)	pažuhešgar	پژوهشگر
babysitter (f)	parastār bače	پرستار بچه
professor (m)	āmuzgār	آموزگار
redator (m)	virāstār	ویراستار
redator-chefe (m)	sardabir	سردبیر
correspondente (m)	xabarnegār	خبرنگار
datilógrafa (f)	māšin nevis	ماشین نویس
designer (m)	tarāh	طراح
especialista (m) em informática	kāršenās kāmpiyuter	کارشناس کامپیوتر
programador (m)	barnāme-ye nevis	برنامه نویس
engenheiro (m)	mohandes	مهندس
marujo (m)	malavān	ملوان
marinheiro (m)	malavān	ملوان
salvador (m)	nejāt-e dahande	نجات دهنده
bombeiro (m)	ātaš nešān	آتش نشان
polícia (m)	polis	پلیس
guarda-noturno (m)	mohāfez	محافظ
detetive (m)	kārāgāh	کارآگاه
funcionário (m) da alfândega	ma'mur-e gomrok	مامور گمرک
guarda-costas (m)	mohāfez-e šaxsi	محافظ شخصی
guarda (m) prisional	negahbān zendān	نگهبان زندان
inspetor (m)	bāzres	بازرس
desportista (m)	varzeškār	ورزشکار
treinador (m)	morabbi	مربی

talhante (m)	qassāb	قصاب
sapateiro (m)	kaffāš	کفاش
comerciante (m)	bāzargān	بازرگان
carregador (m)	bārbar	باربر

| estilista (m) | tarrāh-e lebas | طراح لباس |
| modelo (f) | model-e zan | مدل زن |

131. Ocupações. Estatuto social

| aluno, escolar (m) | dāneš-āmuz | دانش آموز |
| estudante (~ universitária) | dānešju | دانشجو |

filósofo (m)	filsuf	فیلسوف
economista (m)	eqtesāddān	اقتصاددان
inventor (m)	moxtare'	مخترع

desempregado (m)	bikār	بیکار
reformado (m)	bāznešaste	بازنشسته
espião (m)	jāsus	جاسوس

preso (m)	zendāni	زندانی
grevista (m)	e'tesāb konande	اعتصاب کننده
burocrata (m)	ma'mur-e edāri	مأمور اداری
viajante (m)	mosāfer	مسافر

homossexual (m)	hamjens-e bāz	همجنس باز
hacker (m)	haker	هکر
hippie	hipi	هیپی

bandido (m)	rāhzan	راهزن
assassino (m) a soldo	ādamkoš	آدمکش
toxicodependente (m)	mo'tād	معتاد
traficante (m)	forušande-ye mavādd-e moxadder	فروشندهٔ مواد مخدر

| prostituta (f) | fāheše | فاحشه |
| chulo (m) | jākeš | جاکش |

bruxo (m)	jādugar	جادوگر
bruxa (f)	jādugar	جادوگر
pirata (m)	dozd-e daryāyi	دزد دریایی
escravo (m)	borde	برده
samurai (m)	sāmurāyi	سامورایی
selvagem (m)	vahši	وحشی

Desportos

132. Tipos de desportos. Desportistas

desportista (m)	varzeškār	ورزشکار
tipo (m) de desporto	anvā-e varzeš	انواع ورزش
basquetebol (m)	basketbāl	بسکتبال
jogador (m) de basquetebol	basketbālist	بسکتبالیست
beisebol (m)	beysbāl	بیسبال
jogador (m) de beisebol	beysbālist	بیسبالیست
futebol (m)	futbāl	فوتبال
futebolista (m)	futbālist	فوتبالیست
guarda-redes (m)	darvāze bān	دروازه بان
hóquei (m)	hāki	هاکی
jogador (m) de hóquei	hāki-ye bāz	هاکی باز
voleibol (m)	vālibāl	والیبال
jogador (m) de voleibol	vālibālist	والیبالیست
boxe (m)	boks	بوکس
boxeador, pugilista (m)	boksor	بوکسور
luta (f)	kešti	کشتی
lutador (m)	košti gir	کشتی گیر
karaté (m)	kārāte	کاراته
karateca (m)	kārāte-e bāz	کاراته باز
judo (m)	jodo	جودو
judoca (m)	jodo bāz	جودو باز
ténis (m)	tenis	تنیس
tenista (m)	tenis bāz	تنیس باز
natação (f)	šenā	شنا
nadador (m)	šenāgar	شناگر
esgrima (f)	šamširbāzi	شمشیربازی
esgrimista (m)	šamširbāz	شمشیرباز
xadrez (m)	šatranj	شطرنج
xadrezista (m)	šatranj bāz	شطرنج باز
alpinismo (m)	kuhnavardi	کوهنوردی
alpinista (m)	kuhnavard	کوهنورد
corrida (f)	do	دو

corredor (m)	davande	دونده
atletismo (m)	varzeš	ورزش
atleta (m)	varzeškār	ورزشکار

| hipismo (m) | asb savāri | اسب سواری |
| cavaleiro (m) | savārkār | سوارکار |

patinagem (f) artística	raqs ruy yax	رقص روی یخ
patinador (m)	eskeyt bāz	اسکیت باز
patinadora (f)	eskeyt bāz	اسکیت باز

| halterofilismo (m) | vazne bardār-i | وزنه برداری |
| halterofilista (m) | vazne bardār | وزنه بردار |

| corrida (f) de carros | mosābeqe-ye otomobilrāni | مسابقة اتومبیلرانی |
| piloto (m) | otomobilrān | اتومبیلران |

| ciclismo (m) | dočarxe savāri | دوچرخه سواری |
| ciclista (m) | dočarxe savār | دوچرخه سوار |

salto (m) em comprimento	pareš-e tul	پرش طول
salto (m) à vara	pareš bā neyze	پرش با نیزه
atleta (m) de saltos	pareš konande	پرش کننده

133. Tipos de desportos. Diversos

futebol (m) americano	futbāl-e āmrikāyi	فوتبال آمریکایی
badminton (m)	badminton	بدمینتون
biatlo (m)	biatlon	بیاتلون
bilhar (m)	bilyārd	بیلیارد

bobsled (m)	surtme	سورتمه
musculação (f)	badansāzi	بدنسازی
polo (m) aquático	vāterpolo	واترپولو
andebol (m)	handbāl	هندبال
golfe (m)	golf	گلف

remo (m)	qāyeq rāni	قایق رانی
mergulho (m)	dāyving	دایوینگ
corrida (f) de esqui	eski-ye sahrānavardi	اسکی صحرانوردی
ténis (m) de mesa	ping pong	پینگ پونگ

vela (f)	qāyeq-rāni bādbani	قایق رانی بادبانی
rali (m)	rāli	رالی
râguebi (m)	rāgbi	راگبی
snowboard (m)	snowbord	اسنوبورد
tiro (m) com arco	tirandāzi bā kamān	تیراندازی با کمان

134. Ginásio

| barra (f) | hālter | هالتر |
| halteres (m pl) | dambel | دمبل |

aparelho (m) de musculaçao	mãšin-e tamrin	ماشین تمرین
bicicleta (f) ergométrica	dočarxe-ye tamrin	دوچرخه تمرین
passadeira (f) de corrida	pist-e do	پیست دو

barra (f) fixa	bārfiks	بارفیکس
barras (f) paralelas	pārālel	پارالل
cavalo (m)	xarak	خرک
tapete (m) de ginástica	tošak	تشک

corda (f) de saltar	tanāb	طناب
aeróbica (f)	āirobik	ایروبیک
ioga (f)	yugā	یوگا

135. Hóquei

hóquei (m)	hāki	هاکی
jogador (m) de hóquei	hāki-ye bāz	هاکی باز
jogar hóquei	hākey bāzi kardan	هاکی بازی کردن
gelo (m)	yax	یخ

disco (m)	mohre	مهره
taco (m) de hóquei	čub-e hāki	چوب هاکی
patins (m pl) de gelo	eskeyt ruy yax	اسکیت روی یخ

| muro (m) | taxte | تخته |
| tiro (m) | šut | شوت |

guarda-redes (m)	darvāze bān	دروازه بان
golo (m)	gol	گل
marcar um golo	gol zadan	گل زدن

tempo (m)	dowre	دوره
segundo tempo (m)	dowre-ye dovvom	دورهٔ دوم
banco (m) de reservas	nimkat-e zaxire	نیمکت ذخیره

136. Futebol

futebol (m)	futbāl	فوتبال
futebolista (m)	futbālist	فوتبالیست
jogar futebol	futbāl bāzi kardan	فوتبال بازی کردن

Liga Principal (f)	lig-e bartar	لیگ برتر
clube (m) de futebol	bāšgāh-e futbāl	باشگاه فوتبال
treinador (m)	morabbi	مربی
proprietário (m)	sāheb	صاحب

equipa (f)	tim	تیم
capitão (m) da equipa	kāpitān-e tim	کاپیتان تیم
jogador (m)	bāzikon	بازیکن
jogador (m) de reserva	bāzikon-e zaxire	بازیکن ذخیره
atacante (m)	forvārd	فوروارد
avançado (m) centro	forvārd vasat	فوروارد وسط

marcador (m)	golzan	گلزن
defesa (m)	defā'	دفاع
médio (m)	hāfbak	هافبک
jogo (desafio)	mosābeqe	مسابقه
encontrar-se (vr)	molāqāt kardan	ملاقات کردن
final (m)	fināl	فینال
meia-final (f)	nime nahāyi	نیمه نهایی
campeonato (m)	mosābeqe-ye qahremāni	مسابقه قهرمانی
tempo (m)	nime	نیمه
primeiro tempo (m)	nime-ye avval	نیمه اول
intervalo (m)	hāf tāym	هاف تایم
baliza (f)	darvāze	دروازه
guarda-redes (m)	darvāze bān	دروازه بان
trave (f)	tir-e darvāze	تیر دروازه
barra (f) transversal	tir-e ofoqi	تیر افقی
rede (f)	tur	تور
sofrer um golo	gol xordan	گل خوردن
bola (f)	tup	توپ
passe (m)	pās	پاس
chute (m)	zarbe	ضربه
chutar (vt)	zarbe zadan	ضربه زدن
tiro (m) livre	zarbe-ye xatā	ضربهٔ خطا
canto (m)	korner	کرنر
ataque (m)	hamle	حمله
contra-ataque (m)	zedd-e hamle	ضد حمله
combinação (f)	mānovr	مانور
árbitro (m)	dāvar	داور
apitar (vi)	sut zadan	سوت زدن
apito (m)	sut	سوت
falta (f)	xatā	خطا
cometer a falta	xatā kardan	خطا کردن
expulsar (vt)	az zamin exrāj kardan	از زمین اخراج کردن
cartão (m) amarelo	kārt-e zard	کارت زرد
cartão (m) vermelho	kārt-e qermez	کارت قرمز
desqualificação (f)	rad-e salāhiyat	رد صلاحیت
desqualificar (vt)	rad-e salāhiyat kardan	رد صلاحیت کردن
penálti (m)	penālti	پنالتی
barreira (f)	divār-e defā'i	دیوار دفاعی
marcar (vt)	gol zadan	گل زدن
golo (m)	gol	گل
marcar um golo	gol zadan	گل زدن
substituição (f)	ta'viz	تعویض
substituir (vt)	ta'viz kardan	تعویض کردن
regras (f pl)	qavā'ed	قواعد
tática (f)	tāktik	تاکتیک
estádio (m)	varzešgāh	ورزشگاه
bancadas (f pl)	teribun	تریبون

fã, adepto (m)	tarafdār	طرفدار
gritar (vi)	faryād zadan	فریاد زدن
marcador (m)	skorbord	اسکوربورد
resultado (m)	emtiyāz	امتیاز
derrota (f)	šekast	شکست
perder (vt)	bāxtan	باختن
empate (m)	mosāvi	مساوی
empatar (vi)	bāzi rā mosāvi kardan	بازی رامساوی کردن
vitória (f)	piruzi	پیروزی
ganhar, vencer (vi, vt)	piruz šodan	پیروز شدن
campeão (m)	qahremān	قهرمان
melhor	behtarin	بهترین
felicitar (vt)	tabrik goftan	تبریک گفتن
comentador (m)	mofasser	مفسر
comentar (vt)	tafsir kardan	تفسیر کردن
transmissão (f)	paxš	پخش

137. Esqui alpino

esqui (m)	eski	اسکی
esquiar (vi)	eski kardan	اسکی کردن
estância (f) de esqui	pist-e eski	پیست اسکی
teleférico (m)	telesk-i	تلسکی
bastões (m pl) de esqui	čub-e eski	چوب اسکی
declive (m)	šib	شیب
slalom (m)	eslālom	اسلالوم

138. Ténis. Golfe

golfe (m)	golf	گلف
clube (m) de golfe	bāšgāh-e golf	باشگاه گلف
jogador (m) de golfe	bāzikon-e golf	بازیکن گلف
buraco (m)	gowdāl	گودال
taco (m)	čub-e golf	چوب گلف
trolley (m)	čarx-e hāmele golf	چرخ حامل گلف
ténis (m)	tenis	تنیس
quadra (f) de ténis	zamin-e tenis	زمین تنیس
saque (m)	servis	سرویس
sacar (vi)	servis zadan	سرویس زدن
raquete (f)	rāket	راکت
rede (f)	tur	تور
bola (f)	tup	توپ

139. Xadrez

xadrez (m)	šatranj	شطرنج
peças (f pl) de xadrez	mohrehā-ye šatranj	مهره های شطرنج
xadrezista (m)	šatranj bāz	شطرنج باز
tabuleiro (m) de xadrez	taxte-ye šatranj	تختهٔ شطرنج
peça (f) de xadrez	mohre-ye šatranj	مهره شطرنج
brancas (f pl)	sefid	سفید
pretas (f pl)	siyāh	سیاه
peão (m)	piyāde	پیاده
bispo (m)	fil	فیل
cavalo (m)	asb	اسب
torre (f)	rox	رخ
dama (f)	vazir	وزیر
rei (m)	šāh	شاه
vez (m)	harekat	حرکت
mover (vt)	harekat kardan	حرکت کردن
sacrificar (vt)	qorbāni kardan	قربانی کردن
roque (m)	mohreye qal'e	مهرهٔ قلعه
xeque (m)	kiš	کیش
xeque-mate (m)	māt	مات
torneio (m) de xadrez	mosābeqe-ye šatranj	مسابقهٔ شطرنج
grão-mestre (m)	ostād-e bozorg	استاد بزرگ
combinação (f)	tarkib	ترکیب
partida (f)	dor-e bazi	دوربازی
jogo (m) de damas	bāzi-ye čekerz	بازی چکرز

140. Boxe

boxe (m)	boks	بوکس
combate (m)	mobāreze	مبارزه
duelo (m)	mosābeqe-ye boks	مسابقه بوکس
round (m)	rānd	راند
ringue (m)	ring	رینگ
gongo (m)	nāqus	ناقوس
murro, soco (m)	zarbe	ضربه
knockdown (m)	nāk dān	ناک داون
nocaute (m)	nāk owt	ناک اوت
nocautear (vt)	nākowt kardan	ناک اوت کردن
luva (f) de boxe	dastkeš-e boks	دستکش بوکس
árbitro (m)	dāvar	داور
peso-leve (m)	vazn-e sabok	وزن سبک
peso-médio (m)	vazn-e motevasset	وزن متوسط
peso-pesado (m)	vazn-e sangin	وزن سنگین

141. Desportos. Diversos

Português	Transliteração	Persa
Jogos (m pl) Olímpicos	bāzihā-ye olampik	بازی‌های المپیک
vencedor (m)	barande	برنده
vencer (vi)	piruz šodan	پیروز شدن
vencer, ganhar (vi)	piruz šodan	پیروز شدن
líder (m)	rahbar	رهبر
liderar (vt)	lider budan	لیدر بودن
primeiro lugar (m)	rotbe-ye avval	رتبه اول
segundo lugar (m)	rotbe-ye dovvom	رتبه دوم
terceiro lugar (m)	rotbe-ye sevvom	رتبه سوم
medalha (f)	medāl	مدال
troféu (m)	kāp	کاپ
taça (f)	jām	جام
prémio (m)	jāyeze	جایزه
prémio (m) principal	jāyeze-ye asli	جایزهٔ اصلی
recorde (m)	rekord	رکورد
estabelecer um recorde	rekord gozāštan	رکورد گذاشتن
final (m)	fināl	فینال
final	pāyāni	پایانی
campeão (m)	qahremān	قهرمان
campeonato (m)	mosābeqe-ye qahremāni	مسابقه قهرمانی
estádio (m)	varzešgāh	ورزشگاه
bancadas (f pl)	teribun	تریبون
fã, adepto (m)	tarafdār	طرفدار
adversário (m)	raqib	رقیب
partida (f)	šoru‘	شروع
chegada, meta (f)	entehā	انتها
derrota (f)	šekast	شکست
perder (vt)	bāxtan	باختن
árbitro (m)	dāvar	داور
júri (m)	hey‘at-e dāvarān	هیئت داوران
resultado (m)	emtiyāz	امتیاز
empate (m)	mosāvi	مساوی
empatar (vi)	bāzi rā mosāvi kardan	بازی را مساوی کردن
ponto (m)	emtiyāz	امتیاز
resultado (m) final	natije	نتیجه
tempo, período (m)	dowre	دوره
intervalo (m)	hāf tāym	هاف تایم
doping (m)	doping	دوپینگ
penalizar (vt)	jarime kardan	جریمه کردن
desqualificar (vt)	rad-e salāhiyat kardan	رد صلاحیت کردن
aparelho (m)	asbāb	اسباب

dardo (m)	neyze	نیزه
peso (m)	vazne	وزنه
bola (f)	tup	توپ
alvo, objetivo (m)	hadaf	هدف
alvo (~ de papel)	nešangah	نشانگاه
atirar, disparar (vi)	tirandāzi kardan	تیراندازی کردن
preciso (tiro ~)	dorost	درست
treinador (m)	morabbi	مربی
treinar (vt)	tamrin dādan	تمرین دادن
treinar-se (vr)	tamrin kardan	تمرین کردن
treino (m)	tamrin	تمرین
ginásio (m)	sālon-e varzeš	سالن ورزش
exercício (m)	tamrin	تمرین
aquecimento (m)	garm kardan	گرم کردن

Educação

142. Escola

escola (f)	madrese	مدرسه
diretor (m) de escola	modir-e madrese	مدیر مدرسه
aluno (m)	dāneš-āmuz	دانش آموز
aluna (f)	dāneš-āmuz	دانش آموز
escolar (m)	dāneš-āmuz	دانش آموز
escolar (f)	dāneš-āmuz	دانش آموز
ensinar (vt)	āmuxtan	آموختن
aprender (vt)	yād gereftan	یاد گرفتن
aprender de cor	az hefz kardan	از حفظ کردن
estudar (vi)	yād gereftan	یاد گرفتن
andar na escola	tahsil kardan	تحصیل کردن
ir à escola	madrese raftan	مدرسه رفتن
alfabeto (m)	alefbā	الفبا
disciplina (f)	mabhas	مبحث
sala (f) de aula	kelās	کلاس
lição (f)	dars	درس
recreio (m)	zang-e tafrih	زنگ تفریح
toque (m)	zang	زنگ
carteira (f)	miz-e tahrir	میز تحریر
quadro (m) negro	taxte-ye siyāh	تخته سیاه
nota (f)	nomre	نمره
boa nota (f)	nomre-ye xub	نمرۀ خوب
nota (f) baixa	nomre-ye bad	نمرۀ بد
dar uma nota	nomre gozāštan	نمره گذاشتن
erro (m)	eštebāh	اشتباه
fazer erros	eštebāh kardan	اشتباه کردن
corrigir (vt)	eslāh kardan	اصلاح کردن
cábula (f)	taqallob	تقلب
dever (m) de casa	taklif manzel	تکلیف منزل
exercício (m)	tamrin	تمرین
estar presente	hozur dāštan	حضور داشتن
estar ausente	qāyeb budan	غایب بودن
faltar às aulas	az madrese qāyeb budan	ازمدرسه غایب بودن
punir (vt)	tanbih kardan	تنبیه کردن
punição (f)	tanbih	تنبیه
comportamento (m)	raftār	رفتار

boletim (m) escolar	gozāreš-e ruzāne	گزارش روزانه
lápis (m)	medād	مداد
borracha (f)	pāk kon	پاک کن
giz (m)	gač	گچ
estojo (m)	qalamdān	قلمدان

pasta (f) escolar	kif madrese	کیف مدرسه
caneta (f)	xodkār	خودکار
caderno (m)	daftar	دفتر
manual (m) escolar	ketāb-e darsi	کتاب درسی
compasso (m)	pargār	پرگار

| traçar (vt) | rasm kardan | رسم کردن |
| desenho (m) técnico | rasm-e fani | رسم فنی |

poesia (f)	še'r	شعر
de cor	az hefz	از حفظ
aprender de cor	az hefz kardan	از حفظ کردن

férias (f pl)	ta'tilāt	تعطیلات
estar de férias	dar ta'tilāt budan	در تعطیلات بودن
passar as férias	ta'tilāt rā gozarāndan	تعطیلات را گذراندن

teste (m)	emtehān	امتحان
composição, redação (f)	enšā'	انشاء
ditado (m)	dikte	دیکته
exame (m)	emtehān	امتحان
fazer exame	emtehān dādan	امتحان دادن
experiência (~ química)	āzmāyeš	آزمایش

143. Colégio. Universidade

academia (f)	farhangestān	فرهنگستان
universidade (f)	dānešgāh	دانشگاه
faculdade (f)	dāneškade	دانشکده

estudante (m)	dānešju	دانشجو
estudante (f)	dānešju	دانشجو
professor (m)	ostād	استاد

| sala (f) de palestras | kelās | کلاس |
| graduado (m) | fāreqottahsil | فارغ التحصیل |

| diploma (m) | diplom | دیپلم |
| tese (f) | pāyān nāme | پایان نامه |

| estudo (obra) | tahqiqe elmi | تحقیق علمی |
| laboratório (m) | āzmāyešgāh | آزمایشگاه |

| palestra (f) | soxanrāni | سخنرانی |
| colega (m) de curso | ha mdowre i | هم دوره ای |

| bolsa (f) de estudos | burse tahsili | بورس تحصیلی |
| grau (m) académico | daraje-ye elmi | درجهٔ علمی |

144. Ciências. Disciplinas

matemática (f)	riyāziyāt	ریاضیات
álgebra (f)	jabr	جبر
geometria (f)	hendese	هندسه
astronomia (f)	setāre-šenāsi	ستاره شناسی
biologia (f)	zist-šenāsi	زیست شناسی
geografia (f)	joqrāfiyā	جغرافیا
geologia (f)	zamin-šenāsi	زمین شناسی
história (f)	tārix	تاریخ
medicina (f)	pezeški	پزشکی
pedagogia (f)	olume tarbiyati	علوم تربیتی
direito (m)	hoquq	حقوق
física (f)	fizik	فیزیک
química (f)	šimi	شیمی
filosofia (f)	falsafe	فلسفه
psicologia (f)	ravānšenāsi	روانشناسی

145. Sistema de escrita. Ortografia

gramática (f)	gerāmer	گرامر
vocabulário (m)	vājegān	واژگان
fonética (f)	sadā-šenāsi	صداشناسی
substantivo (m)	esm	اسم
adjetivo (m)	sefat	صفت
verbo (m)	fe'l	فعل
advérbio (m)	qeyd	قید
pronome (m)	zamir	ضمیر
interjeição (f)	harf-e nedā	حرف ندا
preposição (f)	harf-e ezāfe	حرف اضافه
raiz (f) da palavra	riše-ye kalame	ریشه کلمه
terminação (f)	pasvand	پسوند
prefixo (m)	pišvand	پیشوند
sílaba (f)	hejā	هجا
sufixo (m)	pasvand	پسوند
acento (m)	fešar-e hejā	فشار هجا
apóstrofo (m)	āpostrof	آپوستروف
ponto (m)	noqte	نقطه
vírgula (f)	virgul	ویرگول
ponto e vírgula (m)	noqte virgul	نقطه ویرگول
dois pontos (m pl)	donoqte	دونقطه
reticências (f pl)	čand noqte	چند نقطه
ponto (m) de interrogação	alāmat-e soāl	علامت سؤال
ponto (m) de exclamação	alāmat-e taajjob	علامت تعجب

aspas (f pl)	giyume	گیومه
entre aspas	dar giyume	در گیومه
parênteses (m pl)	parãntez	پرانتز
entre parênteses	dar parãntez	در پرانتز

hífen (m)	xatt-e vāsel	خط واصل
travessão (m)	xatt-e tire	خط تیره
espaço (m)	fāsele	فاصله

| letra (f) | harf | حرف |
| letra (f) maiúscula | harf-e bozorg | حرف بزرگ |

| vogal (f) | sedādār | صدادار |
| consoante (f) | sāmet | صامت |

frase (f)	jomle	جمله
sujeito (m)	nahād	نهاد
predicado (m)	gozāre	گزاره

linha (f)	satr	سطر
em uma nova linha	sar-e satr	سر سطر
parágrafo (m)	band	بند

palavra (f)	kalame	کلمه
grupo (m) de palavras	ebārat	عبارت
expressão (f)	bayān	بیان
sinónimo (m)	moterādef	مترادف
antónimo (m)	motezād	متضاد

regra (f)	qā'ede	قاعده
exceção (f)	estesnā	استثنا
correto	sahih	صحیح

conjugação (f)	sarf	صرف
declinação (f)	sarf-e kalemāt	صرف کلمات
caso (m)	hālat	حالت
pergunta (f)	soāl	سؤال
sublinhar (vt)	xatt kešidan	خط کشیدن
linha (f) pontilhada	noqte čin	نقطه چین

146. Línguas estrangeiras

língua (f)	zabān	زبان
estrangeiro	xāreji	خارجی
língua (f) estrangeira	zabān-e xāreji	زبان خارجی
estudar (vt)	dars xāndan	درس خواندن
aprender (vt)	yād gereftan	یاد گرفتن

ler (vt)	xāndan	خواندن
falar (vi)	harf zadan	حرف زدن
compreender (vt)	fahmidan	فهمیدن
escrever (vt)	neveštan	نوشتن
rapidamente	sari'	سریع
devagar	āheste	آهسته

fluentemente	ravãn	روان
regras (f pl)	qavã'ed	قواعد
gramática (f)	gerãmer	گرامر
vocabulário (m)	vãjegãn	واژگان
fonética (f)	ãvã-šenãsi	آواشناسی

manual (m) escolar	ketãb-e darsi	کتاب درسی
dicionário (m)	farhang-e loqat	فرهنگ لغت
manual (m) de autoaprendizagem	xod-ãmuz	خودآموز
guia (m) de conversação	ketãb-e mokãleme	کتاب مکالمه

cassete (f)	kãst	کاست
vídeo cassete (m)	kãst-e video	کاست ویدئو
CD (m)	si-di	سیدی
DVD (m)	dey vey dey	دی وی دی

alfabeto (m)	alefbã	الفبا
soletrar (vt)	heji kardan	هجی کردن
pronúncia (f)	talaffoz	تلفظ

sotaque (m)	lahje	لهجه
com sotaque	bã lahje	با لهجه
sem sotaque	bi lahje	بی لهجه

| palavra (f) | kalame | کلمه |
| sentido (m) | ma'ni | معنی |

cursos (m pl)	dowre	دوره
inscrever-se (vr)	nãm-nevisi kardan	نام نویسی کردن
professor (m)	ostãd	استاد

tradução (processo)	tarjome	ترجمه
tradução (texto)	tarjome	ترجمه
tradutor (m)	motarjem	مترجم
intérprete (m)	motarjem-e šafãhi	مترجم شفاهی

| poliglota (m) | čand zabãni | چند زبانی |
| memória (f) | hãfeze | حافظه |

147. Personagens de contos de fadas

Pai (m) Natal	bãbã noel	بابا نوئل
Cinderela (f)	sinderelã	سیندرلا
sereia (f)	pari-ye daryãyi	پری دریایی
Neptuno (m)	nepton	نپتون

mago (m)	sãher	ساحر
fada (f)	sãher	ساحر
mágico	jãduyi	جادویی
varinha (f) mágica	asã-ye sehrãmiz	عصای سحرآمیز

| conto (m) de fadas | afsãne | افسانه |
| milagre (m) | mo'jeze | معجزه |

| anão (m) | kutule | کوتوله |
| transformar-se em … | tabdil šodan | تبدیل شدن |

fantasma (m)	šabah	شبح
espetro (m)	šabah	شبح
monstro (m)	qul	غول
dragão (m)	eždehā	اژدها
gigante (m)	qul	غول

148. Signos do Zodíaco

Carneiro	borj-e haml	برج حمل
Touro	borj-e sowr	برج ثور
Gémeos	borj-e jowzā	برج جوزا
Caranguejo	saratān	سرطان
Leão	šir	شیر
Virgem (f)	borj-e sonbole	برج سنبله

Balança	borj-e mizān	برج میزان
Escorpião	borj-e aqrab	برج عقرب
Sagitário	borj-e qows	برج قوس
Capricórnio	borj-e jeddi	برج جدی
Aquário	borj-e dalow	برج دلو
Peixes	borj-e hut	برج حوت

caráter (m)	šaxsiyat	شخصیت
traços (m pl) do caráter	xosusiyāt-e axlāqi	خصوصیات اخلاقی
comportamento (m)	raftār	رفتار
predizer (vt)	fāl gereftan	فال گرفتن
adivinha (f)	fālgir	فالگیر
horóscopo (m)	tāle' bini	طالع بینی

Artes

149. Teatro

teatro (m)	teātr	تئاتر
ópera (f)	operā	اپرا
opereta (f)	operā-ye kučak	اپرای کوچک
balé (m)	bāle	باله
cartaz (m)	e'lān-e namāyeš	اعلان نمایش
companhia (f) teatral	hey'at honarpišegān	هیئت هنرپیشگان
turné (digressão)	safar	سفر
estar em turné	dar tur budan	در تور بودن
ensaiar (vt)	tamrin kardan	تمرین کردن
ensaio (m)	tamrin	تمرین
repertório (m)	roperator	رپراتور
apresentação (f)	namāyeš	نمایش
espetáculo (m)	namāyeš	نمایش
peça (f)	namāyeš nāme	نمایش نامه
bilhete (m)	belit	بلیط
bilheteira (f)	belit-foruši	بلیت فروشی
hall (m)	lābi	لابی
guarda-roupa (m)	komod-e lebās	کمد لباس
senha (f) numerada	žeton	ژتون
binóculo (m)	durbin	دوربین
lanterninha (m)	rāhnamā	راهنما
plateia (f)	sandali-ye orkestr	صندلی ارکستر
balcão (m)	bālkon	بالکن
primeiro balcão (m)	bālkon-e avval	بالکن اول
camarote (m)	jāygāh-e vižhe	جایگاه ویژه
fila (f)	radif	ردیف
assento (m)	jā	جا
público (m)	hozzār	حضار
espetador (m)	tamāšāči	تماشاچی
aplaudir (vt)	kaf zadan	کف زدن
aplausos (m pl)	tašviq	تشویق
ovação (f)	šādi-va soror	شادی و سرور
palco (m)	sahne	صحنه
pano (m) de boca	parde	پرده
cenário (m)	sahne	صحنه
bastidores (m pl)	pošt-e sahne	پشت صحنه
cena (f)	sahne	صحنه
ato (m)	parde	پرده
entreato (m)	ānterākt	آنتراکت

150. Cinema

ator (m)	bāzigar	بازیگر
atriz (f)	bāzigar	بازیگر
cinema (m)	sinamā	سینما
filme (m)	film	فیلم
episódio (m)	qesmat	قسمت
filme (m) policial	film-e polisi	فیلم پلیسی
filme (m) de ação	film-e akšen	فیلم اکشن
filme (m) de aventuras	film-e mājarāyi	فیلم ماجرایی
filme (m) de ficção científica	film-e elmi-ye taxayyoli	فیلم علمی تخیلی
filme (m) de terror	film-e tarsnāk	فیلم ترسناک
comédia (f)	komedi	کمدی
melodrama (m)	meloderām	ملودرام
drama (m)	derām	درام
filme (m) ficcional	film-e honari	فیلم هنری
documentário (m)	film-e mostanad	فیلم مستند
desenho (m) animado	kārton	کارتون
cinema (m) mudo	film-e sāmet	فیلم صامت
papel (m)	naqš	نقش
papel (m) principal	naqš-e asli	نقش اصلی
representar (vt)	bāzi kardan	بازی کردن
estrela (f) de cinema	setāre-ye sinamā	ستارهٔ سینما
conhecido	mašhur	مشهور
famoso	mašhur	مشهور
popular	saršenās	سرشناس
argumento (m)	senāriyo	سناریو
argumentista (m)	senārist	سناریست
realizador (m)	kārgardān	کارگردان
produtor (m)	tahiye konande	تهیه کننده
assistente (m)	dastyār	دستیار
diretor (m) de fotografia	filmbardār	فیلمبردار
duplo (m)	badalkār	بدلکار
duplo (m) de corpo	dublur	دوبلور
filmar (vt)	film gereftan	فیلم گرفتن
audição (f)	test	تست
filmagem (f)	film bardār-i	فیلم برداری
equipe (f) de filmagem	goruh film bar dār-i	گروه فیلم برداری
set (m) de filmagem	mahal film bar dār-i	محل فیلم برداری
câmara (f)	durbin	دوربین
cinema (m)	sinamā	سینما
ecrã (m), tela (f)	parde	پرده
exibir um filme	film-e nešān dādan	فیلم نشان دادن
pista (f) sonora	musiqi-ye matn	موسیقی متن
efeitos (m pl) especiais	jelvehā-ye vizhe	جلوه های ویژه

legendas (f pl)	zirnevis	زیرنویس
crédito (m)	titrāj	تیتراژ
tradução (f)	tarjome	ترجمه

151. Pintura

arte (f)	honar	هنر
belas-artes (f pl)	honarhā-ye zibā	هنرهای زیبا
galeria (f) de arte	gāleri-ye honari	گالری هنری
exposição (f) de arte	namāyešgāh-e honari	نمایشگاه هنری

pintura (f)	naqqāši	نقاشی
arte (f) gráfica	honar-e gerāfik	هنر گرافیک
arte (f) abstrata	honar-e ābestre	هنر آبستره
impressionismo (m)	ampersiyonism	امپرسیونیسم

pintura (f), quadro (m)	tasvir	تصویر
desenho (m)	naqqāši	نقاشی
cartaz, póster (m)	poster	پوستر

ilustração (f)	tasvir	تصویر
miniatura (f)	minyātor	مینیاتور
cópia (f)	nosxe	نسخه
reprodução (f)	taksir	تکثیر

mosaico (m)	muzāik	موزائیک
vitral (m)	naqqāši ruy šiše	نقاشی روی شیشه
fresco (m)	naqqāši ruy gač	نقاشی روی گچ
gravura (f)	gerāvur	گراور

busto (m)	mojassame-ye nimtane	مجسمهٔ نیم تنه
escultura (f)	mojassame sāz-i	مجسمه سازی
estátua (f)	mojassame	مجسمه
gesso (m)	gač	گچ
em gesso	gači	گچی

retrato (m)	temsāl	تمثال
autorretrato (m)	tasvir-e naqqāš	تصویر نقاش
paisagem (f)	manzare	منظره
natureza (f) morta	tabi'at-e bijān	طبیعت بیجان
caricatura (f)	kārikātor	کاریکاتور
esboço (m)	tarh-e moqaddamāti	طرح مقدماتی

tinta (f)	rang	رنگ
aguarela (f)	āb-o rang	آب ورنگ
óleo (m)	rowqan	روغن
lápis (m)	medād	مداد
tinta da China (f)	morakkab	مرکب
carvão (m)	zoqāl	زغال

desenhar (vt)	naqqāši kardan	نقاشی کردن
pintar (vt)	naqqāši kardan	نقاشی کردن
posar (vi)	žest gereftan	ژست گرفتن
modelo (m)	model-e naqqāši	مدل نقاشی

modelo (f)	model-e naqqāši	مدل نقاشی
pintor (m)	naqqāš	نقاش
obra (f)	asar-e honari	اثر هنری
obra-prima (f)	šāhkār	شاهکار
estúdio (m)	kārgāh	کارگاه
tela (f)	bum-e naqāši	بوم نقاشی
cavalete (m)	sepāye-ye naqqāši	سه پایهٔ نقاشی
paleta (f)	taxte-ye rang	تختهٔ رنگ
moldura (f)	qāb	قاب
restauração (f)	maremmat	مرمت
restaurar (vt)	marammat kardan	مرمت کردن

152. Literatura & Poesia

literatura (f)	adabiyāt	ادبیات
autor (m)	moallef	مؤلف
pseudónimo (m)	taxallos	تخلص
livro (m)	ketāb	کتاب
volume (m)	jeld	جلد
índice (m)	fehrest	فهرست
página (f)	safhe	صفحه
protagonista (m)	qahremān-e asli	قهرمان اصلی
conto (m)	hekāyat	حکایت
novela (f)	dāstān	داستان
romance (m)	ramān	رمان
obra (f)	ta'lif	تألیف
fábula (m)	afsāne	افسانه
romance (m) policial	dastane jenai	داستان جنایی
poesia (obra)	še'r	شعر
poesia (arte)	še'r	شعر
poema (m)	še'r	شعر
poeta (m)	šā'er	شاعر
ficção (f)	dāstān	داستان
ficção (f) científica	elmi-ye taxayyoli	علمی تخیلی
aventuras (f pl)	sargozašt	سرگذشت
literatura (f) didática	adabiyāt-e āmuzeši	ادبیات آموزشی
literatura (f) infantil	adabiyāt-e kudak	ادبیات کودک

153. Circo

circo (m)	sirak	سیرک
circo (m) ambulante	sirak-e sayār	سیرک سیار
programa (m)	barnāme	برنامه
apresentação (f)	namāyeš	نمایش
número (m)	parde	پرده
arena (f)	sahne-ye sirak	صحنه سیرک

pantomima (f)	pāntomim	پانتومیم
palhaço (m)	dalqak	دلقک
acrobata (m)	ākrobāt	آکروبات
acrobacia (f)	band-e bāzi	بند بازی
ginasta (m)	žimināstik kār	ژیمناستیک کار
ginástica (f)	žimināstik	ژیمناستیک
salto (m) mortal	salto	سالتو
homem forte (m)	qavi heykal	قوی هیکل
domador (m)	rām konande	رام کننده
cavaleiro (m) equilibrista	savārkār	سوارکار
assistente (m)	dastyār	دستیار
truque (m)	širin kāri	شیرین کاری
truque (m) de mágica	šo'bade bāzi	شعبده بازی
mágico (m)	šo'bade bāz	شعبده باز
malabarista (m)	tardast	تردست
fazer malabarismos	tardasti kardan	تردستی کردن
domador (m)	morabbi-ye heyvānāt	مربی حیوانات
adestramento (m)	ta'lim heyvānāt	تعلیم حیوانات
adestrar (vt)	tarbiyat kardan	تربیت کردن

154. Música. Música popular

música (f)	musiqi	موسیقی
músico (m)	muzisiyan	موزیسین
instrumento (m) musical	abzār-e musiqi	ابزار موسیقی
tocar ...	navāxtan	نواختن
guitarra (f)	gitār	گیتار
violino (m)	viyolon	ویولون
violoncelo (m)	viyolonsel	ویولون سل
contrabaixo (m)	konterbās	کنترباس
harpa (f)	čang	چنگ
piano (m)	piyāno	پیانو
piano (m) de cauda	piyāno-e bozorg	پیانوی بزرگ
órgão (m)	arg	ارگ
instrumentos (m pl) de sopro	sāzhā-ye bādi	سازهای بادی
oboé (m)	abva	ابوا
saxofone (m)	saksofon	ساکسوفون
clarinete (m)	qare ney	قره نی
flauta (f)	folut	فلوت
trompete (m)	šeypur	شیپور
acordeão (m)	ākordeon	آکوردئون
tambor (m)	tabl	طبل
duo, dueto (m)	daste-ye do nafare	دسته دو نفره
trio (m)	daste-ye se nafar-i	دستۀ سه نفری
quarteto (m)	daste-ye čāhārnafari	دستۀ چهارنفری

coro (m)	kar	کر
orquestra (f)	orkesr	ارکستر
música (f) pop	musiqi-ye pāp	موسیقی پاپ
música (f) rock	musiqi-ye rāk	موسیقی راک
grupo (m) de rock	goruh-e rāk	گروه راک
jazz (m)	jāz	جاز
ídolo (m)	mahbub	محبوب
fã, admirador (m)	havādār	هوادار
concerto (m)	konsert	کنسرت
sinfonia (f)	samfoni	سمفونی
composição (f)	tasnif	تصنیف
compor (vt)	tasnif kardan	تصنیف کردن
canto (m)	āvāz	آواز
canção (f)	tarāne	ترانه
melodia (f)	āhang	آهنگ
ritmo (m)	ritm	ریتم
blues (m)	musiqi-ye boluz	موسیقی بلوز
notas (f pl)	daftar-e not	دفتر نت
batuta (f)	čub-e rahbari	چوب رهبری
arco (m)	ārše	آرشه
corda (f)	sim	سیم
estojo (m)	qalāf	غلاف

Descanso. Entretenimento. Viagens

155. Viagens

turismo (m)	gardešgari	گردشگری
turista (m)	turist	توریست
viagem (f)	mosāferat	مسافرت
aventura (f)	mājarā	ماجرا
viagem (f)	safar	سفر
férias (f pl)	moraxxasi	مرخصی
estar de férias	dar moraxassi budan	در مرخصی بودن
descanso (m)	esterāhat	استراحت
comboio (m)	qatār	قطار
de comboio (chegar ~)	bā qatār	با قطار
avião (m)	havāpeymā	هواپیما
de avião	bā havāpeymā	با هواپیما
de carro	bā otomobil	با اتومبیل
de navio	dar kešti	با کشتی
bagagem (f)	bār	بار
mala (f)	čamedān	چمدان
carrinho (m)	čarx-e hamle bar	چرخ حمل بار
passaporte (m)	gozarnāme	گذرنامه
visto (m)	ravādid	روادید
bilhete (m)	belit	بلیط
bilhete (m) de avião	belit-e havāpeymā	بلیط هواپیما
guia (m) de viagem	ketāb-e rāhnamā	کتاب راهنما
mapa (m)	naqše	نقشه
local (m), area (f)	mahal	محل
lugar, sítio (m)	jā	جا
exotismo (m)	qarāyeb	غرایب
exótico	qarib	غریب
surpreendente	heyrat angiz	حیرت انگیز
grupo (m)	goruh	گروه
excursão (f)	gardeš	گردش
guia (m)	rāhnamā-ye tur	راهنمای تور

156. Hotel

hotel (m)	hotel	هتل
motel (m)	motel	متل
três estrelas	se setāre	سه ستاره

| cinco estrelas | panj setāre | پنج ستاره |
| ficar (~ num hotel) | māndan | ماندن |

quarto (m)	otāq	اتاق
quarto (m) individual	otāq-e yeknafare	اتاق یک نفره
quarto (m) duplo	otāq-e do nafare	اتاق دو نفره
reservar um quarto	otāq rezerv kardan	اتاق رزرو کردن

| meia pensão (f) | nim pānsiyon | نیم پانسیون |
| pensão (f) completa | pānsiyon | پانسیون |

com banheira	bā vān	با وان
com duche	bā duš	با دوش
televisão (m) satélite	televiziyon-e māhvārei	تلویزیون ماهواره ای
ar (m) condicionado	tahviye-ye matbu'	تهویه مطبوع
toalha (f)	howle	حوله
chave (f)	kelid	کلید

administrador (m)	edāre-ye konande	اداره کننده
camareira (f)	mostaxdem	مستخدم
bagageiro (m)	bārbar	باربر
porteiro (m)	darbān	دربان

restaurante (m)	resturān	رستوران
bar (m)	bār	بار
pequeno-almoço (m)	sobhāne	صبحانه
jantar (m)	šām	شام
buffet (m)	bufe	بوفه

| hall (m) de entrada | lābi | لابی |
| elevador (m) | āsānsor | آسانسور |

| NÃO PERTURBE | mozāhem našavid | مزاحم نشوید |
| PROIBIDO FUMAR! | sigār kešidan mamnu' | سیگار کشیدن ممنوع |

157. Livros. Leitura

livro (m)	ketāb	کتاب
autor (m)	moallef	مؤلف
escritor (m)	nevisande	نویسنده
escrever (vt)	neveštan	نوشتن

leitor (m)	xānande	خواننده
ler (vt)	xāndan	خواندن
leitura (f)	motāle'e	مطالعه

| para si | be ārāmi | به آرامی |
| em voz alta | boland | بلند |

publicar (vt)	montašer kardan	منتشر کردن
publicação (f)	entešār	انتشار
editor (m)	nāšer	ناشر
editora (f)	entešārāt	انتشارات
sair (vi)	montašer šodan	منتشر شدن

lançamento (m)	našr	نشر
tiragem (f)	tirāž	تیراژ
livraria (f)	ketāb-foruši	کتاب فروشی
biblioteca (f)	ketābxāne	کتابخانه
novela (f)	dāstān	داستان
conto (m)	hekāyat	حکایت
romance (m)	ramān	رمان
romance (m) policial	dastane jenai	داستان جنایی
memórias (f pl)	xāterāt	خاطرات
lenda (f)	afsāne	افسانه
mito (m)	osture	اسطوره
poesia (f)	še'r	شعر
autobiografia (f)	zendegināme	زندگینامه
obras (f pl) escolhidas	āsār-e montaxab	آثار منتخب
ficção (f) científica	elmi-ye taxayyoli	علمی تخیلی
título (m)	onvān	عنوان
introdução (f)	moqaddame	مقدمه
folha (f) de rosto	safhe-ye onvān	صفحه عنوان
capítulo (m)	fasl	فصل
excerto (m)	gozide	گزیده
episódio (m)	qesmat	قسمت
tema (m)	suže	سوژه
conteúdo (m)	mazmun	مضمون
índice (m)	fehrest	فهرست
protagonista (m)	qahremān-e asli	قهرمان اصلی
tomo, volume (m)	jeld	جلد
capa (f)	jeld	جلد
encadernação (f)	sahhāfi	صحافی
marcador (m) de livro	čub-e alef	چوب الف
página (f)	safhe	صفحه
folhear (vt)	varaq zadan	ورق زدن
margem (f)	hāšiye	حاشیه
anotação (f)	hāšiye nevisi	حاشیه نویسی
nota (f) de rodapé	pāvaraqi	پاورقی
texto (m)	matn	متن
fonte (f)	font	فونت
gralha (f)	qalat čāpi	غلط چاپی
tradução (f)	tarjome	ترجمه
traduzir (vt)	tarjome kardan	ترجمه کردن
original (m)	nosxe-ye asli	نسخة اصلی
famoso	mašhur	مشهور
desconhecido	nāšenāxte	ناشناخته
interessante	jāleb	جالب
best-seller (m)	por foruš	پر فروش

dicionário (m)	farhang-e loqat	فرهنگ لغت
manual (m) escolar	ketāb-e darsi	کتاب درسی
enciclopédia (f)	dāyeratolma'āref	دایره المعارف

158. Caça. Pesca

caça (f)	šekār	شکار
caçar (vi)	šekār kardan	شکار کردن
caçador (m)	šekārči	شکارچی

atirar (vi)	tirandāzi kardan	تیراندازی کردن
caçadeira (f)	tofang	تفنگ
cartucho (m)	fešang	فشنگ
chumbo (m) de caça	sāčme	ساچمه

armadilha (f)	tale	تله
armadilha (com corda)	dām	دام
cair na armadilha	dar tale oftādan	در تله افتادن
pôr a armadilha	tale gozāštan	تله گذاشتن

caçador (m) furtivo	šekārči-ye qeyr-e qānuni	شکارچی غیر قانونی
caça (f)	šekār	شکار
cão (m) de caça	sag-e šekāri	سگ شکاری
safári (m)	safar-e ektešāfi āfriqā	سفر اکتشافی آفریقا
animal (m) empalhado	heyvān-e model	حیوان مدل

pescador (m)	māhigir	ماهیگیر
pesca (f)	māhigiri	ماهیگیری
pescar (vt)	māhi gereftan	ماهی گرفتن

cana (f) de pesca	čub māhi gir-i	چوب ماهی گیری
linha (f) de pesca	nax-e māhigiri	نخ ماهیگیری
anzol (m)	qollāb	قلاب

| boia (f) | šenāvar | شناور |
| isca (f) | to'me | طعمه |

| lançar a linha | qollāb andāxtan | قلاب انداختن |
| morder (vt) | gāz gereftan | گاز گرفتن |

| pesca (f) | seyd | صید |
| buraco (m) no gelo | surāx dar yax | سوراخ در یخ |

| rede (f) | tur | تور |
| barco (m) | qāyeq | قایق |

pescar com rede	bā tur-e māhi gereftan	با تورماهی گرفتن
lançar a rede	tur andāxtan	تور انداختن
puxar a rede	tur rā birun āvardan	تور را بیرون آوردن
cair nas malhas	be tur oftādan	به تور افتادن

baleeiro (m)	seyād-e nahang	صیاد نهنگ
baleeira (f)	kešti-ye seyd-e nahang	کشتی صید نهنگ
arpão (m)	neyze	نیزه

159. Jogos. Bilhar

bilhar (m)	bilyārd	بیلیارد
sala (f) de bilhar	otāq-e bilyārd	اتاق بیلیارد
bola (f) de bilhar	tup	توپ
embolsar uma bola	tup vāred-e pākat kardan	توپ وارد پاکت کردن
taco (m)	čub-e bilyārd	چوب بیلیارد
caçapa (f)	pākat	پاکت

160. Jogos. Jogar cartas

ouros (m pl)	xešt	خشت
espadas (f pl)	peyk	پیک
copas (f pl)	del	دل
paus (m pl)	xāj	خاج
ás (m)	tak xāl	تک خال
rei (m)	šāh	شاه
dama (f)	bi bi	بی بی
valete (m)	sarbāz	سرباز
carta (f) de jogar	varaq	ورق
cartas (f pl)	varaq	ورق
trunfo (m)	xāl-e hokm	خال حکم
baralho (m)	daste-ye varaq	دستۀ ورق
ponto (m)	xāl	خال
dar, distribuir (vt)	varaq dādan	ورق دادن
embaralhar (vt)	bar zadan	بر زدن
vez, jogada (f)	harekat	حرکت
batoteiro (m)	moteqalleb	متقلب

161. Casino. Roleta

casino (m)	kāzino	کازینو
roleta (f)	rolet	رولت
aposta (f)	šart bandi	شرط بندی
apostar (vt)	šart bandi kardan	شرط بندی کردن
vermelho (m)	sorx	سرخ
preto (m)	siyāh	سیاه
apostar no vermelho	ru-ye sorx-e šart-bandi kardan	روی سرخ شرط بندی کردن
apostar no preto	ru-ye siyāh-e šart-bandi kardan	روی سیاه شرط بندی کردن
crupiê (m, f)	mas'ul-e bāzi	مسئول بازی
girar a roda	gardāndan-e čarx	گرداندن چرخ
regras (f pl) do jogo	qavā'ede bāzi	قواعد بازی
ficha (f)	žeton	ژتون

ganhar (vi, vt)	piruz šodan	پیروز شدن
ganho (m)	bord	برد
perder (dinheiro)	bāxtan	باختن
perda (f)	bāxt	باخت
jogador (m)	bāzikon	بازیکن
blackjack (m)	balak jak	بلک جک
jogo (m) de dados	tās bāzi	تاس بازی
dados (m pl)	tās	تاس
máquina (f) de jogo	mãšin asal-at	ماشین اسلات

162. Descanso. Jogos. Diversos

passear (vi)	gardeš kardan	گردش کردن
passeio (m)	gardeš	گردش
viagem (f) de carro	siyāhat	سیاحت
aventura (f)	mājarā	ماجرا
piquenique (m)	pik nik	پیک نیک
jogo (m)	bāzi	بازی
jogador (m)	bāzikon	بازیکن
partida (f)	dor-e bazi	دوربازی
colecionador (m)	kolleksiyoner	کلکسیونر
colecionar (vt)	jam'-e āvari kardan	جمع آوری کردن
coleção (f)	koleksiyon	کلکسیون
palavras (f pl) cruzadas	kalamāt-e moteqāte'	کلمات متقاطع
hipódromo (m)	meydān-e asb-e davāni	میدان اسب دوانی
discoteca (f)	disko	دیسکو
sauna (f)	sonā	سونا
lotaria (f)	baxt-e āzmāyi	بخت آزمایی
campismo (m)	rāh peymāyi	راه پیمایی
acampamento (m)	ordugāh	اردوگاه
tenda (f)	čādor	چادر
bússola (f)	qotb namā	قطب نما
campista (m)	kamp nešin	کمپ نشین
ver (vt), assistir à …	tamāšā kardan	تماشا کردن
telespectador (m)	tamāšāči	تماشاچی
programa (m) de TV	barnāme-ye televiziyoni	برنامه تلویزیونی

163. Fotografia

máquina (f) fotográfica	durbin-e akkāsi	دوربین عکاسی
foto, fotografia (f)	aks	عکس
fotógrafo (m)	akkās	عکاس
estúdio (m) fotográfico	ātolye-ye akkāsi	آتلیة عکاسی

álbum (m) de fotografias	ālbom-e aks	آلبوم عکس
objetiva (f)	lenz-e durbin	لنز دوربین
teleobjetiva (f)	lenz-e tale-ye foto	لنز تله فوتو
filtro (m)	filter	فیلتر
lente (f)	lenz	لنز
ótica (f)	optik	اپتیک
abertura (f)	diyāfrāgm	دیافراگم
exposição (f)	sor'at-e bāz šodan-e lenz	سرعت بازشدن لنز
visor (m)	namā yāb	نما یاب
câmara (f) digital	durbin-e dijitāl	دوربین دیجیتال
tripé (m)	se pāye	سه پایه
flash (m)	feleš	فلش
fotografar (vt)	akkāsi kardan	عکاسی کردن
tirar fotos	aks gereftan	عکس گرفتن
fotografar-se	aks gereftan	عکس گرفتن
foco (m)	noqte-ye kānuni	نقطه کانونی
focar (vt)	motemarkez kardan	متمرکز کردن
nítido	vāzeh	واضح
nitidez (f)	vozuh	وضوح
contraste (m)	konterāst	کنتراست
contrastante	konterāst	کنتراست
retrato (m)	aks	عکس
negativo (m)	film-e negātiv	فیلم نگاتیو
filme (m)	film	فیلم
fotograma (m)	čārcub	چارچوب
imprimir (vt)	čāp kardan	چاپ کردن

164. Praia. Natação

praia (f)	pelāž	پلاژ
areia (f)	šen	شن
deserto	xāli	خالی
bronzeado (m)	hammām-e āftāb	حمام آفتاب
bronzear-se (vr)	hammām-e āftāb gereftan	حمام آفتاب گرفتن
bronzeado	boronze	برنزه
protetor (m) solar	kerem-e zedd-e āftāb	کرم ضد آفتاب
biquíni (m)	māyo-ye do tekke	مایوی دو تکه
fato (m) de banho	māyo	مایو
calção (m) de banho	māyo	مایو
piscina (f)	estaxr	استخر
nadar (vi)	šenā kardan	شنا کردن
duche (m)	duš	دوش
mudar de roupa	lebās avaz kardan	لباس عوض کردن
toalha (f)	howle	حوله
barco (m)	qāyeq	قایق

lancha (f)	qāyeq-e motori	قایق موتوری
esqui (m) aquático	eski-ye ruy-ye āb	اسکی روی آب
barco (m) de pedais	qāyeq-e pedāli	قایق پدالی
surf (m)	mowj savāri	موج سواری
surfista (m)	mowj savār	موج سوار
equipamento (m) de mergulho	eskowba	اسکوبا
barbatanas (f pl)	bālehā-ye qavvāsi	باله های غواصی
máscara (f)	māsk	ماسک
mergulhador (m)	qavvās	غواص
mergulhar (vi)	širje raftan	شیرجه رفتن
debaixo d'água	zir-e ābi	زیر آبی
guarda-sol (m)	čatr	چتر
espreguiçadeira (f)	sandali-ye rāhati	صندلی راحتی
óculos (m pl) de sol	eynak āftābi	عینک آفتابی
colchão (m) de ar	tošak-e ābi	تشک آبی
brincar (vi)	bāzi kardan	بازی کردن
ir nadar	ābtani kardan	آبتنی کردن
bola (f) de praia	tup	توپ
encher (vt)	bād kardan	باد کردن
inflável, de ar	bādi	بادی
onda (f)	mowj	موج
boia (f)	šenāvar	شناور
afogar-se (pessoa)	qarq šodan	غرق شدن
salvar (vt)	najāt dādan	نجات دادن
colete (m) salva-vidas	jeliqe-ye nejāt	جلیقهٔ نجات
observar (vt)	mošāhede kardan	مشاهده کردن
nadador-salvador (m)	nejāt-e dahande	نجات دهنده

EQUIPAMENTO TÉCNICO. TRANSPORTES

Equipamento técnico. Transportes

165. Computador

computador (m)	kãmpiyuter	کامپیوتر
portátil (m)	lap tãp	لپ تاپ
ligar (vt)	rowšan kardan	روشن کردن
desligar (vt)	xãmuš kardan	خاموش کردن
teclado (m)	sahfe kelid	صحفه کلید
tecla (f)	kelid	کلید
rato (m)	mãows	ماوس
tapete (m) de rato	mãows pad	ماوس پد
botão (m)	dokme	دکمه
cursor (m)	makãn namã	مکان نما
monitor (m)	monitor	مونیتور
ecrã (m)	safhe	صفحه
disco (m) rígido	hãrd disk	هارد دیسک
capacidade (f) do disco rígido	hajm-e hard	حجم هارد
memória (f)	hãfeze	حافظه
memória RAM (f)	hãfeze-ye ram	حافظه رم
ficheiro (m)	parvande	پرونده
pasta (f)	puše	پوشه
abrir (vt)	bãz kardan	باز کردن
fechar (vt)	bastan	بستن
guardar (vt)	zaxire kardan	ذخیره کردن
apagar, eliminar (vt)	hazf kardan	حذف کردن
copiar (vt)	kopi kardan	کپی کردن
ordenar (vt)	tabaqe bandi kardan	طبقه بندی کردن
copiar (vt)	kopi kardan	کپی کردن
programa (m)	barnãme	برنامه
software (m)	narm afzãr	نرم افزار
programador (m)	barnãme-ye nevis	برنامه نویس
programar (vt)	barnãme-nevisi kardan	برنامه نویسی کردن
hacker (m)	haker	هکر
senha (f)	kalame-ye obur	کلمه عبور
vírus (m)	virus	ویروس
detetar (vt)	peydã kardan	پیدا کردن
byte (m)	bãyt	بایت

megabyte (m)	megābāyt	مگابایت
dados (m pl)	dāde-hā	داده ها
base (f) de dados	pāygāh dāde-hā	پایگاه داده ها

cabo (m)	kābl	کابل
desconectar (vt)	jodā kardan	جدا کردن
conetar (vt)	vasl kardan	وصل کردن

166. Internet. E-mail

internet (f)	internet	اینترنت
browser (m)	morurgar	مرورگر
motor (m) de busca	motor-e jostoju	موتور جستجو
provedor (m)	erāe-ye dehande	ارائه دهنده

webmaster (m)	tarrāh-e vebsāyt	طراح وب سایت
website, sítio web (m)	veb-sāyt	وب سایت
página (f) web	safhe-ye veb	صفحه وب

| endereço (m) | nešāni | نشانی |
| livro (m) de endereços | daftarče-ye nešāni | دفترچه نشانی |

caixa (f) de correio	sanduq-e post	صندوق پست
correio (m)	post	پست
cheia (caixa de correio)	por	پر

mensagem (f)	payām	پیام
mensagens (f pl) recebidas	payāmhā-ye vorudi	پیامهای ورودی
mensagens (f pl) enviadas	payāmhā-ye xoruji	پیامهای خروجی

remetente (m)	ferestande	فرستنده
enviar (vt)	ferestādan	فرستادن
envio (m)	ersāl	ارسال

| destinatário (m) | girande | گیرنده |
| receber (vt) | gereftan | گرفتن |

| correspondência (f) | mokātebe | مکاتبه |
| corresponder-se (vr) | mokātebe kardan | مکاتبه کردن |

ficheiro (m)	parvande	پرونده
fazer download, baixar	dānlod kardan	دانلود کردن
criar (vt)	ijād kardan	ایجاد کردن
apagar, eliminar (vt)	hazf kardan	حذف کردن
eliminado	hazf šode	حذف شده

conexão (f)	ertebāt	ارتباط
velocidade (f)	sor'at	سرعت
modem (m)	modem	مودم
acesso (m)	dastyābi	دستیابی
porta (f)	dargāh	درگاه

| conexão (f) | ertebāt | ارتباط |
| conetar (vi) | vasl šodan | وصل شدن |

| escolher (vt) | entexāb kardan | انتخاب کردن |
| buscar (vt) | jostoju kardan | جستجو کردن |

167. Eletricidade

eletricidade (f)	barq	برق
elétrico	barqi	برقی
central (f) elétrica	nirugāh	نیروگاه
energia (f)	enerži	انرژی
energia (f) elétrica	niru-ye barq	نیروی برق
lâmpada (f)	lāmp	لامپ
lanterna (f)	čerāq-e dasti	چراغ دستی
poste (m) de iluminação	čerāq-e barq	چراغ برق
luz (f)	nur	نور
ligar (vt)	rowšan kardan	روشن کردن
desligar (vt)	xāmuš kardan	خاموش کردن
apagar a luz	čerāq rā xāmuš kardan	چراغ را خاموش کردن
fundir (vi)	suxtan	سوختن
curto-circuito (m)	ettesāli	اتصالی
rutura (f)	sim qat' šode	سیم قطع شده
contacto (m)	tamās	تماس
interruptor (m)	kelid	کلید
tomada (f)	periz	پریز
ficha (f)	došāxe	دوشاخه
extensão (f)	sim-e sayār	سیم سیار
fusível (m)	fiyuz	فیوز
fio, cabo (m)	sim	سیم
instalação (f) elétrica	sim keši	سیم کشی
ampere (m)	āmper	آمپر
amperagem (f)	šeddat-e jaryān	شدت جریان
volt (m)	volt	ولت
voltagem (f)	voltāž	ولتاژ
aparelho (m) elétrico	vasile-ye barqi	وسیله برقی
indicador (m)	šāxes	شاخص
eletricista (m)	barq-e kār	برق کار
soldar (vt)	lahim kardan	لحیم کردن
ferro (m) de soldar	hoviye	هویه
corrente (f) elétrica	jaryān-e barq	جریان برق

168. Ferramentas

ferramenta (f)	abzār	ابزار
ferramentas (f pl)	abzār	ابزار
equipamento (m)	tajhizāt	تجهیزات

147

martelo (m)	čakoš	چکش
chave (f) de fendas	pič gušti	پیچ گوشتی
machado (m)	tabar	تبر
serra (f)	arre	اره
serrar (vt)	arre kardan	اره کردن
plaina (f)	rande	رنده
aplainar (vt)	rande kardan	رنده کردن
ferro (m) de soldar	hoviye	هویه
soldar (vt)	lahim kardan	لحیم کردن
lima (f)	sowhān	سوهان
tenaz (f)	gāzanbor	گازانبر
alicate (m)	anbordast	انبردست
formão (m)	eskene	اسکنه
broca (f)	sar-matte	سرمته
berbequim (f)	matte barqi	مته برقی
furar (vt)	surāx kardan	سوراخ کردن
faca (f)	kārd	کارد
canivete (m)	čāqu-ye jibi	چاقوی جیبی
lâmina (f)	tiqe	تیغه
afiado	tiz	تیز
cego	konad	کند
embotar-se (vr)	konad šodan	کند شدن
afiar, amolar (vt)	tiz kardan	تیز کردن
parafuso (m)	pič	پیچ
porca (f)	mohre	مهره
rosca (f)	šiyār	شیار
parafuso (m) para madeira	pič	پیچ
prego (m)	mix	میخ
cabeça (f) do prego	sar-e mix	سر میخ
régua (f)	xat keš	خط کش
fita (f) métrica	metr	متر
nível (m)	tarāz	تراز
lupa (f)	zarre bin	ذره بین
medidor (m)	abzār-e andāzegir-i	ابزاراندازه گیری
medir (vt)	andāze gereftan	اندازه گرفتن
escala (f)	safhe-ye modarraj	صفحهٔ مدرج
indicação (f), registo (m)	dastgāh-e xaneš	دستگاه خوانش
compressor (m)	komperesor	کمپرسور
microscópio (m)	mikroskop	میکروسکوپ
bomba (f)	pomp	پمپ
robô (m)	robāt	روبات
laser (m)	leyzer	لیزر
chave (f) de boca	āčār	آچار
fita (f) adesiva	navār-e časb	نوار چسب

cola (f)	časb	چسب
lixa (f)	kāqaz-e sonbāde	کاغذ سنباده
mola (f)	fanar	فنر
íman (m)	āhan-e robā	آهن ربا
luvas (f pl)	dastkeš	دستکش
corda (f)	tanāb	طناب
cordel (m)	band	بند
fio (m)	sim	سیم
cabo (m)	kābl	کابل
marreta (f)	potk	پتک
pé de cabra (m)	deylam	دیلم
escada (f) de mão	nardebān	نردبان
escadote (m)	nardebān-e sabok	نردبان سبک
enroscar (vt)	pič kardan	پیچ کردن
desenroscar (vt)	bāz kardan	باز کردن
apertar (vt)	fešordan	فشردن
colar (vt)	časbāndan	چسباندن
cortar (vt)	boridan	بریدن
falha (mau funcionamento)	xarābi	خرابی
conserto (m)	ta'mir	تعمیر
consertar, reparar (vt)	ta'mir kardan	تعمیر کردن
regular, ajustar (vt)	tanzim kardan	تنظیم کردن
verificar (vt)	barresi kardan	بررسی کردن
verificação (f)	barresi	بررسی
indicação (f), registo (m)	dastgāh-e xaneš	دستگاه خوانش
seguro	motmaen	مطمئن
complicado	pičide	پیچیده
enferrujar (vi)	zang zadan	زنگ زدن
enferrujado	zang zade	زنگ زده
ferrugem (f)	zang	زنگ

Transportes

169. Avião

Português	Persa (transliteração)	Persa
avião (m)	havāpeymā	هواپیما
bilhete (m) de avião	belit-e havāpeymā	بلیط هواپیما
companhia (f) aérea	šerkat-e havāpeymāyi	شرکت هواپیمایی
aeroporto (m)	forudgāh	فرودگاه
supersónico	māvarā sowt	ماوراء صوت
comandante (m) do avião	kāpitān	کاپیتان
tripulação (f)	xadame	خدمه
piloto (m)	xalabān	خلبان
hospedeira (f) de bordo	mehmāndār-e havāpeymā	مهماندار هواپیما
copiloto (m)	nāvbar	ناوبر
asas (f pl)	bāl-hā	بال ها
cauda (f)	dam	دم
cabine (f) de pilotagem	kābin	کابین
motor (m)	motor	موتور
trem (m) de aterragem	šāssi	شاسی
turbina (f)	turbin	توربین
hélice (f)	parvāne	پروانه
caixa-preta (f)	ja'be-ye siyāh	جعبه سیاه
coluna (f) de controlo	farmān	فرمان
combustível (m)	suxt	سوخت
instruções (f pl) de segurança	dasturol'amal	دستورالعمل
máscara (f) de oxigénio	māsk-e oksižen	ماسک اکسیژن
uniforme (m)	oniform	اونیفورم
colete (m) salva-vidas	jeliqe-ye nejāt	جلیقهٔ نجات
paraquedas (m)	čatr-e nejāt	چترنجات
descolagem (f)	parvāz	پرواز
descolar (vi)	parvāz kardan	پرواز کردن
pista (f) de descolagem	bānd-e forudgāh	باند فرودگاه
visibilidade (f)	meydān did	میدان دید
voo (m)	parvāz	پرواز
altura (f)	ertefā'	ارتفاع
poço (m) de ar	čāle-ye havāyi	چاله هوایی
assento (m)	jā	جا
auscultadores (m pl)	guši	گوشی
mesa (f) rebatível	sini-ye tāšow	سینی تاشو
vigia (f)	panjere	پنجره
passagem (f)	rāhrow	راهرو

170. Comboio

comboio (m)	qatār	قطار
comboio (m) suburbano	qatār-e barqi	قطار برقی
comboio (m) rápido	qatār-e sari'osseyr	قطارسریع السیر
locomotiva (f) diesel	lokomotiv-e dizel	لوکوموتیو دیزل
locomotiva (f) a vapor	lokomotiv-e boxar	لوکوموتیو بخار
carruagem (f)	vāgon	واگن
carruagem restaurante (f)	vāgon-e resturān	واگن رستوران
carris (m pl)	reyl-hā	ریل ها
caminho de ferro (m)	rāh āhan	راه آهن
travessa (f)	reyl-e band	ریل بند
plataforma (f)	sakku-ye rāh-āhan	سکوی راه آهن
linha (f)	masir	مسیر
semáforo (m)	nešanar	نشانبر
estação (f)	istgāh	ایستگاه
maquinista (m)	rānande	راننده
bagageiro (m)	bārbar	باربر
hospedeiro, -a	rāhnamā-ye qatār	راهنمای قطار
(da carruagem)		
passageiro (m)	mosāfer	مسافر
revisor (m)	kontorol či	کنترل چی
corredor (m)	rāhrow	راهرو
freio (m) de emergência	tormoz-e ezterāri	ترمز اضطراری
compartimento (m)	kupe	کوپه
cama (f)	taxt-e kupe	تخت کوپه
cama (f) de cima	taxt-e bālā	تخت بالا
cama (f) de baixo	taxt-e pāyin	تخت پایین
roupa (f) de cama	raxt-e xāb	رخت خواب
bilhete (m)	belit	بلیط
horário (m)	barnāme	برنامه
painel (m) de informação	barnāme-ye zamāni	برنامه زمانی
partir (vt)	tark kardan	ترک کردن
partida (f)	harekat	حرکت
chegar (vi)	residan	رسیدن
chegada (f)	vorud	ورود
chegar de comboio	bā qatār āmadan	با قطار آمدن
apanhar o comboio	savār-e qatār šodan	سوار قطار شدن
sair do comboio	az qatār piyāde šodan	از قطار پیاده شدن
acidente (m) ferroviário	sānehe	سانحه
descarrilar (vi)	az xat xārej šodan	از خط خارج شدن
locomotiva (f) a vapor	lokomotiv-e boxar	لوکوموتیو بخار
fogueiro (m)	ātaškār	آتشکار
fornalha (f)	ātašdān	آتشدان
carvão (m)	zoqāl sang	زغال سنگ

171. Barco

navio (m)	kešti	کشتی
embarcação (f)	kešti	کشتی
vapor (m)	kešti-ye boxāri	کشتی بخاری
navio (m)	qāyeq-e rudxāne	قایق رودخانه
transatlântico (m)	kešti-ye tafrihi	کشتی تفریحی
cruzador (m)	razm nāv	رزم ناو
iate (m)	qāyeq-e tafrihi	قایق تفریحی
rebocador (m)	yadak keš	یدک کش
barcaça (f)	kešti-ye bārkeše yadaki	کشتی بارکش یدکی
ferry (m)	kešti-ye farābar	کشتی فرابر
veleiro (m)	kešti-ye bādbāni	کشتی بادبانی
bergantim (m)	košti dozdān daryā-yi	کشتی دزدان دریایی
quebra-gelo (m)	kešti-ye yaxšekan	کشتی یخ شکن
submarino (m)	zirdaryāyi	زیردریایی
bote, barco (m)	qāyeq	قایق
bote, dingue (m)	qāyeq-e tafrihi	قایق تفریحی
bote (m) salva-vidas	qāyeq-e nejāt	قایق نجات
lancha (f)	qāyeq-e motori	قایق موتوری
capitão (m)	kāpitān	کاپیتان
marinheiro (m)	malavān	ملوان
marujo (m)	malavān	ملوان
tripulação (f)	xadame	خدمه
contramestre (m)	sar malavān	سر ملوان
grumete (m)	šāgerd-e malavān	شاگرد ملوان
cozinheiro (m) de bordo	āšpaz-e kešti	آشپز کشتی
médico (m) de bordo	pezešk-e kešti	پزشک کشتی
convés (m)	arše-ye kešti	عرشهٔ کشتی
mastro (m)	dakal	دکل
vela (f)	bādbān	بادبان
porão (m)	anbār	انبار
proa (f)	sine-ye kešti	سینه کشتی
popa (f)	aqab kešti	عقب کشتی
remo (m)	pāru	پارو
hélice (f)	parvāne	پروانه
camarote (m)	otāq-e kešti	اتاق کشتی
sala (f) dos oficiais	otāq-e afsarān	اتاق افسران
sala (f) das máquinas	motor xāne	موتور خانه
ponte (m) de comando	pol-e farmāndehi	پل فرماندهی
sala (f) de comunicações	kābin-e bisim	کابین بی سیم
onda (f) de rádio	mowj	موج
diário (m) de bordo	roxdād nāme	رخداد نامه
luneta (f)	teleskop	تلسکوپ
sino (m)	nāqus	ناقوس

bandeira (f)	parčam	پرچم
cabo (m)	tanāb	طناب
nó (m)	gereh	گره
corrimão (m)	narde	نرده
prancha (f) de embarque	pol	پل
âncora (f)	langar	لنگر
recolher a âncora	langar kešidan	لنگر کشیدن
lançar a âncora	langar andāxtan	لنگر انداختن
amarra (f)	zanjir-e langar	زنجیر لنگر
porto (m)	bandar	بندر
cais, amarradouro (m)	eskele	اسکله
atracar (vi)	pahlu gereftan	پهلو گرفتن
desatracar (vi)	tark kardan	ترک کردن
viagem (f)	mosāferat	مسافرت
cruzeiro (m)	safar-e daryāyi	سفر دریایی
rumo (m), rota (f)	masir	مسیر
itinerário (m)	masir	مسیر
canal (m) navegável	kešti-ye ru	کشتی رو
banco (m) de areia	mahall-e kam omq	محل کم عمق
encalhar (vt)	be gel nešastan	به گل نشستن
tempestade (f)	tufān	طوفان
sinal (m)	alāmat	علامت
afundar-se (vr)	qarq šodan	غرق شدن
Homem ao mar!	kas-i dar hāl-e qarq šodan-ast!	کسی در حال غرق شدن است!
SOS	sos	SOS
boia (f) salva-vidas	kamarband-e nejāt	کمربند نجات

172. Aeroporto

aeroporto (m)	forudgāh	فرودگاه
avião (m)	havāpeymā	هواپیما
companhia (f) aérea	šerkat-e havāpeymāyi	شرکت هواپیمایی
controlador (m) de tráfego aéreo	ma'mur-e kontorol-e terāfik-e havāyi	مأمور کنترل ترافیک هوایی
partida (f)	azimat	عزیمت
chegada (f)	vorud	ورود
chegar (~ de avião)	residan	رسیدن
hora (f) de partida	zamān-e parvāz	زمان پرواز
hora (f) de chegada	zamān-e vorud	زمان ورود
estar atrasado	ta'xir kardan	تأخیر کردن
atraso (m) de voo	ta'xir-e parvāz	تأخیر پرواز
painel (m) de informação	tāblo-ye ettelā'āt	تابلوی اطلاعات
informação (f)	ettelā'āt	اطلاعات

anunciar (vt)	e'lām kardan	اعلام کردن
voo (m)	parvāz	پرواز
alfândega (f)	gomrok	گمرک
funcionário (m) da alfândega	ma'mur-e gomrok	مأمور گمرک
declaração (f) alfandegária	ežhār-nāme	اظهارنامه
preencher (vt)	por kardan	پر کردن
preencher a declaração	ezhār-nāme rā por kardan	اظهارنامه را پر کردن
controlo (m) de passaportes	kontorol-e gozarnāme	کنترل گذرنامه
bagagem (f)	bār	بار
bagagem (f) de mão	bār-e dasti	بار دستی
carrinho (m)	čarx-e hamle bar	چرخ حمل بار
aterragem (f)	forud	فرود
pista (f) de aterragem	bānd-e forudgāh	باند فرودگاه
aterrar (vi)	nešastan	نشستن
escada (f) de avião	pellekān	پلکان
check-in (m)	ček in	چک این
balcão (m) do check-in	bāje-ye kontorol	باجه کنترل
fazer o check-in	čekin kardan	چکاین کردن
cartão (m) de embarque	kārt-e parvāz	کارت پرواز
porta (f) de embarque	gi-yat xoruj	گیت خروج
trânsito (m)	terānzit	ترانزیت
esperar (vi, vt)	montazer budan	منتظر بودن
sala (f) de espera	tālār-e entezār	تالار انتظار
despedir-se de ...	badraqe kardan	بدرقه کردن
despedir-se (vr)	xodāhāfezi kardan	خداحافظی کردن

173. Bicicleta. Motocicleta

bicicleta (f)	dočarxe	دوچرخه
scotter, lambreta (f)	eskuter	اسکوتر
mota (f)	motorsiklet	موتورسیکلت
ir de bicicleta	bā dočarxe raftan	با دوچرخه رفتن
guiador (m)	farmān-e dočarxe	فرمان دوچرخه
pedal (m)	pedāl	پدال
travões (m pl)	tormoz	ترمز
selim (m)	zin	زین
bomba (f) de ar	pomp	پمپ
porta-bagagens (m)	tarakband	ترکبند
lanterna (f)	čerāq-e jelo	چراغ جلو
capacete (m)	kolāh-e imeni	کلاه ایمنی
roda (f)	čarx	چرخ
guarda-lamas (m)	golgir	گلگیر
aro (m)	towqe	طوقه
raio (m)	parre	پره

Carros

174. Tipos de carros

carro, automóvel (m)	otomobil	اتومبیل
carro (m) desportivo	otomobil-e varzeši	اتومبیل ورزشی
limusine (f)	limozin	لیموزین
todo o terreno (m)	jip	جیپ
descapotável (m)	kābriyole	کابریولیه
minibus (m)	mini bus	مینی بوس
ambulância (f)	āmbolāns	آمبولانس
limpa-neve (m)	māšin-e barfrub	ماشین برف روب
camião (m)	kāmiyon	کامیون
camião-cisterna (m)	tānker	تانکر
carrinha (f)	kāmiyon	کامیون
camião-trator (m)	tereyler	تریلر
atrelado (m)	yadak	یدک
confortável	rāhat	راحت
usado	dast-e dovvom	دست دوم

175. Carros. Carroçaria

capô (m)	kāput	کاپوت
guarda-lamas (m)	golgir	گلگیر
tejadilho (m)	saqf	سقف
para-brisa (m)	šiše-ye jelo	شیشه جلو
espelho (m) retrovisor	āyene-ye did-e aqab	آینه دید عقب
lavador (m)	pak konande	پاک کننده
limpa-para-brisas (m)	barf pāk kon	برف پاک کن
vidro (m) lateral	šiše-ye baqal	شیشه بغل
elevador (m) do vidro	šiše bālābar	شیشه بالابر
antena (f)	ānten	آنتن
teto solar (m)	sanrof	سانروف
para-choques (m pl)	separ	سپر
bagageira (f)	sanduq-e aqab	صندوق عقب
bagageira (f) de tejadilho	bārband	باربند
porta (f)	darb	درب
maçaneta (f)	dastgire-ye dar	دستگیرهٔ در
fechadura (f)	qofl	قفل
matrícula (f)	pelāk	پلاک
silenciador (m)	xafe kon	خفه کن

tanque (m) de gasolina	bāk-e benzin	باک بنزین
tubo (m) de escape	lule-ye egzoz	لولهٔ اگزوز
acelerador (m)	gāz	گاز
pedal (m)	pedāl	پدال
pedal (m) do acelerador	pedāl-e gāz	پدال گاز
travão (m)	tormoz	ترمز
pedal (m) do travão	pedāl-e tormoz	پدال ترمز
travar (vt)	tormoz kardan	ترمز کردن
travão (m) de mão	tormoz-e dasti	ترمز دستی
embraiagem (f)	kelāč	کلاچ
pedal (m) da embraiagem	pedāl-e kelāč	پدال کلاچ
disco (m) de embraiagem	disk-e kelāč	دیسک کلاچ
amortecedor (m)	komak-e fanar	کمک فنر
roda (f)	čarx	چرخ
pneu (m) sobresselente	zāpās	زاپاس
tampão (m) de roda	qālpāq	قالپاق
rodas (f pl) motrizes	čarxhā-ye moharrek	چرخ های محرک
de tração dianteira	mehvarhā-ye jelo	محورهای جلو
de tração traseira	mehvarhā-ye aqab	محورهای عقب
de tração às 4 rodas	tamām-e čarx	تمام چرخ
caixa (f) de mudanças	ja'be-ye dande	جعبهٔ دنده
automático	otumātik	اتوماتیک
mecânico	mekāniki	مکانیکی
alavanca (f) das mudanças	ahrom-e ja'be dande	اهرم جعبه دنده
farol (m)	čerāq-e jelo	چراغ جلو
faróis, luzes	čerāq-hā	چراغ ها
médios (m pl)	nur-e pāin	نور پائین
máximos (m pl)	nur-e bālā	نور بالا
luzes (f pl) de stop	čerāq-e tormoz	چراغ ترمز
mínimos (m pl)	čerāqhā-ye pārk	چراغ های پارک
luzes (f pl) de emergência	čerāqha-ye xatar	چراغ های خطر
faróis (m pl) antinevoeiro	čerāqhā-ye meh-e šekan	چراغ های مه شکن
pisca-pisca (m)	čerāq-e rāhnamā	چراغ راهنما
luz (f) de marcha atrás	čerāq-e dande-ye aqab	چراغ دنده عقب

176. Carros. Habitáculo

interior (m) do carro	dāxel-e xodrow	داخل خودرو
de couro, de pele	čarmi	چرمی
de veludo	maxmali	مخملی
estofos (m pl)	tuduzi	تودوزی
indicador (m)	abzār	ابزار
painel (m) de instrumentos	safhe-ye dāšbord	صفحه داشبورد
velocímetro (m)	sor'at sanj	سرعت سنج

ponteiro (m)	aqrabe	عقربه
conta-quilómetros (m)	kilumetr-e šomār	کیلومتر شمار
sensor (m)	nešāngar	نشانگر
nível (m)	sath	سطح
luz (f) avisadora	lāmp	لامپ

volante (m)	farmān	فرمان
buzina (f)	buq	بوق
botão (m)	dokme	دکمه
interruptor (m)	kelid	کلید

assento (m)	sandali	صندلی
costas (f pl) do assento	pošti-ye sandali	پشتی صندلی
cabeceira (f)	zir-e seri	زیر سری
cinto (m) de segurança	kamarband-e imeni	کمربند ایمنی
apertar o cinto	kamarband rā bastan	کمربند را بستن
regulação (f)	tanzim	تنظیم

| airbag (m) | kise-ye havā | کیسه هوا |
| ar (m) condicionado | tahviye-ye matbu' | تهویه مطبوع |

rádio (m)	rādiyo	رادیو
leitor (m) de CD	paxš konande-ye si di	پخش کننده سی دی
ligar (vt)	rowšan kardan	روشن کردن
antena (f)	ānten	آنتن
porta-luvas (m)	dāšbord	داشبورد
cinzeiro (m)	zir-sigāri	زیرسیگاری

177. Carros. Motor

motor (m)	motor	موتور
diesel	dizel	دیزل
a gasolina	benzin	بنزین

cilindrada (f)	hajm-e motor	حجم موتور
potência (f)	niru	نیرو
cavalo-vapor (m)	asb-e boxār	اسب بخار
pistão (m)	pistun	پیستون
cilindro (m)	silandr	سیلندر
válvula (f)	supāp	سوپاپ

injetor (m)	anžektor	انژکتور
gerador (m)	ženerātor	ژنراتور
carburador (m)	kārborātor	کاربراتور
óleo (m) para motor	rowqan-e motor	روغن موتور

radiador (m)	rādiyātor	رادیاتور
refrigerante (m)	māye-'e sard konande	مایع سرد کننده
ventilador (m)	fan-e xonak konande	فن خنک کننده

bateria (f)	bātri-ye māšin	باتری ماشین
dispositivo (m) de arranque	estārt	استارت
ignição (f)	ehterāq	احتراق
vela (f) de ignição	šam'-e motor	شمع موتور

borne (m)	pāyāne	پایانه
borne (m) positivo	mosbat	مثبت
borne (m) negativo	manfi	منفی
fusível (m)	fiyuz	فیوز
filtro (m) de ar	filter-e havā	فیلتر هوا
filtro (m) de óleo	filter-e rowqan	فیلتر روغن
filtro (m) de combustível	filter-e suxt	فیلتر سوخت

178. Carros. Batidas. Reparação

acidente (m) de carro	tasādof	تصادف
acidente (m) rodoviário	tasādof	تصادف
ir contra ...	barxord kardan	برخورد کردن
sofrer um acidente	tasādof kardan	تصادف کردن
danos (m pl)	āsib	آسیب
intato	sālem	سالم
avaria (no motor, etc.)	xarābi	خرابی
avariar (vi)	xarāb šodan	خراب شدن
cabo (m) de reboque	sim-e boksel	سیم بکسل
furo (m)	pančar	پنچر
estar furado	pančar šodan	پنچر شدن
encher (vt)	bād kardan	باد کردن
pressão (f)	fešār	فشار
verificar (vt)	barresi kardan	بررسی کردن
reparação (f)	ta'mir	تعمیر
oficina (f) de reparação de carros	ta'mirgāh-e xodro	تعمیرگاه خودرو
peça (f) sobresselente	qet'e-ye yadaki	قطعه یدکی
peça (f)	qet'e	قطعه
parafuso (m)	pič	پیچ
parafuso (m)	pič	پیچ
porca (f)	mohre	مهره
anilha (f)	vāšer	واشر
rolamento (m)	yātāqān	یاتاقان
tubo (m)	lule	لوله
junta (f)	vāšer	واشر
fio, cabo (m)	sim	سیم
macaco (m)	jak	جک
chave (f) de boca	āčār	آچار
martelo (m)	čakoš	چکش
bomba (f)	pomp	پمپ
chave (f) de fendas	pič gušti	پیچ گوشتی
extintor (m)	kapsul-e ātašnešāni	کپسول آتش نشانی
triângulo (m) de emergência	alāmat-e ehtiyāt	علامت احتیاط
parar (vi) (motor)	xāmuš šodan	خاموش شدن
paragem (f)	tavaqqof	توقف

estar quebrado	xarāb budan	خراب بودن
superaquecer-se (vr)	juš āvardan	جوش آوردن
entupir-se (vr)	masdud šodan	مسدود شدن
congelar-se (vr)	yax bastan	یخ بستن
rebentar (vi)	tarakidan	ترکیدن
pressão (f)	fešār	فشار
nível (m)	sath	سطح
frouxo	za'if	ضعیف
mossa (f)	forurāftegi	فرورفتگی
ruído (m)	sedā	صدا
fissura (f)	tarak	ترک
arranhão (m)	xarāš	خراش

179. Carros. Estrada

estrada (f)	rāh	راه
autoestrada (f)	bozorgrāh	بزرگراه
rodovia (f)	āzād-e rāh	آزاد راه
direção (f)	samt	سمت
distância (f)	masāfat	مسافت
ponte (f)	pol	پل
parque (m) de estacionamento	pārking	پارکینگ
praça (f)	meydān	میدان
nó (m) rodoviário	dowr bargardān	دوربرگردان
túnel (m)	tunel	تونل
posto (m) de gasolina	pomp-e benzin	پمپ بنزین
parque (m) de estacionamento	pārking	پارکینگ
bomba (f) de gasolina	pomp-e benzin	پمپ بنزین
oficina (f) de reparação de carros	ta'mirgāh-e xodro	تعمیرگاه خودرو
abastecer (vt)	benzin zadan	بنزین زدن
combustível (m)	suxt	سوخت
bidão (m) de gasolina	dabbe	دبه
asfalto (m)	āsfālt	آسفالت
marcação (f) de estradas	alāmat-e gozari	علامت گذاری
lancil (m)	labe-ye jadval	لبه جدول
proteção (f) guard-rail	narde	نرده
valeta (f)	juy	جوی
berma (f) da estrada	kenār rāh	کنار راه
poste (m) de luz	tir-e barq	تیر برق
conduzir, guiar (vt)	rāndan	راندن
virar (ex. ~ à direita)	pičidan	پیچیدن
dar retorno	dowr zadan	دور زدن
marcha-atrás (f)	dande aqab	دنده عقب
buzinar (vi)	buq zadan	بوق زدن
buzina (f)	buq	بوق
atolar-se (vr)	gir kardan	گیر کردن

| patinar (na lama) | sor xordan | سر خوردن |
| desligar (vt) | xāmuš kardan | خاموش کردن |

velocidade (f)	sor'at	سرعت
exceder a velocidade	az sor'at-e mojāz gozāštan	ازسرعت مجاز گذشتن
multar (vt)	jarime kardan	جریمه کردن
semáforo (m)	čerāq-e rāhnamā	چراغ راهنما
carta (f) de condução	govāhi-nāme-ye rānandegi	گواهینامهٔ رانندگی

passagem (f) de nível	taqāto'	تقاطع
cruzamento (m)	čahārrāh	چهارراه
passadeira (f)	xatt-e āber-e piyāde	خط عابرپیاده
curva (f)	pič	پیچ
zona (f) pedonal	mantaqe-ye āber-e piyāde	منطقهٔ عابر پیاده

180. Sinais de trânsito

| código (m) da estrada | āyinnāme-ye rāhnamāyi va rānandegi | آیین نامهٔ راهنمایی ورانندگی |
| sinal (m) de trânsito | alāem-e rāhnamāyi-yo rānandegi | علائم راهنمایی ورانندگی |

ultrapassagem (f)	sebqat	سبقت
curva (f)	pič	پیچ
inversão (f) de marcha	dowr	دور
rotunda (f)	harekat dar meydān	حرکت درمیدان

| sentido proibido | vorud-e mamnu' | ورود ممنوع |
| trânsito proibido | obur-e vasāyel-e naqliye mamnu' | عبور وسایل نقلیه ممنوع |

proibição de ultrapassar	sebqat mamnu'	سبقت ممنوع
estacionamento proibido	pārk-e mamnu'	پارک ممنوع
paragem proibida	tavaqqof mamnu'	توقف ممنوع

curva (f) perigosa	pič-e xatarnāk	پیچ خطرناک
descida (f) perigosa	sarāšibi-ye tond	سراشیبی تند
trânsito de sentido único	masir-e yektarafe	مسیر یک طرفه
passadeira (f)	xatt-e āber-e piyāde	خط عابرپیاده
pavimento (m) escorregadio	jādde-ye laqzande	جاده لغزنده
cedência de passagem	re'āyat-e haq-e taqaddom	رعایت حق تقدم

PESSOAS. EVENTOS

Eventos

181. Férias. Evento

festa (f)	jašn	جشن
festa (f) nacional	eyd-e melli	عید ملی
feriado (m)	ruz-e jašn	روز جشن
festejar (vt)	jašn gereftan	جشن گرفتن
evento (festa, etc.)	vāqe'e	واقعه
evento (banquete, etc.)	ruydād	رویداد
banquete (m)	ziyāfat	ضیافت
receção (f)	ziyāfat	ضیافت
festim (m)	jašn	جشن
aniversário (m)	sālgard	سالگرد
jubileu (m)	sālgard	سالگرد
celebrar (vt)	jašn gereftan	جشن گرفتن
Ano (m) Novo	sāl-e now	سال نو
Feliz Ano Novo!	sāl-e now mobārak	سال نو مبارک
Pai (m) Natal	bābā noel	بابا نوئل
Natal (m)	kerismas	کریسمس
Feliz Natal!	kerismas mobārak!	کریسمس مبارک!
árvore (f) de Natal	kāj kerismas	کاج کریسمس
fogo (m) de artifício	ātaš-e bāzi	آتش بازی
boda (f)	arusi	عروسی
noivo (m)	dāmād	داماد
noiva (f)	arus	عروس
convidar (vt)	da'vat kardan	دعوت کردن
convite (m)	da'vatnāme	دعوتنامه
convidado (m)	mehmān	مهمان
visitar (vt)	be mehmāni raftan	به مهمانی رفتن
receber os hóspedes	az mehmānān esteqbāl kardan	از مهمانان استقبال کردن
presente (m)	hedye	هدیه
oferecer (vt)	hadye dādan	هدیه دادن
receber presentes	hediye gereftan	هدیه گرفتن
ramo (m) de flores	daste-ye gol	دسته گل
felicitações (f pl)	tabrik	تبریک
felicitar (dar os parabéns)	tabrik goftan	تبریک گفتن

cartão (m) de parabéns	kārt-e tabrik	کارت تبریک
enviar um postal	kārt-e tabrik ferestādan	کارت تبریک فرستادن
receber um postal	kārt-e tabrik gereftan	کارت تبریک گرفتن
brinde (m)	be salāmati-ye kas-i nušidan	به سلامتی کسی نوشیدن
oferecer (vt)	pazirāyi kardan	پذیرایی کردن
champanhe (m)	šāmpāyn	شامپاین
divertir-se (vr)	šādi kardan	شادی کردن
diversão (f)	šādi	شادی
alegria (f)	maserrat	مسرت
dança (f)	raqs	رقص
dançar (vi)	raqsidan	رقصیدن
valsa (f)	raqs-e vāls	رقص والس
tango (m)	raqs tāngo	رقص تانگو

182. Funerais. Enterro

cemitério (m)	qabrestān	قبرستان
sepultura (f), túmulo (m)	qabr	قبر
cruz (f)	salib	صلیب
lápide (f)	sang-e qabr	سنگ قبر
cerca (f)	hesār	حصار
capela (f)	kelisā-ye kučak	کلیسای کوچک
morte (f)	marg	مرگ
morrer (vi)	mordan	مردن
defunto (m)	marhum	مرحوم
luto (m)	azā	عزا
enterrar, sepultar (vt)	dafn kardan	دفن کردن
agência (f) funerária	xadamat-e kafno dafn	خدمات کفن ودفن
funeral (m)	tašyi-'e jenāze	تشییع جنازه
coroa (f) de flores	tāj-e gol	تاج گل
caixão (m)	tābut	تابوت
carro (m) funerário	na'š keš	نعش کش
mortalha (f)	kafan	کفن
procissão (f) funerária	tašyi-'e jenāze	تشییع جنازه
urna (f) funerária	zarf-e xākestar-e morde	ظرف خاکستر مرده
crematório (m)	morde suz xāne	مرده سوز خانه
obituário (m), necrologia (f)	āgahi-ye tarhim	آگهی ترحیم
chorar (vi)	gerye kardan	گریه کردن
soluçar (vi)	zār zār gerye kardan	زار زارگریه کردن

183. Guerra. Soldados

pelotão (m)	daste	دسته
companhia (f)	goruhān	گروهان

regimento (m)	hang	هنگ
exército (m)	arteš	ارتش
divisão (f)	laškar	لشکر
destacamento (m)	daste	دسته
hoste (f)	laškar	لشکر
soldado (m)	sarbāz	سرباز
oficial (m)	afsar	افسر
soldado (m) raso	sarbāz	سرباز
sargento (m)	goruhbān	گروهبان
tenente (m)	sotvān	ستوان
capitão (m)	kāpitān	کاپیتان
major (m)	sargord	سرگرد
coronel (m)	sarhang	سرهنگ
general (m)	ženerāl	ژنرال
marujo (m)	malavān	ملوان
capitão (m)	kāpitān	کاپیتان
contramestre (m)	sar malavān	سر ملوان
artilheiro (m)	tupči	توپچی
soldado (m) paraquedista	sarbāz-e čatrbāz	سرباز چترباز
piloto (m)	xalabān	خلبان
navegador (m)	nāvbar	ناویر
mecânico (m)	mekānik	مکانیک
sapador (m)	mohandes estehkāmāt	مهندس استحکامات
paraquedista (m)	čatr bāz	چترباز
explorador (m)	ettelā'āti	اطلاعاتی
franco-atirador (m)	tak tir andāz	تک تیر انداز
patrulha (f)	gašt	گشت
patrulhar (vt)	gašt zadan	گشت زدن
sentinela (f)	negahbān	نگهبان
guerreiro (m)	jangju	جنگجو
patriota (m)	mihan parast	میهن پرست
herói (m)	qahremān	قهرمان
heroína (f)	qahremān-e zan	قهرمان زن
traidor (m)	xāen	خائن
trair (vt)	xiyānat kardan	خیانت کردن
desertor (m)	farāri	فراری
desertar (vt)	farāri budan	فراری بودن
mercenário (m)	mozdur	مزدور
recruta (m)	sarbāz-e jadid	سرباز جدید
voluntário (m)	dāvtalab	داوطلب
morto (m)	morde	مرده
ferido (m)	zaxmi	زخمی
prisioneiro (m) de guerra	asir	اسیر

184. Guerra. Ações militares. Parte 1

guerra (f)	jang	جنگ
guerrear (vt)	jangidan	جنگیدن
guerra (f) civil	jang-e dāxeli	جنگ داخلی
perfidamente	xāenāne	خائنانه
declaração (f) de guerra	e'lān-e jang	اعلان جنگ
declarar (vt) guerra	e'lān kardan	اعلان کردن
agressão (f)	tajāvoz	تجاوز
atacar (vt)	hamle kardan	حمله کردن
invadir (vt)	tajāvoz kardan	تجاوز کردن
invasor (m)	tajāvozgar	تجاوزگر
conquistador (m)	fāteh	فاتح
defesa (f)	defā'	دفاع
defender (vt)	defā' kardan	دفاع کردن
defender-se (vr)	az xod defā' kardan	از خود دفاع کردن
inimigo (m)	došman	دشمن
adversário (m)	moxālef	مخالف
inimigo	došman	دشمن
estratégia (f)	rāhbord	راهبرد
tática (f)	tāktik	تاکتیک
ordem (f)	farmān	فرمان
comando (m)	dastur	دستور
ordenar (vt)	farmān dādan	فرمان دادن
missão (f)	ma'muriyat	مأموریت
secreto	mahramāne	محرمانه
batalha (f)	jang	جنگ
combate (m)	nabard	نبرد
ataque (m)	hamle	حمله
assalto (m)	yureš	یورش
assaltar (vt)	yureš bordan	یورش بردن
assédio, sítio (m)	mohāsere	محاصره
ofensiva (f)	hamle	حمله
passar à ofensiva	hamle kardan	حمله کردن
retirada (f)	aqab nešini	عقب نشینی
retirar-se (vr)	aqab nešini kardan	عقب نشینی کردن
cerco (m)	mohāsere	محاصره
cercar (vt)	mohāsere kardan	محاصره کردن
bombardeio (m)	bombārān-e havāyi	بمباران هوایی
lançar uma bomba	bomb āndaxtan	بمب انداختن
bombardear (vt)	bombārān kardan	بمباران کردن
explosão (f)	enfejār	انفجار
tiro (m)	tirandāzi	تیراندازی

disparar um tiro	tirandāzi kardan	تیراندازی کردن
tiroteio (m)	tirandāzi	تیراندازی
apontar para ...	nešāne raftan	نشانه رفتن
apontar (vt)	šhellik kardan	شلیک کردن
acertar (vt)	residan	رسیدن
afundar (um navio)	qarq šodan	غرق شدن
brecha (f)	surāx	سوراخ
afundar-se (vr)	qarq šodan	غرق شدن
frente (m)	jebhe	جبهه
evacuação (f)	taxliye	تخلیه
evacuar (vt)	taxliye kardan	تخلیه کردن
trincheira (f)	sangar	سنگر
arame (m) farpado	sim-e xārdār	سیم خاردار
obstáculo (m) anticarro	hesār	حصار
torre (f) de vigia	borj	برج
hospital (m)	bimārestān-e nezāmi	بیمارستان نظامی
ferir (vt)	majruh kardan	مجروح کردن
ferida (f)	zaxm	زخم
ferido (m)	zaxmi	زخمی
ficar ferido	zaxmi šodan	زخمی شدن
grave (ferida ~)	zaxm-e saxt	زخم سخت

185. Guerra. Ações militares. Parte 2

cativeiro (m)	esārat	اسارت
capturar (vt)	be esārat gereftan	به اسارت گرفتن
estar em cativeiro	dar esārat budan	در اسارت بودن
ser aprisionado	be esārat oftādan	به اسارت افتادن
campo (m) de concentração	ordugāh-e kār-e ejbāri	اردوگاه کار اجباری
prisioneiro (m) de guerra	asir	اسیر
escapar (vi)	farār kardan	فرار کردن
trair (vt)	xiyānat kardan	خیانت کردن
traidor (m)	xāen	خائن
traição (f)	xiyānat	خیانت
fuzilar, executar (vt)	tirbārān kardan	تیرباران کردن
fuzilamento (m)	tirbārān	تیرباران
equipamento (m)	uniform	یونیفرم
platina (f)	daraje-ye sarduši	درجه سردوشی
máscara (f) antigás	māsk-e zedd-e gāz	ماسک ضد گاز
rádio (m)	dastgāh-e bisim	دستگاه بی سیم
cifra (f), código (m)	ramz	رمز
conspiração (f)	mahramāne budan	محرمانه بودن
senha (f)	ramz	رمز
mina (f)	min	مین

minar (vt)	min gozāštan	مین گذاشتن
campo (m) minado	meydān-e min	میدان مین
alarme (m) aéreo	āžir-e havāyi	آژیر هوایی
alarme (m)	āžir	آژیر
sinal (m)	alāmat	علامت
sinalizador (m)	monavvar	منور
estado-maior (m)	setād	ستاد
reconhecimento (m)	šenāsāyi	شناسایی
situação (f)	vaz'iyat	وضعیت
relatório (m)	gozāreš	گزارش
emboscada (f)	kamin	کمین
reforço (m)	taqviyat	تقویت
alvo (m)	hadaf giri	هدف گیری
campo (m) de tiro	meydān-e tir	میدان تیر
manobras (f pl)	mānovr	مانور
pânico (m)	vahšat	وحشت
devastação (f)	xarābi	خرابی
ruínas (f pl)	xarābi-hā	خرابی ها
destruir (vt)	xarāb kardan	خراب کردن
sobreviver (vi)	zende māndan	زنده ماندن
desarmar (vt)	xal'-e selāh kardan	خلع سلاح کردن
manusear (vt)	be kār bordan	به کار بردن
Firmes!	xabardār!	خبردار!
Descansar!	āzād!	آزاد!
façanha (f)	delāvari	دلاوری
juramento (m)	sowgand	سوگند
jurar (vi)	sowgand xordan	سوگند خوردن
condecoração (f)	pādāš	پاداش
condecorar (vt)	medāl dādan	مدال دادن
medalha (f)	medāl	مدال
ordem (f)	nešān	نشان
vitória (f)	piruzi	پیروزی
derrota (f)	šekast	شکست
armistício (m)	ātaš bas	آتش بس
bandeira (f)	parčam	پرچم
glória (f)	eftexār	افتخار
desfile (m) militar	reže	رژه
marchar (vi)	reže raftan	رژه رفتن

186. Armas

arma (f)	selāh	سلاح
arma (f) de fogo	aslahe-ye garm	اسلحۀ گرم
arma (f) branca	aslahe-ye sard	اسلحۀ سرد

arma (f) química	taslihāt-e šimiyāyi	تسلیحات شیمیایی
nuclear	haste i	هسته ای
arma (f) nuclear	taslihāt-e hastei	تسلیحات هسته ای
bomba (f)	bomb	بمب
bomba (f) atómica	bomb-e atomi	بمب اتمی
pistola (f)	kolt	کلت
caçadeira (f)	tofang	تفنگ
pistola-metralhadora (f)	mosalsal-e xodkār	مسلسل خودکار
metralhadora (f)	mosalsal	مسلسل
boca (f)	sar-e lule-ye tofang	سر لوله تفنگ
cano (m)	lule-ye tofang	لوله تفنگ
calibre (m)	kālibr	کالیبر
gatilho (m)	māše	ماشه
mira (f)	nešāne ravi	نشانه روی
carregador (m)	xešāb	خشاب
coronha (f)	qondāq	قنداق
granada (f) de mão	nārenjak	نارنجک
explosivo (m)	mādde-ye monfajere	مادهٔ منفجره
bala (f)	golule	گلوله
cartucho (m)	fešang	فشنگ
carga (f)	mohemmāt	مهمات
munições (f pl)	mohemmāt	مهمات
bombardeiro (m)	bomb-afkan	بمبافکن
avião (m) de caça	jangande	جنگنده
helicóptero (m)	helikopter	هلیکوپتر
canhão (m) antiaéreo	tup-e zedd-e havāyi	توپ ضد هوایی
tanque (m)	tānk	تانک
canhão (de um tanque)	tup	توپ
artilharia (f)	tupxāne	توپخانه
canhão (m)	tofang	تفنگ
fazer a pontaria	šhellik kardan	شلیک کردن
obus (m)	xompāre	خمپاره
granada (f) de morteiro	xompāre	خمپاره
morteiro (m)	xompāre andāz	خمپاره انداز
estilhaço (m)	tarkeš	ترکش
submarino (m)	zirdaryāyi	زیردریایی
torpedo (m)	eždar	اژدر
míssil (m)	mušak	موشک
carregar (uma arma)	por kardan	پر کردن
atirar, disparar (vi)	tirandāzi kardan	تیراندازی کردن
apontar para ...	nešāne raftan	نشانه رفتن
baioneta (f)	sarneyze	سرنیزه
espada (f)	šamšir	شمشیر
sabre (m)	šamšir	شمشیر

lança (f)	neyze	نیزه
arco (m)	kamān	کمان
flecha (f)	tir	تیر
mosquete (m)	tofang fetile-i	تفنگ فتیله‌ای
besta (f)	kamān zanburak-i	کمان زنبورکی

187. Povos da antiguidade

primitivo	avvaliye	اولیه
pré-histórico	piš az tārix	پیش از تاریخ
antigo	qadimi	قدیمی

Idade (f) da Pedra	asr-e hajar	عصر حجر
Idade (f) do Bronze	asr-e mafraq	عصر مفرغ
período (m) glacial	dowre-ye yaxbandān	دورهٔ یخبندان

tribo (f)	qabile	قبیله
canibal (m)	ādam xār	آدم خوار
caçador (m)	šekārči	شکارچی
caçar (vi)	šekār kardan	شکار کردن
mamute (m)	māmut	ماموت

caverna (f)	qār	غار
fogo (m)	ātaš	آتش
fogueira (f)	ātaš	آتش
pintura (f) rupestre	qār negāre	غار نگاره

ferramenta (f)	abzār-e kār	ابزار کار
lança (f)	neyze	نیزه
machado (m) de pedra	tabar-e sangi	تبر سنگی

| guerrear (vt) | jangidan | جنگیدن |
| domesticar (vt) | rām kardan | رام کردن |

| ídolo (m) | bot | بت |
| adorar, venerar (vt) | parastidan | پرستیدن |

| superstição (f) | xorāfe | خرافه |
| ritual (m) | marāsem | مراسم |

| evolução (f) | takāmol | تکامل |
| desenvolvimento (m) | pišraft | پیشرفت |

| desaparecimento (m) | enqerāz | انقراض |
| adaptar-se (vr) | sāzgār šodan | سازگار شدن |

arqueologia (f)	bāstān-šenāsi	باستان شناسی
arqueólogo (m)	bāstān-šenās	باستان شناس
arqueológico	bāstān-šenāsi	باستان شناسی

local (m) das escavações	mahall-e haffārihā	محل حفاری ها
escavações (f pl)	haffāri-hā	حفاری ها
achado (m)	yāfteh	یافته
fragmento (m)	qet'e	قطعه

188. Idade média

povo (m)	mellat	ملت
povos (m pl)	mellat-hā	ملت ها
tribo (f)	qabile	قبیله
tribos (f pl)	qabāyel	قبایل
bárbaros (m pl)	barbar-hā	بربر ها
gauleses (m pl)	gul-hā	گول ها
godos (m pl)	gat-hā	گت ها
eslavos (m pl)	eslāv-hā	اسلاو ها
víquingues (m pl)	vāyking-hā	وایکینگ ها
romanos (m pl)	rumi-hā	رومی ها
romano	rumi	رومی
bizantinos (m pl)	bizānsi-hā	بیزانسی ها
Bizâncio	bizāns	بیزانس
bizantino	bizānsi	بیزانسی
imperador (m)	emperātur	امپراطور
líder (m)	rahbar	رهبر
poderoso	moqtader	مقتدر
rei (m)	šāh	شاه
governante (m)	hākem	حاکم
cavaleiro (m)	šovālie	شوالیه
senhor feudal (m)	feodāl	فئودال
feudal	feodāli	فئودالی
vassalo (m)	ra'yat	رعیت
duque (m)	duk	دوک
conde (m)	kont	کنت
barão (m)	bāron	بارون
bispo (m)	osqof	اسقف
armadura (f)	zereh	زره
escudo (m)	separ	سپر
espada (f)	šamšir	شمشیر
viseira (f)	labe-ye kolāh	لبه کلاه
cota (f) de malha	jowšan	جوشن
cruzada (f)	jang-e salibi	جنگ صلیبی
cruzado (m)	jangju-ye salibi	جنگجوی صلیبی
território (m)	qalamrow	قلمرو
atacar (vt)	hamle kardan	حمله کردن
conquistar (vt)	fath kardan	فتح کردن
ocupar, invadir (vt)	ešqāl kardan	اشغال کردن
assédio, sítio (m)	mohāsere	محاصره
sitiado	mahsur	محصور
assediar, sitiar (vt)	mohāsere kardan	محاصره کردن
inquisição (f)	taftiš-e aqāyed	تفتیش عقاید
inquisidor (m)	mofatteš	مفتش

tortura (f)	šekanje	شكنجه
cruel	bi rahm	بی رحم
herege (m)	molhed	ملحد
heresia (f)	ertedād	ارتداد

navegação (f) marítima	daryānavardi	دریانوردی
pirata (m)	dozd-e daryāyi	دزد دریایی
pirataria (f)	dozdi-ye daryāyi	دزدی دریایی
abordagem (f)	hamle ruye arše	حمله روی عرشه
presa (f), butim (m)	qanimat	غنیمت
tesouros (m pl)	ganj	گنج

descobrimento (m)	kašf	كشف
descobrir (novas terras)	kašf kardan	كشف كردن
expedição (f)	safar	سفر

mosqueteiro (m)	tofangdār	تفنگدار
cardeal (m)	kārdināl	كاردینال
heráldica (f)	nešān-šenāsi	نشان شناسی
heráldico	manquš	منقوش

189. Líder. Chefe. Autoridades

rei (m)	šāh	شاه
rainha (f)	maleke	ملكه
real	šāhi	شاهی
reino (m)	pādšāhi	پادشاهی

príncipe (m)	šāhzāde	شاهزاده
princesa (f)	pranses	پرنسس

presidente (m)	ra'is jomhur	رئیس جمهور
vice-presidente (m)	mo'āven-e rais-e jomhur	معاون رئیس جمهور
senador (m)	senātor	سناتور

monarca (m)	pādšāh	پادشاه
governante (m)	hākem	حاكم
ditador (m)	diktātor	دیكتاتور
tirano (m)	zālem	ظالم
magnata (m)	najib zāde	نجیب زاده

diretor (m)	modir	مدیر
chefe (m)	ra'is	رئیس
dirigente (m)	modir	مدیر
patrão (m)	ra'is	رئیس
dono (m)	sāheb	صاحب

líder, chefe (m)	rahbar	رهبر
chefe (~ de delegação)	ra'is	رئیس
autoridades (f pl)	maqāmāt	مقامات
superiores (m pl)	roasā	رؤسا

governador (m)	farmāndār	فرماندار
cônsul (m)	konsul	كنسول

diplomata (m)	diplomāt	دیپلمات
Presidente (m) da Câmara	šahrdār	شهردار
xerife (m)	kalāntar	کلانتر
imperador (m)	emperātur	امپراطور
czar (m)	tezār	تزار
faraó (m)	fer'own	فرعون
cã (m)	xān	خان

190. Estrada. Caminho. Direções

estrada (f)	rāh	راه
caminho (m)	rāh	راه
rodovia (f)	āzād-e rāh	آزاد راه
autoestrada (f)	bozorgrāh	بزرگراه
estrada (f) nacional	rāh-e beyn-e eyālati	راه بین ایالتی
estrada (f) principal	rāh-e asli	راه اصلی
caminho (m) de terra batida	jādde-ye xāki	جاده خاکی
trilha (f)	gozargāh	گذرگاه
vereda (f)	kure-ye rāh	کوره راه
Onde?	kojā?	کجا؟
Para onde?	kojā?	کجا؟
De onde?	az kojā?	از کجا؟
direção (f)	samt	سمت
indicar (orientar)	nešān dādan	نشان دادن
para esquerda	be čap	به چپ
para direita	be rāst	به راست
em frente	mostaqim be jelo	مستقیم به جلو
para trás	be aqab	به عقب
curva (f)	pič	پیچ
virar (ex. ~ à direita)	pičidan	پیچیدن
dar retorno	dowr zadan	دور زدن
estar visível	qābel-e mošāhede budan	قابل مشاهده بودن
aparecer (vi)	padidār šodan	پدیدار شدن
paragem (pausa)	tavaqqof	توقف
descansar (vi)	esterāhat kardan	استراحت کردن
descanso (m)	esterāhat	استراحت
perder-se (vr)	gom šodan	گم شدن
conduzir (caminho)	be jā-yi bordan	به جایی بردن
chegar a ...	residan be	رسیدن به
trecho (m)	emtedād	امتداد
asfalto (m)	āsfālt	آسفالت
lancil (m)	labe-ye jadval	لبه جدول

valeta (f)	juy	جوی
tampa (f) de esgoto	dariče	دریچه
berma (f) da estrada	kenãr rãh	کنار راه
buraco (m)	gowdãl	گودال

| ir (a pé) | raftan | رفتن |
| ultrapassar (vt) | sebqat gereftan | سبقت گرفتن |

| passo (m) | gãm | گام |
| a pé | piyãde | پیاده |

bloquear (vt)	masdud kardan	مسدود کردن
cancela (f)	mãne'	مانع
beco (m) sem saída	bon bast	بن بست

191. Viloação da lei. Criminosos. Parte 1

bandido (m)	rãhzan	راهزن
crime (m)	jenãyat	جنایت
criminoso (m)	jenãyatkãr	جنایتکار

ladrão (m)	dozd	دزد
roubar (vt)	dozdidan	دزدیدن
furto (m)	dozdi	دزدی
furto (m)	serqat	سرقت

raptar (ex. ~ uma criança)	ãdam robudan	آدم ربودن
rapto (m)	ãdam robãyi	آدم ربایی
raptor (m)	ãdam robã	آدم ربا

| resgate (m) | bãj | باج |
| pedir resgate | bãj xãstan | باج خواستن |

roubar (vt)	serqat kardan	سرقت کردن
assalto, roubo (m)	serqat	سرقت
assaltante (m)	qãratgar	غارتگر

extorquir (vt)	axxãzi kardan	اخاذی کردن
extorsionário (m)	axxãz	اخاذ
extorsão (f)	axxãzi	اخاذی

matar, assassinar (vt)	koštan	کشتن
homicídio (m)	qatl	قتل
homicida, assassino (m)	qãtel	قاتل

tiro (m)	tirandãzi	تیراندازی
dar um tiro	tirandãzi kardan	تیراندازی کردن
matar a tiro	bã tir zadan	با تیر زدن
atirar, disparar (vi)	tirandãzi kardan	تیراندازی کردن
tiroteio (m)	tirandãzi	تیراندازی

incidente (m)	vãqe'e	واقعه
briga (~ de rua)	zad-o xord	زد و خورد
Socorro!	komak!	کمک!

vítima (f)	qorbāni	قربانی
danificar (vt)	xesārat resāndan	خسارت رساندن
dano (m)	xesārat	خسارت
cadáver (m)	jasad	جسد
grave	vaxim	وخیم

atacar (vt)	hamle kardan	حمله کردن
bater (espancar)	zadan	زدن
espancar (vt)	kotak zadan	کتک زدن
tirar, roubar (dinheiro)	bezur gereftan	به زور گرفتن
esfaquear (vt)	čāqu zadan	چاقو زدن
mutilar (vt)	ma'yub kardan	معیوب کردن
ferir (vt)	majruh kardan	مجروح کردن

chantagem (f)	šāntāž	شانتاژ
chantagear (vt)	axxāzi kardan	اخاذی کردن
chantagista (m)	axxāz	اخاذ

extorsão (em troca de proteção)	axxāzi	اخاذی
extorsionário (m)	axxāz	اخاذ
gângster (m)	gāngester	گانگستر
máfia (f)	māfiyā	مافیا

carteirista (m)	jib bor	جیب بر
assaltante, ladrão (m)	sāreq	سارق
contrabando (m)	qāčāq	قاچاق
contrabandista (m)	qāčāqči	قاچاقچی

falsificação (f)	qollābi	قلابی
falsificar (vt)	ja'l kardan	جعل کردن
falsificado	ja'li	جعلی

192. Viloação da lei. Criminosos. Parte 2

violação (f)	tajāvoz be nāmus	تجاوز به ناموس
violar (vt)	tajāvoz kardan	تجاوز کردن
violador (m)	zenā konande	زنا کننده
maníaco (m)	majnun	مجنون

prostituta (f)	fāheše	فاحشه
prostituição (f)	fāhešegi	فاحشگی
chulo (m)	jākeš	جاکش

| toxicodependente (m) | mo'tād | معتاد |
| traficante (m) | forušande-ye mavādd-e moxadder | فروشندهٔ مواد مخدر |

explodir (vt)	monfajer kardan	منفجر کردن
explosão (f)	enfejār	انفجار
incendiar (vt)	ātaš zadan	آتش زدن
incendiário (m)	ātaš afruz	آتش افروز
terrorismo (m)	terorism	تروریسم
terrorista (m)	terorist	تروریست

refém (m)	gerowgān	گروگان
enganar (vt)	farib dādan	فریب دادن
engano (m)	farib	فریب
vigarista (m)	hoqqe bāz	حقه باز
subornar (vt)	rešve dādan	رشوه دادن
suborno (atividade)	rešve	رشوه
suborno (dinheiro)	rešve	رشوه
veneno (m)	zahr	زهر
envenenar (vt)	masmum kardan	مسموم کردن
envenenar-se (vr)	masmum šodan	مسموم شدن
suicídio (m)	xod-koši	خودکشی
suicida (m)	xod-koši konande	خودکشی کننده
ameaçar (vt)	tahdid kardan	تهدید کردن
ameaça (f)	tahdid	تهدید
atentar contra a vida de ...	su'-e qasd kardan	سوء قصد کردن
atentado (m)	su'-e qasd	سوء قصد
roubar (o carro)	robudan	ربودن
desviar (o avião)	havāpeymā robāyi	هواپیما ربایی
vingança (f)	enteqām	انتقام
vingar (vt)	enteqām gereftan	انتقام گرفتن
torturar (vt)	šekanje dādan	شکنجه دادن
tortura (f)	šekanje	شکنجه
atormentar (vt)	aziyat kardan	اذیت کردن
pirata (m)	dozd-e daryāyi	دزد دریایی
desordeiro (m)	owbāš	اوباش
armado	mosallah	مسلح
violência (f)	xošunat	خشونت
ilegal	qeyr-e qānuni	غیر قانونی
espionagem (f)	jāsusi	جاسوسی
espionar (vi)	jāsusi kardan	جاسوسی کردن

193. Polícia. Lei. Parte 1

justiça (f)	edālat	عدالت
tribunal (m)	dādgāh	دادگاه
juiz (m)	qāzi	قاضی
jurados (m pl)	hey'at-e monsefe	هیئت منصفه
tribunal (m) do júri	hey'at-e monsefe	هیئت منصفه
julgar (vt)	mohākeme kardan	محاکمه کردن
advogado (m)	vakil	وکیل
réu (m)	mottaham	متهم
banco (m) dos réus	jāygāh-e mottaham	جایگاه متهم
acusação (f)	ettehām	اتهام

acusado (m)	mottaham	متهم
sentença (f)	hokm	حکم
sentenciar (vt)	mahkum kardan	محکوم کردن
culpado (m)	moqasser	مقصر
punir (vt)	mojāzāt kardan	مجازات کردن
punição (f)	mojāzāt	مجازات
multa (f)	jarime	جریمه
prisão (f) perpétua	habs-e abad	حبس ابد
pena (f) de morte	e'dām	اعدام
cadeira (f) elétrica	sandali-ye barqi	صندلی برقی
forca (f)	čube-ye dār	چوبه دار
executar (vt)	e'dām kardan	اعدام کردن
execução (f)	e'dām	اعدام
prisão (f)	zendān	زندان
cela (f) de prisão	sellul-e zendān	سلول زندان
escolta (f)	eskort	اسکورت
guarda (m) prisional	negahbān zendān	نگهبان زندان
preso (m)	zendāni	زندانی
algemas (f pl)	dastband	دستبند
algemar (vt)	dastband zadan	دستبند زدن
fuga, evasão (f)	farār	فرار
fugir (vi)	farār kardan	فرار کردن
desaparecer (vi)	nāpadid šodan	ناپدید شدن
soltar, libertar (vt)	āzād kardan	آزاد کردن
amnistia (f)	afv-e omumi	عفو عمومی
polícia (instituição)	polis	پلیس
polícia (m)	polis	پلیس
esquadra (f) de polícia	kalāntari	کلانتری
cassetete (m)	bātum	باتوم
megafone (m)	bolandgu	بلندگو
carro (m) de patrulha	māšin-e gašt	ماشین گشت
sirene (f)	āžir-e xatar	آژیر خطر
ligar a sirene	āžir rā rowšan kardan	آژیررا روشن کردن
toque (m) da sirene	sedā-ye āžir	صدای آژیر
cena (f) do crime	mahall-e jenāyat	محل جنایت
testemunha (f)	šāhed	شاهد
liberdade (f)	āzādi	آزادی
cúmplice (m)	hamdast	همدست
escapar (vi)	maxfi šodan	مخفی شدن
traço (não deixar ~s)	rad	رد

194. Polícia. Lei. Parte 2

procura (f)	jostoju	جستجو
procurar (vt)	jostoju kardan	جستجو کردن

suspeita (f)	šok	شک
suspeito	maškuk	مشکوک
parar (vt)	motevaghef kardan	متوقف کردن
deter (vt)	dastgir kardan	دستگیر کردن

caso (criminal)	parvande	پرونده
investigação (f)	tahqiq	تحقیق
detetive (m)	kārāgāh	کارآگاه
investigador (m)	bāzpors	بازپرس
versão (f)	farziye	فرضیه

motivo (m)	angize	انگیزه
interrogatório (m)	bāzporsi	بازپرسی
interrogar (vt)	bāzporsi kardan	بازپرسی کردن
questionar (vt)	estentāq kardan	استنطاق کردن
verificação (f)	taftiš	تفتیش

batida (f) policial	mohāsere	محاصره
busca (f)	taftiš	تفتیش
perseguição (f)	ta'qib	تعقیب
perseguir (vt)	ta'qib kardan	تعقیب کردن
seguir (vt)	donbāl kardan	دنبال کردن

prisão (f)	bāzdāšt	بازداشت
prender (vt)	bāzdāšt kardan	بازداشت کردن
pegar, capturar (vt)	dastgir kardan	دستگیر کردن
captura (f)	dastgiri	دستگیری

documento (m)	sanad	سند
prova (f)	esbāt	اثبات
provar (vt)	esbāt kardan	اثبات کردن
pegada (f)	rad-e pā	رد پا
impressões (f pl) digitais	asar-e angošt	اثر انگشت
prova (f)	šavāhed	شواهد

álibi (m)	ozr-e qeybat	عذر غیبت
inocente	bi gonāh	بی گناه
injustiça (f)	bi edālati	بی عدالتی
injusto	qeyr-e ādelāne	غیر عادلانه

criminal	jenāyi	جنایی
confiscar (vt)	mosādere kardan	مصادره کردن
droga (f)	mavādd-e moxadder	مواد مخدر
arma (f)	selāh	سلاح
desarmar (vt)	xal'-e selāh kardan	خلع سلاح کردن
ordenar (vt)	farmān dādan	فرمان دادن
desaparecer (vi)	nāpadid šodan	ناپدید شدن

lei (f)	qānun	قانون
legal	qānuni	قانونی
ilegal	qeyr-e qānuni	غیر قانونی

| responsabilidade (f) | mas'uliyat | مسئولیت |
| responsável | mas'ul | مسئول |

NATUREZA

A Terra. Parte 1

195. Espaço sideral

cosmos (m)	fazā	فضا
cósmico	fazāyi	فضایی
espaço (m) cósmico	fazā-ye keyhān	فضای کیهان
mundo (m)	jahān	جهان
universo (m)	giti	گیتی
galáxia (f)	kahkešān	کهکشان
estrela (f)	setāre	ستاره
constelação (f)	surat-e falaki	صورت فلکی
planeta (m)	sayyāre	سیاره
satélite (m)	māhvāre	ماهواره
meteorito (m)	sang-e āsmāni	سنگ آسمانی
cometa (m)	setāre-ye donbāle dār	ستارهٔ دنباله دار
asteroide (m)	šahāb	شهاب
órbita (f)	madār	مدار
girar (vi)	gardidan	گردیدن
atmosfera (f)	jav	جو
Sol (m)	āftāb	آفتاب
Sistema (m) Solar	manzume-ye šamsi	منظومه شمسی
eclipse (m) solar	kosuf	کسوف
Terra (f)	zamin	زمین
Lua (f)	māh	ماه
Marte (m)	merrix	مریخ
Vénus (f)	zahre	زهره
Júpiter (m)	moštari	مشتری
Saturno (m)	zohal	زحل
Mercúrio (m)	atārod	عطارد
Urano (m)	orānus	اورانوس
Neptuno (m)	nepton	نپتون
Plutão (m)	poloton	پلوتون
Via Láctea (f)	kahkešān rāh-e širi	کهکشان راه شیری
Ursa Maior (f)	dobb-e akbar	دب اکبر
Estrela Polar (f)	setāre-ye qotbi	ستاره قطبی
marciano (m)	merrixi	مریخی
extraterrestre (m)	farā zamini	فرا زمینی

alienígena (m)	mowjud fazāyi	موجود فضایی
disco (m) voador	bošqāb-e parande	بشقاب پرنده
nave (f) espacial	fazā peymā	فضا پیما
estação (f) orbital	istgāh-e fazāyi	ایستگاه فضایی
lançamento (m)	rāh andāzi	راه اندازی
motor (m)	motor	موتور
bocal (m)	nāzel	نازل
combustível (m)	suxt	سوخت
cabine (f)	kābin	کابین
antena (f)	ānten	آنتن
vigia (f)	panjere	پنجره
bateria (f) solar	bātri-ye xoršidi	باطری خورشیدی
traje (m) espacial	lebās-e fazānavardi	لباس فضانوردی
imponderabilidade (f)	bi vazni	بی وزنی
oxigénio (m)	oksižen	اکسیژن
acoplagem (f)	vasl	وصل
fazer uma acoplagem	vasl kardan	وصل کردن
observatório (m)	rasadxāne	رصدخانه
telescópio (m)	teleskop	تلسکوپ
observar (vt)	mošāhede kardan	مشاهده کردن
explorar (vt)	kašf kardan	کشف کردن

196. A Terra

Terra (f)	zamin	زمین
globo terrestre (Terra)	kare-ye zamin	کرۀ زمین
planeta (m)	sayyāre	سیاره
atmosfera (f)	jav	جو
geografia (f)	joqrāfiyā	جغرافیا
natureza (f)	tabi'at	طبیعت
globo (mapa esférico)	kare-ye joqrāfiyāyi	کرۀ جغرافیایی
mapa (m)	naqše	نقشه
atlas (m)	atlas	اطلس
Europa (f)	orupā	اروپا
Ásia (f)	āsiyā	آسیا
África (f)	āfriqā	آفریقا
Austrália (f)	ostorāliyā	استرالیا
América (f)	emrikā	امریکا
América (f) do Norte	emrikā-ye šomāli	امریکای شمالی
América (f) do Sul	emrikā-ye jonubi	امریکای جنوبی
Antártida (f)	qotb-e jonub	قطب جنوب
Ártico (m)	qotb-e šomāl	قطب شمال

197. Pontos cardeais

norte (m)	šomāl	شمال
para norte	be šomāl	به شمال
no norte	dar šomāl	در شمال
do norte	šomāli	شمالی
sul (m)	jonub	جنوب
para sul	be jonub	به جنوب
no sul	dar jonub	در جنوب
do sul	jonubi	جنوبی
oeste, ocidente (m)	qarb	غرب
para oeste	be qarb	به غرب
no oeste	dar qarb	در غرب
ocidental	qarbi	غربی
leste, oriente (m)	šarq	شرق
para leste	be šarq	به شرق
no leste	dar šarq	در شرق
oriental	šarqi	شرقی

198. Mar. Oceano

mar (m)	daryā	دریا
oceano (m)	oqyānus	اقیانوس
golfo (m)	xalij	خلیج
estreito (m)	tange	تنگه
terra (f) firme	zamin	زمین
continente (m)	qāre	قاره
ilha (f)	jazire	جزیره
península (f)	šeb-e jazire	شبه جزیره
arquipélago (m)	majma'-ol-jazāyer	مجمع‌الجزایر
baía (f)	xalij-e kučak	خلیج کوچک
porto (m)	langargāh	لنگرگاه
lagoa (f)	mordāb	مرداب
cabo (m)	damāqe	دماغه
atol (m)	jazire-ye marjāni	جزیره مرجانی
recife (m)	tappe-ye daryāyi	تپه دریایی
coral (m)	marjān	مرجان
recife (m) de coral	tappe-ye marjāni	تپه مرجانی
profundo	amiq	عمیق
profundidade (f)	omq	عمق
abismo (m)	partgāh	پرتگاه
fossa (f) oceânica	derāz godāl	درازگودال
corrente (f)	jaryān	جریان
banhar (vt)	ehāte kardan	احاطه کردن

| litoral (m) | sāhel | ساحل |
| costa (f) | sāhel | ساحل |

maré (f) alta	mod	مد
refluxo (m), maré (f) baixa	jazr	جزر
restinga (f)	sāhel-e šeni	ساحل شنی
fundo (m)	qa'r	قعر

onda (f)	mowj	موج
crista (f) da onda	nok	نوک
espuma (f)	kaf	کف

tempestade (f)	tufān-e daryāyi	طوفان دریایی
furacão (m)	tufān	طوفان
tsunami (m)	sonāmi	سونامی
calmaria (f)	sokun-e daryā	سکون دریا
calmo	ārām	آرام

| polo (m) | qotb | قطب |
| polar | qotbi | قطبی |

latitude (f)	arz-e joqrāfiyāyi	عرض جغرافیایی
longitude (f)	tul-e joqrāfiyāyi	طول جغرافیایی
paralela (f)	movāzi	موازی
equador (m)	xatt-e ostavā	خط استوا

céu (m)	āsemān	آسمان
horizonte (m)	ofoq	افق
ar (m)	havā	هوا

farol (m)	fānus-e daryāyi	فانوس دریایی
mergulhar (vi)	širje raftan	شیرجه رفتن
afundar-se (vr)	qarq šodan	غرق شدن
tesouros (m pl)	ganj	گنج

199. Nomes de Mares e Oceanos

Oceano (m) Atlântico	oqyānus-e atlas	اقیانوس اطلس
Oceano (m) Índico	oqyānus-e hend	اقیانوس هند
Oceano (m) Pacífico	oqyānus-e ārām	اقیانوس آرام
Oceano (m) Ártico	oqyānus-e monjamed-e šomāli	اقیانوس منجمد شمالی

Mar (m) Negro	daryā-ye siyāh	دریای سیاه
Mar (m) Vermelho	daryā-ye sorx	دریای سرخ
Mar (m) Amarelo	daryā-ye zard	دریای زرد
Mar (m) Branco	daryā-ye sefid	دریای سفید

Mar (m) Cáspio	daryā-ye xazar	دریای خزر
Mar (m) Morto	daryā-ye morde	دریای مرده
Mar (m) Mediterrâneo	daryā-ye meditarāne	دریای مدیترانه

| Mar (m) Egeu | daryā-ye eže | دریای اژه |
| Mar (m) Adriático | daryā-ye ādriyātik | دریای آدریاتیک |

Mar (m) Arábico	daryā-ye arab	دریای عرب
Mar (m) do Japão	daryā-ye žāpon	دریای ژاپن
Mar (m) de Bering	daryā-ye brinq	دریای برینگ
Mar (m) da China Meridional	daryā-ye čin-e jonubi	دریای چین جنوبی
Mar (m) de Coral	daryā-ye marjān	دریای مرجان
Mar (m) de Tasman	daryā-ye tās-emān	دریای تاسمان
Mar (m) do Caribe	daryā-ye kārāib	دریای کارائیب
Mar (m) de Barents	daryā-ye barntz	دریای بارنتز
Mar (m) de Kara	daryā-ye kārā	دریای کارا
Mar (m) do Norte	daryā-ye šomāl	دریای شمال
Mar (m) Báltico	daryā-ye bāltik	دریای بالتیک
Mar (m) da Noruega	daryā-ye norvež	دریای نروژ

200. Montanhas

montanha (f)	kuh	کوه
cordilheira (f)	rešte-ye kuh	رشته کوه
serra (f)	selsele-ye jebāl	سلسله جبال
cume (m)	qolle	قله
pico (m)	qolle	قله
sopé (m)	dāmane-ye kuh	دامنۀ کوه
declive (m)	šib	شیب
vulcão (m)	ātaš-fešān	آتشفشان
vulcão (m) ativo	ātaš-fešān-e fa'āl	آتش فشان فعال
vulcão (m) extinto	ātaš-fešān-e xāmuš	آتش فشان خاموش
erupção (f)	favarān	فوران
cratera (f)	dahāne-ye ātašfešān	دهانۀ آتش فشان
magma (m)	māgmā	ماگما
lava (f)	godāze	گدازه
fundido (lava ~a)	godāxte	گداخته
desfiladeiro (m)	tange	تنگه
garganta (f)	darre-ye tang	دره تنگ
fenda (f)	tange	تنگه
precipício (m)	partgāh	پرتگاه
passo, colo (m)	gozargāh	گذرگاه
planalto (m)	falāt	فلات
falésia (f)	saxre	صخره
colina (f)	tappe	تپه
glaciar (m)	yaxčāl	یخچال
queda (f) d'água	ābšār	آبشار
géiser (m)	češme-ye āb-e garm	چشمۀ آب گرم
lago (m)	daryāče	دریاچه
planície (f)	jolge	جلگه
paisagem (f)	manzare	منظره

eco (m)	en'ekās-e sowt	انعکاس صوت
alpinista (m)	kuhnavard	کوهنورد
escalador (m)	saxre-ye navard	صخره نورد
conquistar (vt)	fath kardan	فتح کردن
subida, escalada (f)	so'ud	صعود

201. Nomes de montanhas

Alpes (m pl)	ālp	آلپ
monte Branco (m)	moan belān	مون بلان
Pirineus (m pl)	pirene	پیرنه

Cárpatos (m pl)	kuhhā-ye kārpāt	کوههای کاریات
montes (m pl) Urais	kuhe-i orāl	کوههای اورال
Cáucaso (m)	qafqāz	قفقاز
Elbrus (m)	alborz	البرز

Altai (m)	āltāy	آلتای
Tian Shan (m)	tiyān šān	تیان شان
Pamir (m)	pāmir	پامیر
Himalaias (m pl)	himāliyā-vo	هیمالیا
monte (m) Everest	everest	اورست

| Cordilheira (f) dos Andes | ānd | آند |
| Kilimanjaro (m) | kelimānjāro | کلیمانجارو |

202. Rios

rio (m)	rudxāne	رودخانه
fonte, nascente (f)	češme	چشمه
leito (m) do rio	bastar	بستر
bacia (f)	howze	حوضه
desaguar no ...	rixtan	ریختن

| afluente (m) | enše'āb | انشعاب |
| margem (do rio) | sāhel | ساحل |

corrente (f)	jaryān	جریان
rio abaixo	be samt-e pāin-e rudxāne	به سمت پائین رودخانه
rio acima	be samt-e bālā-ye rudxāne	به سمت بالای رودخانه

inundação (f)	seyl	سیل
cheia (f)	toqyān	طغیان
transbordar (vi)	toqyān kardan	طغیان کردن
inundar (vt)	toqyān kardan	طغیان کردن

| banco (m) de areia | tangāb | تنگاب |
| rápidos (m pl) | tondāb | تندآب |

barragem (f)	sad	سد
canal (m)	kānāl	کانال
reservatório (m) de água	maxzan-e āb	مخزن آب

eclusa (f)	ābgir	آبگیر
corpo (m) de água	maxzan-e āb	مخزن آب
pântano (m)	bātlāq	باتلاق
tremedal (m)	lajan zār	لجن زار
remoinho (m)	gerdāb	گرداب
arroio, regato (m)	ravad	رود
potável	āšāmidani	آشامیدنی
doce (água)	širin	شیرین
gelo (m)	yax	یخ
congelar-se (vr)	yax bastan	یخ بستن

203. Nomes de rios

rio Sena (m)	sen	سن
rio Loire (m)	lavār	لوآر
rio Tamisa (m)	timz	تیمز
rio Reno (m)	rāyn	راین
rio Danúbio (m)	dānub	دانوب
rio Volga (m)	volgā	ولگا
rio Don (m)	don	دن
rio Lena (m)	lenā	لنا
rio Amarelo (m)	rud-e zard	رود زرد
rio Yangtzé (m)	yāng tese	یانگ تسه
rio Mekong (m)	mekung	مکونگ
rio Ganges (m)	gong	گنگ
rio Nilo (m)	neyl	نیل
rio Congo (m)	kongo	کنگو
rio Cubango (m)	okavango	اوکاوانگو
rio Zambeze (m)	zāmbezi	زامبزی
rio Limpopo (m)	rud-e limpupu	رود لیمپوپو
rio Mississípi (m)	mi si si pi	می سی سی پی

204. Floresta

floresta (f), bosque (m)	jangal	جنگل
florestal	jangali	جنگلی
mata (f) cerrada	jangal-e anbuh	جنگل انبوه
arvoredo (m)	biše	بیشه
clareira (f)	marqzār	مرغزار
matagal (m)	biše-hā	بیشه ها
mato (m)	bute zār	بوته زار
vereda (f)	kure-ye rāh	کوره راه
ravina (f)	darre	دره

árvore (f)	deraxt	درخت
folha (f)	barg	برگ
folhagem (f)	šāx-o barg	شاخ و برگ
queda (f) das folhas	barg rizi	برگ ریزی
cair (vi)	rixtan	ریختن
topo (m)	nok	نوک
ramo (m)	šāxe	شاخه
galho (m)	šāxe	شاخه
botão, rebento (m)	šokufe	شکوفه
agulha (f)	suzan	سوزن
pinha (f)	maxrut-e kāj	مخروط کاج
buraco (m) de árvore	surāx	سوراخ
ninho (m)	lāne	لانه
toca (f)	lāne	لانه
tronco (m)	tane	تنه
raiz (f)	riše	ریشه
casca (f) de árvore	pust	پوست
musgo (m)	xaze	خزه
arrancar pela raiz	rišekan kardan	ریشه کن کردن
cortar (vt)	boridan	بریدن
desflorestar (vt)	boridan	بریدن
toco, cepo (m)	kande-ye deraxt	کندهٔ درخت
fogueira (f)	ātaš	آتش
incêndio (m) florestal	ātaš suzi	آتش سوزی
apagar (vt)	xāmuš kardan	خاموش کردن
guarda-florestal (m)	jangal bān	جنگل بان
proteção (f)	mohāfezat	محافظت
proteger (a natureza)	mohāfezat kardan	محافظت کردن
caçador (m) furtivo	šekārči-ye qeyr-e qānuni	شکارچی غیر قانونی
armadilha (f)	tale	تله
colher (cogumelos, bagas)	čidan	چیدن
perder-se (vr)	gom šodan	گم شدن

205. Recursos naturais

recursos (m pl) naturais	manābe-'e tabii	منابع طبیعی
minerais (m pl)	mavādd-e ma'dani	مواد معدنی
depósitos (m pl)	tah nešast	ته نشست
jazida (f)	meydān	میدان
extrair (vt)	estexrāj kardan	استخراج کردن
extração (f)	estexrāj	استخراج
minério (m)	sang-e ma'dani	سنگ معدنی
mina (f)	ma'dan	معدن
poço (m) de mina	ma'dan	معدن
mineiro (m)	ma'danči	معدنچی

gás (m)	gāz	گاز
gasoduto (m)	lule-ye gāz	لولهٔ گاز
petróleo (m)	naft	نفت
oleoduto (m)	lule-ye naft	لولهٔ نفت
poço (m) de petróleo	čāh-e naft	چاه نفت
torre (f) petrolífera	dakal-e haffāri	دکل حفاری
petroleiro (m)	tānker	تانکر
areia (f)	šen	شن
calcário (m)	sang-e āhak	سنگ آهک
cascalho (m)	sangrize	سنگریزه
turfa (f)	turb	تورب
argila (f)	xāk-e ros	خاک رس
carvão (m)	zoqāl sang	زغال سنگ
ferro (m)	āhan	آهن
ouro (m)	talā	طلا
prata (f)	noqre	نقره
níquel (m)	nikel	نیکل
cobre (m)	mes	مس
zinco (m)	ruy	روی
manganês (m)	mangenez	منگنز
mercúrio (m)	jive	جیوه
chumbo (m)	sorb	سرب
mineral (m)	mādde-ye ma'dani	مادهٔ معدنی
cristal (m)	bolur	بلور
mármore (m)	marmar	مرمر
urânio (m)	orāniyom	اورانیوم

A Terra. Parte 2

206. Tempo

tempo (m)	havā	هوا
previsão (f) do tempo	piš bini havā	پیش بینی هوا
temperatura (f)	damā	دما
termómetro (m)	damāsanj	دماسنج
barómetro (m)	havāsanj	هواسنج
húmido	martub	مرطوب
humidade (f)	rotubat	رطوبت
calor (m)	garmā	گرما
cálido	dāq	داغ
está muito calor	havā xeyli garm ast	هوا خیلی گرم است
está calor	havā garm ast	هوا گرم است
quente	garm	گرم
está frio	sard ast	سرد است
frio	sard	سرد
sol (m)	āftāb	آفتاب
brilhar (vi)	tābidan	تابیدن
de sol, ensolarado	āftābi	آفتابی
nascer (vi)	tolu' kardan	طلوع کردن
pôr-se (vr)	qorob kardan	غروب کردن
nuvem (f)	abr	ابر
nublado	abri	ابری
nuvem (f) preta	abr-e bārānzā	ابر باران زا
escuro, cinzento	tire	تیره
chuva (f)	bārān	باران
está a chover	bārān mibārad	باران می بارد
chuvoso	bārāni	بارانی
chuviscar (vi)	nam-nam bāridan	نم نم باریدن
chuva (f) torrencial	bārān šodid	باران شدید
chuvada (f)	ragbār	رگبار
forte (chuva)	šadid	شدید
poça (f)	čāle	چاله
molhar-se (vr)	xis šodan	خیس شدن
nevoeiro (m)	meh	مه
de nevoeiro	meh ālud	مه آلود
neve (f)	barf	برف
está a nevar	barf mibārad	برف می بارد

207. Tempo extremo. Catástrofes naturais

trovoada (f)	tufãn	طوفان
relâmpago (m)	barq	برق
relampejar (vi)	barq zadan	برق زدن
trovão (m)	ra'd	رعد
trovejar (vi)	qorridan	غریدن
está a trovejar	ra'd mizanad	رعد می زند
granizo (m)	tagarg	تگرگ
está a cair granizo	tagarg mibãrad	تگرگ می بارد
inundar (vt)	toqyãn kardan	طغیان کردن
inundação (f)	seyl	سیل
terremoto (m)	zamin-larze	زمین لرزه
abalo, tremor (m)	tekãn	تکان
epicentro (m)	kãnun-e zaminlarze	کانون زمین لرزه
erupção (f)	favarãn	فوران
lava (f)	godãze	گدازه
turbilhão, tornado (m)	gerdbãd	گردباد
tufão (m)	tufãn	طوفان
furacão (m)	tufãn	طوفان
tempestade (f)	tufãn	طوفان
tsunami (m)	sonãmi	سونامی
ciclone (m)	gerdbãd	گردباد
mau tempo (m)	havã-ye bad	هوای بد
incêndio (m)	ãtaš suzi	آتش سوزی
catástrofe (f)	balã-ye tabi'i	بلای طبیعی
meteorito (m)	sang-e ãsmãni	سنگ آسمانی
avalanche (f)	bahman	بهمن
deslizamento (m) de neve	bahman	بهمن
nevasca (f)	kulãk	کولاک
tempestade (f) de neve	barf-o burãn	برف و بوران

208. Ruídos. Sons

silêncio (m)	sokut	سکوت
som (m)	sedã	صدا
ruído, barulho (m)	sar-o sedã	سر و صدا
fazer barulho	sar-o sedã kardan	سر و صدا کردن
ruidoso, barulhento	por sar-o sedã	پر سر و صدا
alto (adv)	boland	بلند
alto (adj)	boland	بلند
constante (ruído, etc.)	dãemi	دائمی
grito (m)	faryãd	فریاد

gritar (vi)	faryād zadan	فریاد زدن
sussurro (m)	najvā	نجوا
sussurrar (vt)	najvā kardan	نجوا کردن

| latido (m) | vāq vāq | واق واق |
| latir (vi) | vāq-vāq kardan | واق واق کردن |

gemido (m)	nāle	ناله
gemer (vi)	nāle kardan	ناله کردن
tosse (f)	sorfe	سرفه
tossir (vi)	sorfe kardan	سرفه کردن

assobio (m)	sut	سوت
assobiar (vi)	sut zadan	سوت زدن
batida (f)	dar zadan	درزدن
bater (vi)	dar zadan	درزدن

| estalar (vi) | šekastan | شکستن |
| estalido (m) | tarak | ترک |

sirene (f)	āžir-e xatar	آژیر خطر
apito (m)	buq	بوق
apitar (vi)	buq zadan	بوق زدن
buzina (f)	buq	بوق
buzinar (vi)	buq zadan	بوق زدن

209. Inverno

inverno (m)	zemestān	زمستان
de inverno	zemestāni	زمستانی
no inverno	dar zemestān	در زمستان

neve (f)	barf	برف
está a nevar	barf mibārad	برف می بارد
queda (f) de neve	bāreš-e barf	بارش برف
amontoado (m) de neve	tappe-ye barf	تپۀ برف

floco (m) de neve	barf-e rize	برف ریزه
bola (f) de neve	golule-ye barf	گلولۀ برف
boneco (m) de neve	ādam-e barfi	آدم برفی
sincelo (m)	qandil	قندیل

dezembro (m)	desāmr	دسامبر
janeiro (m)	žānvie	ژانویه
fevereiro (m)	fevriye	فوریه

| gelo (m) | yaxbandān | یخبندان |
| gelado, glacial | sard | سرد |

abaixo de zero	zir-e sefr	زیر صفر
geada (f)	avalin moje sarmā	اولین موج سرما
geada (f) branca	barf-e rize	برف ریزه
frio (m)	sarmā	سرما
está frio	sard ast	سرد است

casaco (m) de peles	pālto-ye pustin	پالتوی پوستین
mitenes (f pl)	dastkeš-e yek angošti	دستکش یک انگشتی
adoecer (vi)	bimār šodan	بیمار شدن
constipação (f)	sarmā xordegi	سرما خوردگی
constipar-se (vr)	sarmā xordan	سرما خوردن
gelo (m)	yax	یخ
gelo (m) na estrada	lāye-ye yax	لایه یخ
congelar-se (vr)	yax bastan	یخ بستن
bloco (m) de gelo	tekke-ye yax-e šenāvar	تکه یخ شناور
esqui (m)	eski	اسکی
esquiador (m)	eski bāz	اسکی باز
esquiar (vi)	eski kardan	اسکی کردن
patinar (vi)	eskeyt bāzi kardan	اسکیت بازی کردن

Fauna

210. Mamíferos. Predadores

predador (m)	heyvān-e darande	حیوان درنده
tigre (m)	bebar	ببر
leão (m)	šir	شیر
lobo (m)	gorg	گرگ
raposa (f)	rubāh	روباه
jaguar (m)	jagvār	جگوار
leopardo (m)	palang	پلنگ
chita (f)	yuzpalang	یوزپلنگ
pantera (f)	palang-e siyāh	پلنگ سیاه
puma (m)	yuzpalang	یوزپلنگ
leopardo-das-neves (m)	palang-e barfi	پلنگ برفی
lince (m)	siyāh guš	سیاه گوش
coiote (m)	gorg-e sahrāyi	گرگ صحرایی
chacal (m)	šoqāl	شغال
hiena (f)	kaftār	کفتار

211. Animais selvagens

animal (m)	heyvān	حیوان
besta (f)	heyvān	حیوان
esquilo (m)	sanjāb	سنجاب
ouriço (m)	xārpošt	خارپشت
lebre (f)	xarguš	خرگوش
coelho (m)	xarguš	خرگوش
texugo (m)	gurkan	گورکن
guaxinim (m)	rākon	راکون
hamster (m)	muš-e bozorg	موش بزرگ
marmota (f)	muš-e xormā-ye kuhi	موش خرمای کوهی
toupeira (f)	muš-e kur	موش کور
rato (m)	muš	موش
ratazana (f)	muš-e sahrāyi	موش صحرایی
morcego (m)	xoffāš	خفاش
arminho (m)	qāqom	قاقم
zibelina (f)	samur	سمور
marta (f)	samur	سمور
doninha (f)	rāsu	راسو
vison (m)	tire-ye rāsu	تیره راسو

| castor (m) | sag-e ābi | سگ آبی |
| lontra (f) | samur ābi | سمور آبی |

cavalo (m)	asb	اسب
alce (m)	gavazn	گوزن
veado (m)	āhu	آهو
camelo (m)	šotor	شتر

bisão (m)	gāvmiš	گاومیش
auroque (m)	gāv miš	گاو میش
búfalo (m)	bufālo	بوفالو

zebra (f)	gurexar	گورخر
antílope (m)	boz-e kuhi	بز کوهی
corça (f)	šukā	شوکا
gamo (m)	qazāl	غزال
camurça (f)	boz-e kuhi	بز کوهی
javali (m)	gorāz	گراز

baleia (f)	nahang	نهنگ
foca (f)	fak	فک
morsa (f)	širmāhi	شیرماهی
urso-marinho (m)	gorbe-ye ābi	گربۀ آبی
golfinho (m)	delfin	دلفین

urso (m)	xers	خرس
urso (m) branco	xers-e sefid	خرس سفید
panda (m)	pāndā	پاندا

macaco (em geral)	meymun	میمون
chimpanzé (m)	šampānze	شمپانزه
orangotango (m)	orāngutān	اورانگوتان
gorila (m)	guril	گوریل
macaco (m)	mākāk	ماکاک
gibão (m)	gibon	گیبون

elefante (m)	fil	فیل
rinoceronte (m)	kargadan	کرگدن
girafa (f)	zarrāfe	زرافه
hipopótamo (m)	asb-e ābi	اسب آبی

| canguru (m) | kāngoro | کانگورو |
| coala (m) | kovālā | کوالا |

mangusto (m)	xadang	خدنگ
chinchila (m)	čin čila	چین چیلا
doninha-fedorenta (f)	rāsu-ye badbu	راسوی بدبو
porco-espinho (m)	taši	تشی

212. Animais domésticos

gata (f)	gorbe	گربه
gato (m) macho	gorbe-ye nar	گربۀ نر
cão (m)	sag	سگ

cavalo (m)	asb	اسب
garanhão (m)	asb-e nar	اسب نر
égua (f)	mādiyān	مادیان

vaca (f)	gāv	گاو
touro (m)	gāv-e nar	گاو نر
boi (m)	gāv-e axte	گاو اخته

ovelha (f)	gusfand	گوسفند
carneiro (m)	gusfand-e nar	گوسفند نر
cabra (f)	boz-e mādde	بز ماده
bode (m)	boz-e nar	بز نر

| burro (m) | xar | خر |
| mula (f) | qāter | قاطر |

porco (m)	xuk	خوک
leitão (m)	bače-ye xuk	بچۀ خوک
coelho (m)	xarguš	خرگوش

| galinha (f) | morq | مرغ |
| galo (m) | xorus | خروس |

pata (f)	ordak	اردک
pato (macho)	ordak-e nar	اردک نر
ganso (m)	qāz	غاز

| peru (m) | buqalamun-e nar | بوقلمون نر |
| perua (f) | buqalamun-e māde | بوقلمون ماده |

animais (m pl) domésticos	heyvānāt-e ahli	حیوانات اهلی
domesticado	ahli	اهلی
domesticar (vt)	rām kardan	رام کردن
criar (vt)	parvareš dādan	پرورش دادن

quinta (f)	mazrae	مزرعه
aves (f pl) domésticas	morq-e xānegi	مرغ خانگی
gado (m)	dām	دام
rebanho (m), manada (f)	galle	گله

estábulo (m)	establ	اصطبل
pocilga (f)	āqol xuk	آغل خوک
estábulo (m)	āqol gāv	آغل گاو
coelheira (f)	lanye xarguš	لانه خرگوش
galinheiro (m)	morq dāni	مرغ دانی

213. Cães. Raças de cães

cão (m)	sag	سگ
cão pastor (m)	sag-e gele	سگ گله
pastor-alemão (m)	sag-e ĵerman šeperd	سگ ژرمن شپرد
caniche (m)	pudel	پودل
teckel (m)	sag-e pākutāh	سگ پاکوتاه
buldogue (m)	buldāg	بولداگ

boxer (m)	boksor	بوكسور
mastim (m)	māstif	ماستیف
rottweiler (m)	rotveylir	روتویلیر
dobermann (m)	dobermen	دوبرمن
basset (m)	ba's-at	باسیت
pastor inglês (m)	dam čatri	دم چتری
dálmata (m)	dālmāsi	دالماسی
cocker spaniel (m)	kākir spāniyel	كاكیر سپانییل
terra-nova (m)	nyufāundland	نیوفاوندلند
são-bernardo (m)	sant bernārd	سنت برنارد
husky (m)	sag-e surtme	سگ سورتمه
Chow-chow (m)	čāu-čāu	چاو-چاو
spitz alemão (m)	espitz	اسپینز
carlindogue (m)	pāg	پاگ

214. Sons produzidos pelos animais

latido (m)	vāq vāq	واق واق
latir (vi)	vāq-vāq kardan	واق واق كردن
miar (vi)	miyu-miyu kardan	میو میو كردن
ronronar (vi)	xor-xor kardan	خرخر كردن
mugir (vaca)	mu-mu kardan	مو مو كردن
bramir (touro)	na're kešidan	نعره كشیدن
rosnar (vi)	qorqor kardan	غرغر كردن
uivo (m)	zuze	زوزه
uivar (vi)	zuze kešidan	زوزه كشیدن
ganir (vi)	zuze kešidan	زوزه كشیدن
balir (vi)	ba'ba' kardan	بع بع كردن
grunhir (porco)	xor-xor kardan	خرخر كردن
guinchar (vi)	jiq zadan	جیغ زدن
coaxar (sapo)	qur-qur kardan	قورقور كردن
zumbir (inseto)	vez-vez kardan	وزوز كردن
estridular, ziziar (vi)	jir-jir kardan	جیر جیر كردن

215. Animais jovens

cria (f), filhote (m)	tule	توله
gatinho (m)	bačče gorbe	بچه گربه
ratinho (m)	bače-ye muš	بچة موش
cãozinho (m)	tule-ye sag	تولة سگ
filhote (m) de lebre	bače-ye xarguš	بچة خرگوش
coelhinho (m)	bače-ye xarguš	بچة خرگوش
lobinho (m)	bače-ye gorg	بچة گرگ
raposinho (m)	bače-ye rubāh	بچة روباه

ursinho (m)	bače-ye xers	بچهٔ خرس
leãozinho (m)	bače-ye šir	بچهٔ شیر
filhote (m) de tigre	bače-ye bebar	بچهٔ ببر
filhote (m) de elefante	bače-ye fil	بچهٔ فیل
leitão (m)	bače-ye xuk	بچهٔ خوک
bezerro (m)	gusāle	گوساله
cabrito (m)	bozqāle	بزغاله
cordeiro (m)	barre	بره
cria (f) de veado	bače-ye gavazn	بچهٔ گوزن
cria (f) de camelo	bače-ye šotor	بچهٔ شتر
filhote (m) de serpente	bače-ye mār	بچهٔ مار
cria (f) de rã	bače-ye qurbāqe	بچهٔ قرباغه
cria (f) de ave	juje	جوجه
pinto (m)	juje	جوجه
patinho (m)	juje-ye ordak	جوجهٔ اردک

216. Pássaros

pássaro (m), ave (f)	parande	پرنده
pombo (m)	kabutar	کبوتر
pardal (m)	gonješk	گنجشک
chapim-real (m)	morq-e zanburxār	مرغ زنبورخوار
pega-rabuda (f)	zāqi	زاغی
corvo (m)	kalāq-e siyāh	کلاغ سیاه
gralha (f) cinzenta	kalāq	کلاغ
gralha-de-nuca-cinzenta (f)	zāq	زاغ
gralha-calva (f)	kalāq-e siyāh	کلاغ سیاه
pato (m)	ordak	اردک
ganso (m)	qāz	غاز
faisão (m)	qarqāvol	قرقاول
águia (f)	oqāb	عقاب
açor (m)	qerqi	قرقی
falcão (m)	šāhin	شاهین
abutre (m)	karkas	کرکس
condor (m)	karkas-e emrikāyi	کرکس امریکایی
cisne (m)	qu	قو
grou (m)	dornā	درنا
cegonha (f)	lak lak	لک لک
papagaio (m)	tuti	طوطی
beija-flor (m)	morq-e magas-e xār	مرغ مگس خوار
pavão (m)	tāvus	طاووس
avestruz (m)	šotormorq	شترمرغ
garça (f)	havāsil	حواصیل
flamingo (m)	felāmingo	فلامینگو
pelicano (m)	pelikān	پلیکان

| rouxinol (m) | bolbol | بلبل |
| andorinha (f) | parastu | پرستو |

tordo-zornal (m)	bāstarak	باسترک
tordo-músico (m)	torqe	طرقه
melro-preto (m)	tukā-ye siyāh	توکای سیاه

andorinhão (m)	bādxorak	بادخورک
cotovia (f)	čakāvak	چکاوک
codorna (f)	belderčin	بلدرچین

pica-pau (m)	dārkub	داركوب
cuco (m)	fāxte	فاخته
coruja (f)	joqd	جغد
corujão, bufo (m)	šāh buf	شاه بوف
tetraz-grande (m)	siāh xorus	سیاه خروس
tetraz-lira (m)	siāh xorus-e jangali	سیاه خروس جنگلی
perdiz-cinzenta (f)	kabk	کبک

estorninho (m)	sār	سار
canário (m)	qanāri	قناری
galinha-do-mato (f)	siyāh xorus-e fandoqi	سیاه خروس فندقی
tentilhão (m)	sehre-ye jangali	سهره جنگلی
dom-fafe (m)	sohre sar-e siyāh	سهره سر سیاه

gaivota (f)	morq-e daryāyi	مرغ دریایی
albatroz (m)	morq-e daryāyi	مرغ دریایی
pinguim (m)	pangoan	پنگوئن

217. Pássaros. Canto e sons

cantar (vi)	xāndan	خواندن
gritar (vi)	faryād kardan	فریاد کردن
cantar (o galo)	ququli ququ kardan	قوقولی قوقو کردن
cocorocó (m)	ququli ququ	قوقولی قوقو

cacarejar (vi)	qodqod kardan	قدقد کردن
crocitar (vi)	qār-qār kardan	قارقار کردن
grasnar (vi)	qāt-qāt kardan	قات قات کردن
piar (vi)	jir-jir kardan	جیر جیر کردن
chilrear, gorjear (vi)	jik-jik kardan	جیک جیک کردن

218. Peixes. Animais marinhos

brema (f)	māhi-ye sim	ماهی سیم
carpa (f)	kapur	کپور
perca (f)	māhi-e luti	ماهی لوتی
siluro (m)	gorbe-ye māhi	گربه ماهی
lúcio (m)	ordak māhi	اردک ماهی

| salmão (m) | māhi-ye salemon | ماهی سالمون |
| esturjão (m) | māhi-ye xāviār | ماهی خاویار |

arenque (m)	māhi-ye šur	ماهی شور
salmão (m)	sālmon-e atlāntik	سالمون اتلانتیک
cavala, sarda (f)	māhi-ye esqumeri	ماهی اسقومری
solha (f)	sofre māhi	سفره ماهی

lúcio perca (m)	suf	سوف
bacalhau (m)	māhi-ye rowqan	ماهی روغن
atum (m)	tan māhi	تن ماهی
truta (f)	māhi-ye qezelālā	ماهی قزل آلا

enguia (f)	mārmāhi	مارماهی
raia elétrica (f)	partomahiye barqi	پرتوماهی برقی
moreia (f)	mārmāhi	مارماهی
piranha (f)	pirānā	پیرانا

tubarão (m)	kuse-ye māhi	کوسه ماهی
golfinho (m)	delfin	دلفین
baleia (f)	nahang	نهنگ

caranguejo (m)	xarčang	خرچنگ
medusa, alforreca (f)	arus-e daryāyi	عروس دریایی
polvo (m)	hašt pā	هشت پا

estrela-do-mar (f)	setāre-ye daryāyi	ستاره دریایی
ouriço-do-mar (m)	xārpošt-e daryāyi	خارپشت دریایی
cavalo-marinho (m)	asb-e daryāyi	اسب دریایی

ostra (f)	sadaf-e xorāki	صدف خوراکی
camarão (m)	meygu	میگو
lavagante (m)	xarčang-e daryāyi	خرچنگ دریایی
lagosta (f)	xarčang-e xārdār	خرچنگ خاردار

219. Anfíbios. Répteis

| serpente, cobra (f) | mār | مار |
| venenoso | sammi | سمی |

víbora (f)	af'i	افعی
cobra-capelo, naja (f)	kobrā	کبرا
pitão (m)	mār-e pinton	مار پیتون
jiboia (f)	mār-e bwa	مار بوا

cobra-de-água (f)	mār-e čaman	مار چمن
cascavel (f)	mār-e zangi	مار زنگی
anaconda (f)	mār-e ānākondā	مار آناکوندا

lagarto (m)	susmār	سوسمار
iguana (f)	susmār-e deraxti	سوسمار درختی
varano (m)	bozmajje	بزمجه
salamandra (f)	samandar	سمندر
camaleão (m)	āftāb-parast	آفتاب پرست
escorpião (m)	aqrab	عقرب
tartaruga (f)	lāk pošt	لاک پشت
rã (f)	qurbāqe	قورباغه

sapo (m)	vazaq	غوز
crocodilo (m)	temsāh	تمساح

220. Insetos

inseto (m)	hašare	حشره
borboleta (f)	parvāne	پروانه
formiga (f)	murče	مورچه
mosca (f)	magas	مگس
mosquito (m)	paše	پشه
escaravelho (m)	susk	سوسک
vespa (f)	zanbur	زنبور
abelha (f)	zanbur-e asal	زنبور عسل
mamangava (f)	xar zanbur	خرزنبور
moscardo (m)	xarmagas	خرمگس
aranha (f)	ankabut	عنکبوت
teia (f) de aranha	tār-e ankabut	تار عنکبوت
libélula (f)	sanjāqak	سنجاقک
gafanhoto-do-campo (m)	malax	ملخ
traça (f)	bid	بید
barata (f)	susk	سوسک
carraça (f)	kane	کنه
pulga (f)	kak	کک
borrachudo (m)	paše-ye rize	پشه ریزه
gafanhoto (m)	malax	ملخ
caracol (m)	halazun	حلزون
grilo (m)	jirjirak	جیرجیرک
pirilampo (m)	kerm-e šab-tāb	کرم شب تاب
joaninha (f)	kafšduzak	کفشدوزک
besouro (m)	susk bāldār	سوسک بالدار
sanguessuga (f)	zālu	زالو
lagarta (f)	kerm-e abrišam	کرم ابریشم
minhoca (f)	kerm	کرم
larva (f)	lārv	لارو

221. Animais. Partes do corpo

bico (m)	nok	نوک
asas (f pl)	bāl-hā	بال ها
pata (f)	panje	پنجه
plumagem (f)	por-o bāl	پر و بال
pena, pluma (f)	por	پر
crista (f)	kākol	کاکل
brânquias, guelras (f pl)	ābšoš	آبشش
ovas (f pl)	toxme mahi	تخم ماهی

larva (f)	lārv	لارو
barbatana (f)	bāle-ye māhi	باله ماهی
escama (f)	fals	فلس

canino (m)	niš	نیش
pata (f)	panje	پنجه
focinho (m)	puze	پوزه
boca (f)	dahān	دهان
cauda (f), rabo (m)	dam	دم
bigodes (m pl)	sebil	سبیل

| casco (m) | sam | سم |
| corno (m) | šāx | شاخ |

carapaça (f)	lāk	لاک
concha (f)	sadaf	صدف
casca (f) de ovo	puste	پوسته

| pelo (m) | pašm | پشم |
| pele (f), couro (m) | pust | پوست |

222. Ações dos animais

| voar (vi) | parvāz kardan | پرواز کردن |
| dar voltas | dowr zadan | دور زدن |

| voar (para longe) | parvāz kardan | پرواز کردن |
| bater as asas | bāl zadan | بال زدن |

| bicar (vi) | nok zadan | نوک زدن |
| incubar (vt) | ru-ye toxm xābidan | روی تخم خوابیدن |

| sair do ovo | az toxm birun āmadan | از تخم بیرون آمدن |
| fazer o ninho | lāne sāxtan | لانه ساختن |

rastejar (vi)	xazidan	خزیدن
picar (vt)	gozidan	گزیدن
morder (vt)	gāz gereftan	گاز گرفتن

cheirar (vt)	buyidan	بوییدن
latir (vi)	vāq-vāq kardan	واق واق کردن
silvar (vi)	his kardan	هیس کردن

| assustar (vt) | tarsāndan | ترساندن |
| atacar (vt) | hamle kardan | حمله کردن |

roer (vt)	javidan	جویدن
arranhar (vt)	čang zadan	چنگ زدن
esconder-se (vr)	penhān šodan	پنهان شدن

brincar (vi)	bāzi kardan	بازی کردن
caçar (vi)	šekār kardan	شکار کردن
hibernar (vi)	dar xāb-e zemestāni budan	درخواب زمستانی بودن
extinguir-se (vr)	monqarez šodan	منقرض شدن

223. Animais. Habitats

hábitat	zistgāh	زیستگاه
migração (f)	mohājerat	مهاجرت
montanha (f)	kuh	کوه
recife (m)	tappe-ye daryāyi	تپه دریایی
falésia (f)	saxre	صخره
floresta (f)	jangal	جنگل
selva (f)	jangal	جنگل
savana (f)	sāvānā	ساوانا
tundra (f)	tondrā	توندرا
estepe (f)	estep	استپ
deserto (m)	biyābān	بیابان
oásis (m)	vāhe	واحه
mar (m)	daryā	دریا
lago (m)	daryāče	دریاچه
oceano (m)	oqyānus	اقیانوس
pântano (m)	bātlāq	باتلاق
de água doce	ab-e širin	آب شیرین
lagoa (f)	tālāb	تالاب
rio (m)	rudxāne	رودخانه
toca (f) do urso	lāne-ye xers	لانه خرس
ninho (m)	lāne	لانه
buraco (m) de árvore	surāx	سوراخ
toca (f)	lāne	لانه
formigueiro (m)	lāne-ye murče	لانة مورچه

224. Cuidados com os animais

jardim (m) zoológico	bāq-e vahš	باغ وحش
reserva (f) natural	mantaqe hefāzat šode	منطقه حفاظت شده
viveiro (m)	zaxire-ye gāh	ذخیره گاه
jaula (f) de ar livre	lāne	لانه
jaula, gaiola (f)	qafas	قفس
casinha (f) de cão	lāne-ye sag	لانه سگ
pombal (m)	lāne-ye kabutar	لانه کبوتر
aquário (m)	ākvāriyom	آکواریوم
delfinário (m)	delfin xane	دلفین خانه
criar (vt)	parvareš dādan	پرورش دادن
ninhada (f)	juje, tule	جوجه، توله
domesticar (vt)	rām kardan	رام کردن
adestrar (vt)	tarbiyat kardan	تربیت کردن
ração (f)	xorāk	خوراک
alimentar (vt)	xorāk dādan	خوراک دادن

loja (f) de animais	forušgāh-e heyvānāt-e ahli	فروشگاه حیوانات اهلی
açaime (m)	puze band	پوزه بند
coleira (f)	qallāde	قلاده
nome (m)	laqab	لقب
pedigree (m)	nežād	نژاد

225. Animais. Diversos

alcateia (f)	daste	دسته
bando (pássaros)	daste	دسته
cardume (peixes)	daste	دسته
manada (cavalos)	galle	گله

| macho (m) | nar | نر |
| fêmea (f) | mādde | ماده |

faminto	gorosne	گرسنه
selvagem	vahši	وحشی
perigoso	xatarnāk	خطرناک

226. Cavalos

| cavalo (m) | asb | اسب |
| raça (f) | nežād | نژاد |

| potro (m) | korre asb | کره اسب |
| égua (f) | mādiyān | مادیان |

mustangue (m)	asb-e vahš-i	اسب وحشی
pónei (m)	asbče	اسبچه
cavalo (m) de tiro	asb-e bārkeš	اسب بارکش

| crina (f) | yāl | یال |
| cauda (f) | dam | دم |

casco (m)	sam	سم
ferradura (f)	na'l	نعل
ferrar (vt)	na'l zadan	نعل زدن
ferreiro (m)	āhangar	آهنگر

sela (f)	zin	زین
estribo (m)	rekāb	رکاب
brida (f)	lejām	لجام
rédeas (f pl)	afsār	افسار
chicote (m)	tāziyāne	تازیانه

cavaleiro (m)	savārkār	سوارکار
colocar sela	zin kardan	زین کردن
montar no cavalo	ruy-ye zin nešastan	روی زین نشستن

| galope (m) | čāhārna'l | چهارنعل |
| galopar (vi) | čāhārna'l tāxtan | چهارنعل تاختن |

trote (m)	yurtme	يورتمه
a trote	yurtme	يورتمه
ir a trote	yurtme raftan	يورتمه رفتن
cavalo (m) de corrida	asb-e mosābeqe	اسب مسابقه
corridas (f pl)	asb-e davāni	اسب دوانی
estábulo (m)	establ	اصطبل
alimentar (vt)	xorāk dādan	خوراک دادن
feno (m)	alaf-e xošk	علف خشک
dar água	āb dādan	آب دادن
limpar (vt)	pāk kardan	پاک کردن
carroça (f)	gāri	گاری
pastar (vi)	čaridan	چریدن
relinchar (vi)	šeyhe kešidan	شیهه کشیدن
dar um coice	lagad zadan	لگد زدن

Flora

227. Árvores

árvore (f)	deraxt	درخت
decídua	barg riz	برگ ریز
conífera	maxrutiyān	مخروطیان
perene	hamiše sabz	همیشه سبز

macieira (f)	deraxt-e sib	درخت سیب
pereira (f)	golābi	گلابی
cerejeira (f)	gilās	گیلاس
ginjeira (f)	ālbālu	آلبالو
ameixeira (f)	ālu	آلو

bétula (f)	tus	توس
carvalho (m)	balut	بلوط
tília (f)	zirfun	زیرفن
choupo-tremedor (m)	senowbar-e larzān	صنوبر لرزان
bordo (m)	afrā	افرا
espruce-europeu (m)	senowbar	صنوبر
pinheiro (m)	kāj	کاج
alerce, lariço (m)	senowbar-e ārāste	صنوبر آراسته
abeto (m)	šāh deraxt	شاه درخت
cedro (m)	sedr	سدر

choupo, álamo (m)	sepidār	سپیدار
tramazeira (f)	zabān gonješk-e kuhi	زبان گنجشک کوهی
salgueiro (m)	bid	بید
amieiro (m)	tuskā	توسکا
faia (f)	rāš	راش
ulmeiro (m)	nārvan-e qermez	نارون قرمز
freixo (m)	zabān-e gonješk	زبان گنجشک
castanheiro (m)	šāh balut	شاه بلوط

magnólia (f)	māgnoliyā	ماگنولیا
palmeira (f)	naxl	نخل
cipreste (m)	sarv	سرو

mangue (m)	karnā	کرنا
embondeiro, baobá (m)	bāobāb	بائوباب
eucalipto (m)	okaliptus	اوکالیپتوس
sequoia (f)	sorx-e čub	سرخ چوب

228. Arbustos

| arbusto (m) | bute | بوته |
| arbusto (m), moita (f) | bute zār | بوته زار |

| videira (f) | angur | انگور |
| vinhedo (m) | tākestān | تاکستان |

framboeseira (f)	tamešk	تمشک
groselheira-preta (f)	angur-e farangi-ye siyāh	انگور فرنگی سیاه
groselheira-vermelha (f)	angur-e farangi-ye sorx	انگور فرنگی سرخ
groselheira (f) espinhosa	angur-e farangi	انگور فرنگی

acácia (f)	aqāqiyā	اقاقیا
bérberis (f)	zerešk	زرشک
jasmim (m)	yāsaman	یاسمن

junípero (m)	ardaj	اردج
roseira (f)	bute-ye gol-e mohammadi	بوتهٔ گل محمدی
roseira (f) brava	nastaran	نسترن

229. Cogumelos

cogumelo (m)	qārč	قارچ
cogumelo (m) comestível	qārč-e xorāki	قارچ خوراکی
cogumelo (m) venenoso	qārč-e sammi	قارچ سمی
chapéu (m)	kolāhak-e qārč	کلاهک قارچ
pé, caule (m)	pāye	پایه

boleto (m)	qārč-e sefid	قارچ سفید
boleto (m) alaranjado	samāruq	سماروغ
míscaro (m) das bétulas	qārč-e bulet	قارچ بولت
cantarela (f)	qārč-e zard	قارچ زرد
rússula (f)	qārč-e tiqe-ye tord	قارچ تیغه ترد

morchella (f)	qārč-e morkelā	قارچ مورکلا
agário-das-moscas (m)	qārč-e magas	قارچ مگس
cicuta (f) verde	kolāhak-e marg	کلاهک مرگ

230. Frutos. Bagas

| fruta (f) | mive | میوه |
| frutas (f pl) | mive jāt | میوه جات |

maçã (f)	sib	سیب
pera (f)	golābi	گلابی
ameixa (f)	ālu	آلو

morango (m)	tut-e farangi	توت فرنگی
ginja (f)	ālbālu	آلبالو
cereja (f)	gilās	گیلاس
uva (f)	angur	انگور

framboesa (f)	tamešk	تمشک
groselha (f) preta	angur-e farangi-ye siyāh	انگور فرنگی سیاه
groselha (f) vermelha	angur-e farangi-ye sorx	انگور فرنگی سرخ
groselha (f) espinhosa	angur-e farangi	انگور فرنگی

oxicoco (m)	nārdānak-e vahši	ناردانک وحشی
laranja (f)	porteqāl	پرتقال
tangerina (f)	nārengi	نارنگی
ananás (m)	ānānās	آناناس
banana (f)	mowz	موز
tâmara (f)	xormā	خرما

limão (m)	limu	لیمو
damasco (m)	zardālu	زردآلو
pêssego (m)	holu	هلو
kiwi (m)	kivi	کیوی
toranja (f)	gerip forut	گریپ فوروت

baga (f)	mive-ye butei	میوهٔ بوته ای
bagas (f pl)	mivehā-ye butei	میوه های بوته ای
arando (m) vermelho	tut-e farangi-ye jangali	توت فرنگی جنگلی
morango-silvestre (m)	zoqāl axte	زغال اخته
mirtilo (m)	zoqāl axte	زغال اخته

231. Flores. Plantas

| flor (f) | gol | گل |
| ramo (m) de flores | daste-ye gol | دسته گل |

rosa (f)	gol-e sorx	گل سرخ
tulipa (f)	lāle	لاله
cravo (m)	mixak	میخک
gladíolo (m)	susan-e sefid	سوسن سفید

centáurea (f)	gol-e gandom	گل گندم
campânula (f)	gol-e estekāni	گل استکانی
dente-de-leão (m)	gol-e qāsedak	گل قاصدک
camomila (f)	bābune	بابونه

aloé (m)	oloviye	آلوئه
cato (m)	kāktus	کاکتوس
fícus (m)	fikus	فیکوس

lírio (m)	susan	سوسن
gerânio (m)	gol-e šam'dāni	گل شمعدانی
jacinto (m)	sonbol	سنبل

mimosa (f)	mimosā	میموسا
narciso (m)	narges	نرگس
capuchinha (f)	gol-e lādan	گل لادن

orquídea (f)	orkide	ارکیده
peónia (f)	gol-e ašrafi	گل اشرفی
violeta (f)	banafše	بنفشه

amor-perfeito (m)	banafše-ye farangi	بنفشه فرنگی
não-me-esqueças (m)	gol-e farāmuš-am makon	گل فراموشم مکن
margarida (f)	gol-e morvārid	گل مروارید
papoula (f)	xašxāš	خشخاش

| cânhamo (m) | šāh dāne | شاه دانه |
| hortelã (f) | na'nā' | نعناع |

| lírio-do-vale (m) | muge | موگه |
| campânula-branca (f) | gol-e barfi | گل برفی |

urtiga (f)	gazane	گزنه
azeda (f)	toršak	ترشک
nenúfar (m)	nilufar-e abi	نیلوفر آبی
feto (m), samambaia (f)	saraxs	سرخس
líquen (m)	golesang	گلسنگ

estufa (f)	golxāne	گلخانه
relvado (m)	čaman	چمن
canteiro (m) de flores	baqče-ye gol	باغچه گل

planta (f)	giyāh	گیاه
erva (f)	alaf	علف
folha (f) de erva	alaf	علف

folha (f)	barg	برگ
pétala (f)	golbarg	گلبرگ
talo (m)	sāqe	ساقه
tubérculo (m)	riše	ریشه

| broto, rebento (m) | javāne | جوانه |
| espinho (m) | xār | خار |

florescer (vi)	gol kardan	گل کردن
murchar (vi)	pažmorde šodan	پژمرده شدن
cheiro (m)	bu	بو
cortar (flores)	boridan	بریدن
colher (uma flor)	kandan	کندن

232. Cereais, grãos

grão (m)	dāne	دانه
cereais (plantas)	qallāt	غلات
espiga (f)	xuše	خوشه

trigo (m)	gandom	گندم
centeio (m)	čāvdār	چاودار
aveia (f)	jow-e sahrāyi	جو صحرایی
milho-miúdo (m)	arzan	ارزن
cevada (f)	jow	جو
milho (m)	zorrat	ذرت
arroz (m)	berenj	برنج
trigo-sarraceno (m)	gandom-e siyāh	گندم سیاه

ervilha (f)	noxod	نخود
feijão (m)	lubiyā qermez	لوبیا قرمز
soja (f)	sowyā	سویا
lentilha (f)	adas	عدس
fava (f)	lubiyā	لوبیا

233. Vegetais. Verduras

legumes (m pl)	sabzijāt	سبزیجات
verduras (f pl)	sabzi	سبزی
tomate (m)	gowje farangi	گوجه فرنگی
pepino (m)	xiyār	خیار
cenoura (f)	havij	هویج
batata (f)	sib zamini	سیب زمینی
cebola (f)	piyāz	پیاز
alho (m)	sir	سیر
couve (f)	kalam	کلم
couve-flor (f)	gol kalam	گل کلم
couve-de-bruxelas (f)	koll-am boruksel	کلم بروکسل
brócolos (m pl)	kalam borokli	کلم بروکلی
beterraba (f)	čoqondar	چغندر
beringela (f)	bādenjān	بادنجان
curgete (f)	kadu sabz	کدو سبز
abóbora (f)	kadu tanbal	کدو تنبل
nabo (m)	šalqam	شلغم
salsa (f)	ja'fari	جعفری
funcho, endro (m)	šavid	شوید
alface (f)	kāhu	کاهو
aipo (m)	karafs	کرفس
espargo (m)	mārčube	مارچوبه
espinafre (m)	esfenāj	اسفناج
ervilha (f)	noxod	نخود
fava (f)	lubiyā	لوبیا
milho (m)	zorrat	ذرت
feijão (m)	lubiyā qermez	لوبیا قرمز
pimentão (m)	felfel	فلفل
rabanete (m)	torobče	تربچه
alcachofra (f)	kangar farangi	کنگرفرنگی

GEOGRAFIA REGIONAL

Países. Nacionalidades

234. Europa Ocidental

Europa (f)	orupā	اروپا
União (f) Europeia	ettehādiye-ye orupā	اتحادیه اروپا
europeu (m)	orupāyi	اروپایی
europeu	orupāyi	اروپایی

Áustria (f)	otriš	اتریش
austríaco (m)	mard-e otriši	مرد اتریشی
austríaca (f)	zan-e otriši	زن اتریشی
austríaco	otriši	اتریشی

Grã-Bretanha (f)	beritāniyā-ye kabir	بریتانیای کبیر
Inglaterra (f)	engelestān	انگلستان
inglês (m)	mard-e engelisi	مرد انگلیسی
inglesa (f)	zan-e engelisi	زن انگلیسی
inglês	engelisi	انگلیسی

Bélgica (f)	belžik	بلژیک
belga (m)	mard-e belžiki	مرد بلژیکی
belga (f)	zan-e belžiki	زن بلژیکی
belga	belžiki	بلژیکی

Alemanha (f)	ālmān	آلمان
alemão (m)	mard-e ālmāni	مرد آلمانی
alemã (f)	zan-e ālmāni	زن آلمانی
alemão	ālmāni	آلمانی

Países (m pl) Baixos	holand	هلند
Holanda (f)	holand	هلند
holandês (m)	mard-e holandi	مرد هلندی
holandesa (f)	zan-e holandi	زن هلندی
holandês	holandi	هلندی

Grécia (f)	yunān	یونان
grego (m)	mard-e yunāni	مرد یونانی
grega (f)	zan-e yunāni	زن یونانی
grego	yunāni	یونانی

Dinamarca (f)	dānmārk	دانمارک
dinamarquês (m)	mard-e dānmārki	مرد دانمارکی
dinamarquesa (f)	zan-e dānmārki	زن دانمارکی
dinamarquês	dānmārki	دانمارکی
Irlanda (f)	irland	ایرلند
irlandês (m)	mard-e irlandi	مرد ایرلندی

irlandesa (f)	zan-e irlandi	زن ایرلندی
irlandês	irlandi	ایرلندی
Islândia (f)	island	ایسلند
islandês (m)	mard-e island-i	مرد ایسلندی
islandesa (f)	zan-e island-i	زن ایسلندی
islandês	island-i	ایسلندی
Espanha (f)	espāniyā	اسپانیا
espanhol (m)	mard-e espāniyāyi	مرد اسپانیایی
espanhola (f)	zan-e espāniyāyi	زن اسپانیایی
espanhol	espāniyāyi	اسپانیایی
Itália (f)	itāliyā	ایتالیا
italiano (m)	mard-e itāliyāyi	مرد ایتالیایی
italiana (f)	zan-e itāliyāyi	زن ایتالیایی
italiano	itāliyāyi	ایتالیایی
Chipre (m)	qebres	قبرس
cipriota (m)	mard-e qebresi	مرد قبرسی
cipriota (f)	zan-e qebresi	زن قبرسی
cipriota	qebresi	قبرسی
Malta (f)	mālt	مالت
maltês (m)	mard-e mālti	مرد مالتی
maltesa (f)	zan-e mālti	زن مالتی
maltês	mālti	مالتی
Noruega (f)	norvež	نروژ
norueguês (m)	mard-e norveži	مرد نروژی
norueguesa (f)	zan-e norveži	زن نروژی
norueguês	norveži	نروژی
Portugal (m)	porteqāl	پرتغال
português (m)	mard-e porteqāli	مرد پرتغالی
portuguesa (f)	zan-e porteqāli	زن پرتغالی
português	porteqāli	پرتغالی
Finlândia (f)	fanlānd	فنلاند
finlandês (m)	mard-e fanlāndi	مرد فنلاندی
finlandesa (f)	zan-e fanlāndi	زن فنلاندی
finlandês	fanlāndi	فنلاندی
França (f)	farānse	فرانسه
francês (m)	mard-e farānsavi	مرد فرانسوی
francesa (f)	zan-e farānsavi	زن فرانسوی
francês	farānsavi	فرانسوی
Suécia (f)	sued	سوئد
sueco (m)	mard-e suedi	مرد سوئدی
sueca (f)	zan-e suedi	زن سوئدی
sueco	suedi	سوئدی
Suíça (f)	suis	سوئیس
suíço (m)	mard-e suisi	مرد سوئیسی
suíça (f)	zan-e suisi	زن سوئیسی

suíço	suisi	سوئیسی
Escócia (f)	eskātland	اسکاتلند
escocês (m)	mard-e eskātlandi	مرد اسکاتلندی
escocesa (f)	zan-e eskātlandi	زن اسکاتلندی
escocês	eskātlandi	اسکاتلندی

Vaticano (m)	vātikān	واتیکان
Liechtenstein (m)	lixteneštāyn	لیختن‌اشتاین
Luxemburgo (m)	lokzāmborg	لوکزامبورگ
Mónaco (m)	monāko	موناکو

235. Europa Central e de Leste

Albânia (f)	ālbāni	آلبانی
albanês (m)	mard-e ālbāniyāyi	مرد آلبانیایی
albanesa (f)	zan-e ālbāniyāyi	زن آلبانیایی
albanês	ālbāniyāyi	آلبانیایی

Bulgária (f)	bolqārestān	بلغارستان
búlgaro (m)	mard-e bolqāri	مرد بلغاری
búlgara (f)	zan-e bolqāri	زن بلغاری
búlgaro	bolqāri	بلغاری

Hungria (f)	majārestān	مجارستان
húngaro (m)	mard-e majāri	مرد مجاری
húngara (f)	zan-e majāri	زن مجاری
húngaro	majāri	مجاری

Letónia (f)	letuni	لتونی
letão (m)	mard-e letoniyāyi	مرد لتونیایی
letã (f)	zan-e letoniyāyi	زن لتونیایی
letão	letuniyāyi	لتونیایی

Lituânia (f)	litvāni	لیتوانی
lituano (m)	mard-e litvāniyāyi	مرد لیتوانیایی
lituana (f)	zan-e litvāniyāyi	زن لیتوانیایی
lituano	litvāniyāyi	لیتوانیایی

Polónia (f)	lahestān	لهستان
polaco (m)	mard-e lahestāni	مرد لهستانی
polaca (f)	zan-e lahestāni	زن لهستانی
polaco	lahestāni	لهستانی

Roménia (f)	romāni	رومانی
romeno (m)	mard-e romāniyāyi	مرد رومانیایی
romena (f)	zan-e romāniyāyi	زن رومانیایی
romeno	romāniyāyi	رومانیایی

Sérvia (f)	serbestān	صربستان
sérvio (m)	mard-e serb	مرد صرب
sérvia (f)	zan-e serb	زن صرب
sérvio	serb	صرب
Eslováquia (f)	eslovāki	اسلواکی
eslovaco (m)	mard-e eslovāk	مرد اسلواک

| eslovaca (f) | zan-e eslovāk | زن اسلواک |
| eslovaco | eslovāk | اسلواک |

Croácia (f)	korovāsi	کرواسی
croata (m)	mard-e korovāt	مرد کروات
croata (f)	zan-e korovāt	زن کروات
croata	korovāt	کروات

República (f) Checa	jomhuri-ye ček	جمهوری چک
checo (m)	mard-e ček	مرد چک
checa (f)	zan-e ček	زن چک
checo	ček	چک

Estónia (f)	estoni	استونی
estónio (m)	mard-e estuniyāyi	مرد استونیایی
estónia (f)	zan-e estuniyāyi	زن استونیایی
estónio	estuniyāyi	استونیایی

Bósnia e Herzegovina (f)	bosni-yo herzogovin	بوسنی وهرزگوین
Macedónia (f)	jomhuri-ye maqduniye	جمهوری مقدونیه
Eslovénia (f)	eslovoni	اسلوونی
Montenegro (m)	montenegro	مونته‌نگرو

236. Países da ex-URSS

Azerbaijão (m)	āzarbāyjān	آذربایجان
azeri (m)	mard-e āzarbāyejāni	مرد آذربایجانی
azeri (f)	zan-e āzarbāyejāni	زن آذربایجانی
azeri, azerbaijano	āzarbāyejāni	آذربایجانی

Arménia (f)	armanestān	ارمنستان
arménio (m)	mard-e armani	مرد ارمنی
arménia (f)	zan-e armani	زن ارمنی
arménio	armani	ارمنی

Bielorrússia (f)	belārus	بلاروس
bielorrusso (m)	mard belārus-i	مرد بلاروسی
bielorrussa (f)	zan belārus-i	زن بلاروسی
bielorrusso	belārus-i	بلاروسی

Geórgia (f)	gorjestān	گرجستان
georgiano (m)	mard-e gorji	مرد گرجی
georgiana (f)	zan-e gorji	زن گرجی
georgiano	gorji	گرجی

Cazaquistão (m)	qazzāqestān	قزاقستان
cazaque (m)	mard-e qazzāq	مرد قزاق
cazaque (f)	zan-e qazzāq	زن قزاق
cazaque	qazzāqi	قزاقی

Quirguistão (m)	qerqizestān	قرقیزستان
quirguiz (m)	mard-e qerqiz	مرد قرقیز
quirguiz (f)	zan-e qerqiz	زن قرقیز
quirguiz	qerqiz	قرقیز

Moldávia (f)	moldāvi	مولداوی
moldavo (m)	mard-e moldāv	مرد مولداو
moldava (f)	zan-e moldāv	زن مولداو
moldavo	moldāv	مولداو

Rússia (f)	rusiye	روسیه
russo (m)	mard-e rusi	مرد روسی
russa (f)	zan-e rusi	زن روسی
russo	rusi	روسی

Tajiquistão (m)	tājikestān	تاجیکستان
tajique (m)	mard-e tājik	مرد تاجیک
tajique (f)	zan-e tājik	زن تاجیک
tajique	tājik	تاجیک

Turquemenistão (m)	torkamanestān	ترکمنستان
turcomeno (m)	mard-e torkaman	مرد ترکمن
turcomena (f)	zan-e torkaman	زن ترکمن
turcomeno	torkaman	ترکمن

Uzbequistão (f)	ozbakestān	ازبکستان
uzbeque (m)	mard-e ozbak	مرد ازبک
uzbeque (f)	zan-e ozbak	زن ازبک
uzbeque	ozbak	ازبک

Ucrânia (f)	okrāyn	اوکراین
ucraniano (m)	mard-e okrāyni	مرد اوکراینی
ucraniana (f)	zan-e okrāyni	زن اوکراینی
ucraniano	okrāyni	اوکراینی

237. Asia

| Ásia (f) | āsiyā | آسیا |
| asiático | āsiyāyi | آسیایی |

Vietname (m)	viyetnām	ویتنام
vietnamita (m)	mard-e viyetnāmi	مرد ویتنامی
vietnamita (f)	zan-e viyetnāmi	زن ویتنامی
vietnamita	viyetnāmi	ویتنامی

Índia (f)	hendustān	هندوستان
indiano (m)	mard-e hendi	مرد هندی
indiana (f)	zan-e hendi	زن هندی
indiano	hendi	هندی

Israel (m)	esrāil	اسرائیل
israelita (m)	mard-e esrāili	مرد اسرائیلی
israelita (f)	zan-e esrāili	زن اسرائیلی
israelita	esrāili	اسرائیلی

judeu (m)	mard-e yahudi	مرد یهودی
judia (f)	zan-e yahudi	زن یهودی
judeu	yahudi	یهودی
China (f)	čin	چین

chinês (m)	mard-e čini	مرد چینی
chinesa (f)	zan-e čini	زن چینی
chinês	čini	چینی

coreano (m)	mard-e karei	مرد کره ای
coreana (f)	zan-e karei	زن کره ای
coreano	kare i	کره ای

Líbano (m)	lobnān	لبنان
libanês (m)	mard-e lobnāni	مرد لبنانی
libanesa (f)	zan-e lobnāni	زن لبنانی
libanês	lobnāni	لبنانی

Mongólia (f)	moqolestān	مغولستان
mongol (m)	mard-e moqol	مرد مغول
mongol (f)	zan-e moqol	زن مغول
mongol	moqol	مغول

Malásia (f)	mālezi	مالزی
malaio (m)	mard-e māleziāyi	مرد مالزیایی
malaia (f)	zan-e māleziāyi	زن مالزیایی
malaio	māleziāyi	مالزیایی

Paquistão (m)	pākestān	پاکستان
paquistanês (m)	mard-e pākestāni	مرد پاکستانی
paquistanesa (f)	zan-e pākestāni	زن پاکستانی
paquistanês	pākestāni	پاکستانی

Arábia (f) Saudita	arabestān-e soʻudi	عربستان سعودی
árabe (m)	mard-e arab	مرد عرب
árabe (f)	zan-e arab	زن عرب
árabe	arab	عرب

Tailândia (f)	tāyland	تایلند
tailandês (m)	mard-e tāylandi	مرد تایلندی
tailandesa (f)	zan-e tāylandi	زن تایلندی
tailandês	tāylandi	تایلندی

Taiwan (m)	tāyvān	تایوان
taiwanês (m)	mard-e tāyvāni	مرد تایوانی
taiwanesa (f)	zan-e tāyvāni	زن تایوانی
taiwanês	tāyvāni	تایوانی

Turquia (f)	torkiye	ترکیه
turco (m)	mard-e tork	مرد ترک
turca (f)	zan-e tork	زن ترک
turco	tork	ترک

Japão (m)	žāpon	ژاپن
japonês (m)	mard-e žāponi	مرد ژاپنی
japonesa (f)	zan-e žāponi	زن ژاپنی
japonês	žāponi	ژاپنی

Afeganistão (m)	afqānestān	افغانستان
Bangladesh (m)	bangelādeš	بنگلادش
Indonésia (f)	andonezi	اندونزی

Jordânia (f)	ordon	اردن
Iraque (m)	arāq	عراق
Irão (m)	irān	ایران
Camboja (f)	kāmboj	کامبوج
Kuwait (m)	koveyt	کویت

Laos (m)	lāus	لائوس
Myanmar (m), Birmânia (f)	miyānmār	میانمار
Nepal (m)	nepāl	نپال
Emirados Árabes Unidos	emārāt-e mottahede-ye arabi	امارات متحده عربی

Síria (f)	suriye	سوریه
Palestina (f)	felestin	فلسطین
Coreia do Sul (f)	kare-ye jonubi	کرۀ جنوبی
Coreia do Norte (f)	kare-ye šomāli	کرۀ شمالی

238. América do Norte

Estados Unidos da América	eyālāt-e mottahede-ye emrikā	ایالات متحدۀ امریکا
americano (m)	mard-e emrikāyi	مرد امریکایی
americana (f)	zan-e emrikāyi	زن امریکایی
americano	emrikāyi	امریکایی

Canadá (m)	kānādā	کانادا
canadiano (m)	mard-e kānādāyi	مرد کانادایی
canadiana (f)	zan-e kānādāyi	زن کانادایی
canadiano	kānādāyi	کانادایی

México (m)	mekzik	مکزیک
mexicano (m)	mard-e mekziki	مرد مکزیکی
mexicana (f)	zan-e mekziki	زن مکزیکی
mexicano	mekziki	مکزیکی

239. América Central do Sul

Argentina (f)	āržāntin	آرژانتین
argentino (m)	mard-e āržāntini	مرد آرژانتینی
argentina (f)	zan-e āržāntini	زن آرژانتینی
argentino	āržāntini	آرژانتینی

Brasil (m)	berezil	برزیل
brasileiro (m)	mard-e berezili	مرد برزیلی
brasileira (f)	zan-e berezili	زن برزیلی
brasileiro	berezili	برزیلی

Colômbia (f)	kolombiyā	کلمبیا
colombiano (m)	mard-e kolombiyāyi	مرد کلمبیایی
colombiana (f)	zan-e kolombiyāyi	زن کلمبیایی
colombiano	kolombiyāyi	کلمبیایی

| Cuba (f) | kubā | کوبا |
| cubano (m) | mard-e kubāyi | مرد کوبایی |

cubana (f)	zan-e kubāyi	زن کوبایی
cubano	kubāyi	کوبایی
Chile (m)	šhili	شیلی
chileno (m)	mard-e šhiliyāyi	مرد شیلیایی
chilena (f)	zan-e šhiliyāyi	زن شیلیایی
chileno	šhiliyāyi	شیلیایی
Bolívia (f)	bulivi	بولیوی
Venezuela (f)	venezuelā	ونزوئلا
Paraguai (m)	pārāgue	پاراگوئه
Peru (m)	porov	پرو
Suriname (m)	surinām	سورینام
Uruguai (m)	orogue	اوروگوئه
Equador (m)	ekvādor	اکوادور
Bahamas (f pl)	bāhāmā	باهاما
Haiti (m)	hāiti	هائیتی
República (f) Dominicana	jomhuri-ye dominikan	جمهوری دومینیکن
Panamá (m)	pānāmā	پاناما
Jamaica (f)	jāmāikā	جامائیکا

240. Africa

Egito (m)	mesr	مصر
egípcio (m)	mard-e mesri	مرد مصری
egípcia (f)	zan-e mesri	زن مصری
egípcio	mesri	مصری
Marrocos	marākeš	مراکش
marroquino (m)	mard-e marākeši	مرد مراکشی
marroquina (f)	zan-e marākeši	زن مراکشی
marroquino	marākeši	مراکشی
Tunísia (f)	tunes	تونس
tunisino (m)	mard-e tunesi	مرد تونسی
tunisina (f)	zan-e tunesi	زن تونسی
tunisino	tunesi	تونسی
Gana (f)	qanā	غنا
Zanzibar (m)	zangbār	زنگبار
Quénia (f)	keniyā	کنیا
Líbia (f)	libi	لیبی
Madagáscar (m)	mādāgāskār	ماداگاسکار
Namíbia (f)	nāmibiyā	نامیبیا
Senegal (m)	senegāl	سنگال
Tanzânia (f)	tānzāniyā	تانزانیا
África do Sul (f)	jomhuri-ye āfriqā-ye jonubi	جمهوری آفریقای جنوبی
africano (m)	mard-e āfriqāyi	مرد آفریقایی
africana (f)	zan-e āfriqāyi	زن آفریقایی
africano	āfriqāyi	آفریقایی

241. Austrália. Oceania

Austrália (f)	ostorāliyā	استرالیا
australiano (m)	mard-e ostorāliyāyi	مرد استرالیایی
australiana (f)	zan-e ostorāliyāyi	زن استرالیایی
australiano	ostorāliyāyi	استرالیایی
Nova Zelândia (f)	niyuzland	نیوزلند
neozelandês (m)	mard-e niyuzlandi	مرد نیوزلندی
neozelandesa (f)	zan-e niyuzlandi	زن نیوزلندی
neozelandês	niyuzlandi	نیوزلندی
Tasmânia (f)	tāsmāni	تاسمانی
Polinésia Francesa (f)	polinezi-ye farānse	پلینزی فرانسه

242. Cidades

Amesterdão	āmesterdām	آمستردام
Ancara	ānkārā	آنکارا
Atenas	āten	آتن
Bagdade	baqdād	بغداد
Banguecoque	bānkok	بانکوک
Barcelona	bārselon	بارسلون
Beirute	beyrut	بیروت
Berlim	berlin	برلین
Bombaim	bombai	بمبئی
Bona	bon	بن
Bordéus	bordo	بوردو
Bratislava	bratislav	براتیسلاو
Bruxelas	boruksel	بروکسل
Bucareste	boxārest	بخارست
Budapeste	budāpest	بوداپست
Cairo	qāhere	قاهره
Calcutá	kalkate	کلکته
Chicago	šikāgo	شیکاگو
Cidade do México	mekziko	مکزیکو
Copenhaga	kopenhāk	کپنهاک
Dar es Salaam	dārossalām	دارالسلام
Deli	dehli	دهلی
Dubai	debi	دبی
Dublin, Dublim	dublin	دوبلین
Düsseldorf	duseldorf	دوسلدورف
Estocolmo	āstokholm	استکهلم
Florença	felorāns	فلورانس
Frankfurt	ferānkfort	فرانکفورت
Genebra	ženev	ژنو
Haia	lāhe	لاهه
Hamburgo	hāmborg	هامبورگ

Hanói	hānoy	هانوی
Havana	hāvānā	هاوانا
Helsínquia	helsinki	هلسینکی
Hiroshima	hirošimā	هیروشیما
Hong Kong	hong kong	هنگ کنگ
Istambul	estānbol	استامبول
Jerusalém	beytolmaddas	بیت المقدس
Kiev	keyf	کیف
Kuala Lumpur	kuālālāmpur	کوالالامپور
Lisboa	lisbun	لیسبون
Londres	landan	لندن
Los Angeles	losānjeles	لس آنجلس
Lion	liyon	لیون
Madrid	madrid	مادرید
Marselha	mārséy	مارسی
Miami	mayāmey	میامی
Montreal	montreāl	مونترآل
Moscovo	moskow	مسکو
Munique	munix	مونیخ
Nairóbi	nāyrubi	نایروبی
Nápoles	nāpl	ناپل
Nice	nis	نیس
Nova York	niyuyork	نیویورک
Oslo	oslo	اسلو
Ottawa	otāvā	اوتاوا
Paris	pāris	پاریس
Pequim	pekan	پکن
Praga	perāg	پراگ
Rio de Janeiro	riyo-do-žāniro	ریو دو ژانیرو
Roma	ram	رم
São Petersburgo	sān peterzburg	سن پترزبورگ
Seul	seul	سئول
Singapura	sangāpur	سنگاپور
Sydney	sidni	سیدنی
Taipé	tāype	تایپه
Tóquio	tokiyo	توکیو
Toronto	torento	تورنتو
Varsóvia	varšow	ورشو
Veneza	veniz	ونیز
Viena	viyan	وین
Washington	vāšangton	واشنگتن
Xangai	šānghāy	شانگهای

243. Política. Governo. Parte 1

política (f)	siyāsat	سیاست
político	siyāsi	سیاسی

político (m)	siyāsatmadār	سیاستمدار
estado (m)	dowlat	دولت
cidadão (m)	šahrvand	شهروند
cidadania (f)	šahrvandi	شهروندی

| brasão (m) de armas | nešān melli | نشان ملی |
| hino (m) nacional | sorud-e melli | سرود ملی |

governo (m)	hokumat	حکومت
Chefe (m) de Estado	rahbar-e dowlat	رهبر دولت
parlamento (m)	pārlemān	پارلمان
partido (m)	hezb	حزب

| capitalismo (m) | sarmāye dāri | سرمایه داری |
| capitalista | kāpitālisti | کاپیتالیستی |

| socialismo (m) | sosiyālism | سوسیالیسم |
| socialista | sosiyālisti | سوسیالیستی |

comunismo (m)	komonism	کمونیسم
comunista	komonisti	کمونیستی
comunista (m)	komonist	کمونیست

democracia (f)	demokrāsi	دموکراسی
democrata (m)	demokrāt	دموکرات
democrático	demokrātik	دموکراتیک
Partido (m) Democrático	hezb-e demokrāt	حزب دموکرات

| liberal (m) | liberāl | لیبرال |
| liberal | liberāli | لیبرالی |

| conservador (m) | mohāfeze kār | محافظه کار |
| conservador | mohāfeze kāri | محافظه کاری |

república (f)	jomhuri	جمهوری
republicano (m)	jomhuri xāh	جمهوری خواه
Partido (m) Republicano	hezb-e jomhurixāh	حزب جمهوری خواه

eleições (f pl)	entexābāt	انتخابات
eleger (vt)	entexāb kardan	انتخاب کردن
eleitor (m)	entexāb konande	انتخاب کننده
campanha (f) eleitoral	kampeyn-e entexābāti	کمپین انتخاباتی

votação (f)	axz-e ra'y	اخذ رأی
votar (vi)	ra'y dādan	رأی دادن
direito (m) de voto	haqq-e ra'y	حق رأی

candidato (m)	nāmzad	نامزد
candidatar-se (vi)	nāmzad šodan	نامزد شدن
campanha (f)	kampeyn	کمپین

| da oposição | moxālef | مخالف |
| oposição (f) | opozisyon | اپوزیسیون |

| visita (f) | vizit | ویزیت |
| visita (f) oficial | vizit-e rasmi | ویزیت رسمی |

internacional	beynolmelali	بین المللی
negociações (f pl)	mozākerāt	مذاکرات
negociar (vi)	mozākere kardan	مذاکره کردن

244. Política. Governo. Parte 2

sociedade (f)	jam'iyat	جمعیت
constituição (f)	qānun-e asāsi	قانون اساسی
poder (ir para o ~)	hākemiyat	حاکمیت
corrupção (f)	fesād	فساد
lei (f)	qānun	قانون
legal	qānuni	قانونی
justiça (f)	edālat	عدالت
justo	ādel	عادل
comité (m)	komite	کمیته
projeto-lei (m)	lāyehe-ye qānun	لایحهٔ قانون
orçamento (m)	budje	بودجه
política (f)	siyāsat	سیاست
reforma (f)	eslāhāt	اصلاحات
radical	efrāti	افراطی
força (f)	niru	نیرو
poderoso	moqtader	مقتدر
partidário (m)	tarafdār	طرفدار
influência (f)	ta'sir	تأثیر
regime (m)	nezām	نظام
conflito (m)	dargiri	درگیری
conspiração (f)	towtee	توطئه
provocação (f)	tahrik	تحریک
derrubar (vt)	sarnegun kardan	سرنگون کردن
derrube (m), queda (f)	sarneguni	سرنگونی
revolução (f)	enqelāb	انقلاب
golpe (m) de Estado	kudetā	کودتا
golpe (m) militar	kudetā-ye nezāmi	کودتای نظامی
crise (f)	bohrān	بحران
recessão (f) económica	rokud-e eqtesādi	رکود اقتصادی
manifestante (m)	tazāhorāt konande	تظاهرات کننده
manifestação (f)	tazāhorāt	تظاهرات
lei (f) marcial	hālat-e nezāmi	حالت نظامی
base (f) militar	pāygāh-e nezāmi	پایگاه نظامی
estabilidade (f)	sobāt	ثبات
estável	bāsobāt	باثبات
exploração (f)	bahre bardār-i	بهره برداری
explorar (vt)	bahre bardār-i kardan	بهره برداری کردن
racismo (m)	nežādparasti	نژادپرستی

racista (m)	nežādparast	نژادپرست
fascismo (m)	fāšizm	فاشیزم
fascista (m)	fāšist	فاشیست

245. Países. Diversos

estrangeiro (m)	xāreji	خارجى
estrangeiro	xāreji	خارجى
no estrangeiro	dar xārej	در خارج

emigrante (m)	mohājer	مهاجر
emigração (f)	mohājerat	مهاجرت
emigrar (vi)	mohājerat kardan	مهاجرت کردن

Ocidente (m)	qarb	غرب
Oriente (m)	xāvar	خاور
Extremo Oriente (m)	xāvar-e-dur	خاوردور
civilização (f)	tamaddon	تمدن
humanidade (f)	ensāniyat	انسانیت
mundo (m)	jahān	جهان
paz (f)	solh	صلح
mundial	jahāni	جهانى

pátria (f)	vatan	وطن
povo (m)	mellat	ملت
população (f)	mardom	مردم
gente (f)	afrād	افراد
nação (f)	mellat	ملت
geração (f)	nasl	نسل
território (m)	qalamrow	قلمرو
região (f)	mantaqe	منطقه
estado (m)	eyālat	ایالت

tradição (f)	sonnat	سنت
costume (m)	ādat	عادت
ecologia (f)	mohit-e zist	محیط زیست

índio (m)	hendi	هندى
cigano (m)	mard-e kowli	مرد کولى
cigana (f)	zan-e kowli	زن کولى
cigano	kowli	کولى

império (m)	emperāturi	امپراطورى
colónia (f)	mosta'mere	مستعمره
escravidão (f)	bardegi	بردگى
invasão (f)	tahājom	تهاجم
fome (f)	gorosnegi	گرسنگى

246. Grupos religiosos mais importantes. Confissões

| religião (f) | din | دین |
| religioso | dini | دینى |

crença (f)	e'teqād	اعتقاد
crer (vt)	e'teqād dāštan	اعتقاد داشتن
crente (m)	mo'men	مؤمن

| ateísmo (m) | bi dini | بی دینی |
| ateu (m) | molhed | ملحد |

cristianismo (m)	masihiyat	مسیحیت
cristão (m)	masihi	مسیحی
cristão	masihi	مسیحی

catolicismo (m)	mazhab-e kātolik	مذهب کاتولیک
católico (m)	kātolik	کاتولیک
católico	kātolik	کاتولیک

protestantismo (m)	āin-e porotestān	آئین پروتستان
Igreja (f) Protestante	kelisā-ye porotestān	کلیسای پروتستان
protestante (m)	porotestān	پروتستان

ortodoxia (f)	mazhab-e ortodoks	مذهب ارتدوکس
Igreja (f) Ortodoxa	kelisā-ye ortodoks	کلیسای ارتدوکس
ortodoxo (m)	ortodoks	ارتدوکس

presbiterianismo (m)	persbiterinism	پرسبترینیسم
Igreja (f) Presbiteriana	kelisā-ye persbiteri	کلیسای پرسبیتری
presbiteriano (m)	persbiteri	پرسبیتری

| Igreja (f) Luterana | kelisā-ye lutrān | کلیسای لوتران |
| luterano (m) | lutrān | لوتران |

| Igreja (f) Batista | kelisā-ye baptist | کلیسای باپتیست |
| batista (m) | baptist | باپتیست |

| Igreja (f) Anglicana | kelisā-ye anglikān | کلیسای انگلیکان |
| anglicano (m) | anglikān | انگلیکان |

| mormonismo (m) | ferqe-ye mormon | فرقه مورمون |
| mórmon (m) | mormon | مورمون |

| Judaísmo (m) | yahudiyat | یهودیت |
| judeu (m) | yahudi | یهودی |

| budismo (m) | budism | بودیسم |
| budista (m) | budāyi | بودایی |

| hinduísmo (m) | hendi | هندی |
| hindu (m) | hendu | هندو |

Islão (m)	eslām	اسلام
muçulmano (m)	mosalmān	مسلمان
muçulmano	mosalmāni	مسلمانی

Xiismo (m)	ši'e	شیعه
xiita (m)	ši'e	شیعه
sunismo (m)	senni	سنی
sunita (m)	senni	سنی

247. Religiões. Padres

padre (m)	kešiš	كشیش
Papa (m)	pāp	پاپ
monge (m)	rāheb	راهب
freira (f)	rāhebe	راهبه
pastor (m)	pišvā-ye ruhān-i	پیشوای روحانی
abade (m)	rāheb-e bozorg	راهب بزرگ
vigário (m)	keš-yaš baxš	كشیش بخش
bispo (m)	osqof	اسقف
cardeal (m)	kārdināl	كاردینال
pregador (m)	vā'ez	واعظ
sermão (m)	mo'eze	موعظه
paroquianos (pl)	kešiš tabār	كشیش تبار
crente (m)	mo'men	مؤمن
ateu (m)	molhed	ملحد

248. Fé. Cristianismo. Islão

Adão	ādam	آدم
Eva	havvā	حوا
Deus (m)	xodā	خدا
Senhor (m)	xodā	خدا
Todo Poderoso (m)	xodā	خدا
pecado (m)	gonāh	گناه
pecar (vi)	gonāh kardan	گناه كردن
pecador (m)	gonāhkār	گناهكار
pecadora (f)	gonāhkār	گناهكار
inferno (m)	jahannam	جهنم
paraíso (m)	behešt	بهشت
Jesus	isā	عیسی
Jesus Cristo	isā masih	عیسی مسیح
Espírito (m) Santo	ruh olqodos	روح القدس
Salvador (m)	monji	منجی
Virgem Maria (f)	maryam bākere	مریم باكره
Diabo (m)	šeytān	شیطان
diabólico	šeytāni	شیطانی
Satanás (m)	šeytān	شیطان
satânico	šeytāni	شیطانی
anjo (m)	ferešte	فرشته
anjo (m) da guarda	ferešte-ye negahbān	فرشتۀ نگهبان
angélico	ferešte i	فرشته ای

apóstolo (m)	havāri	حوارى
arcanjo (m)	ferešte-ye moqarrab	فرشتهٔ مقرب
anticristo (m)	dajjāl	دجال

Igreja (f)	kelisā	کلیسا
Bíblia (f)	enjil	انجیل
bíblico	enjili	انجیلی

Velho Testamento (m)	ahd-e atiq	عهد عتیق
Novo Testamento (m)	ahd-e jadid	عهد جدید
Evangelho (m)	enjil	انجیل
Sagradas Escrituras (f pl)	ketāb-e moqaddas	کتاب مقدس
Céu (m)	behešt	بهشت

mandamento (m)	farmān	فرمان
profeta (m)	payāmbar	پیامبر
profecia (f)	payāmbari	پیامبرى

Alá	allāh	الله
Maomé	mohammad	محمد
Corão, Alcorão (m)	qor'ān	قرآن

mesquita (f)	masjed	مسجد
mulá (m)	mala'	ملا
oração (f)	namāz	نماز
rezar, orar (vi)	do'ā kardan	دعا کردن

peregrinação (f)	ziyārat	زیارت
peregrino (m)	zāer	زائر
Meca (f)	makke	مکه

igreja (f)	kelisā	کلیسا
templo (m)	haram	حرم
catedral (f)	kelisā-ye jāme'	کلیسای جامع
gótico	gotik	گوتیک
sinagoga (f)	kenešt	کنشت
mesquita (f)	masjed	مسجد

capela (f)	kelisā-ye kučak	کلیسای کوچک
abadia (f)	sowme'e	صومعه
convento (m)	sowme'e	صومعه
mosteiro (m)	deyr	دیر

sino (m)	nāqus	ناقوس
campanário (m)	borj-e nāqus	برج ناقوس
repicar (vi)	sedā kardan	صدا کردن

cruz (f)	salib	صلیب
cúpula (f)	gonbad	گنبد
ícone (m)	šamāyel-e moqaddas	شمایل مقدس

alma (f)	jān	جان
destino (m)	sarnevešt	سرنوشت
mal (m)	badi	بدى
bem (m)	niki	نیکى
vampiro (m)	xun āšām	خون آشام

bruxa (f)	jādugar	جادوگر
demónio (m)	div	دیو
espírito (m)	ruh	روح

| redenção (f) | talab-e afv | طلب عفو |
| redimir (vt) | talab-e afv kardan | طلب عفو کردن |

missa (f)	ebādat	عبادت
celebrar a missa	ebādat kardan	عبادت کردن
confissão (f)	marāsem-e towbe	مراسم توبه
confessar-se (vr)	towbe kardan	توبه کردن

santo (m)	qeddis	قدیس
sagrado	moqaddas	مقدس
água (f) benta	āb-e moqaddas	آب مقدس

ritual (m)	marāsem	مراسم
ritual	āyini	آیینی
sacrifício (m)	qorbāni	قربانی

superstição (f)	xorāfe	خرافه
supersticioso	xorāfāti	خرافاتی
vida (f) depois da morte	zendegi pas az marg	زندگی پس از مرگ
vida (f) eterna	zendegi-ye jāvid	زندگی جاوید

TEMAS DIVERSOS

249. Várias palavras úteis

ajuda (f)	komak	کمک
barreira (f)	hesār	حصار
base (f)	pāye	پایه
categoria (f)	tabaqe	طبقه
causa (f)	sabab	سبب
coincidência (f)	tatāboq	تطابق
coisa (f)	čiz	چیز
começo (m)	šoruʿ	شروع
cómodo (ex. poltrona ~a)	rāhat	راحت
comparação (f)	qiyās	قیاس
compensação (f)	jobrān	جبران
crescimento (m)	rošd	رشد
desenvolvimento (m)	pišraft	پیشرفت
diferença (f)	farq	فرق
efeito (m)	asar	اثر
elemento (m)	onsor	عنصر
equilíbrio (m)	taʿādol	تعادل
erro (m)	eštebāh	اشتباه
esforço (m)	kušeš	کوشش
estilo (m)	sabok	سبک
exemplo (m)	mesāl	مثال
facto (m)	haqiqat	حقیقت
fim (m)	etmām	اتمام
forma (f)	šekl	شکل
frequente	mokarrar	مکرر
fundo (ex. ~ verde)	zamine	زمینه
género (tipo)	noʿ	نوع
grau (m)	daraje	درجه
ideal (m)	ide āl	ایده آل
labirinto (m)	hezār tuy	هزارتوی
modo (m)	tariq	طریق
momento (m)	lahze	لحظه
objeto (m)	mabhas	مبحث
obstáculo (m)	māneʿ	مانع
original (m)	asli	اصلی
padrão	estāndārd	استاندارد
padrão (m)	estāndārd	استاندارد
paragem (pausa)	tavaqqof	توقف
parte (f)	joz	جزء

partícula (f)	zarre	ذره
pausa (f)	maks	مکث
posição (f)	vaz'	وضع
princípio (m)	asl	اصل
problema (m)	moškel	مشکل
processo (m)	ravand	روند
progresso (m)	taraqqi	ترقی
propriedade (f)	xāsiyat	خاصیت
reação (f)	vākoneš	واکنش
risco (m)	risk	ریسک
ritmo (m)	sor'at	سرعت
segredo (m)	rāz	راز
série (f)	seri	سری
sistema (m)	sistem	سیستم
situação (f)	vaz'iyat	وضعیت
solução (f)	hal	حل
tabela (f)	jadval	جدول
termo (ex. ~ técnico)	estelāh	اصطلاح
tipo (m)	no'	نوع
urgente	fowri	فوری
urgentemente	foran	فوراً
utilidade (f)	fāyede	فایده
variante (f)	moteqayyer	متغیر
variedade (f)	entexāb	انتخاب
verdade (f)	haqiqat	حقیقت
vez (f)	nowbat	نوبت
zona (f)	mantaqe	منطقه

250. Modificadores. Adjetivos. Parte 1

aberto	bāz	باز
afiado	tiz	تیز
agradável	delpasand	دلپسند
agradecido	sepāsgozār	سپاسگزار
alegre	šād	شاد
alto (ex. voz ~a)	boland	بلند
amargo	talx	تلخ
amplo	vasi'	وسیع
antigo	qadimi	قدیمی
apertado (sapatos ~s)	tang	تنگ
apropriado	monāseb	مناسب
arriscado	xatarnāk	خطرناک
artificial	masnu'i	مصنوعی
azedo	torš	ترش
baixo (voz ~a)	āheste	آهسته
barato	arzān	ارزان

| belo | zibā | زیبا |
| bom | xub | خوب |

bondoso	mehrbān	مهربان
bonito	zibā	زیبا
bronzeado	boronze	برنزه
burro, estúpido	ahmaq	احمق
calmo	ārām	آرام

cansado	xaste	خسته
cansativo	xaste konande	خسته کننده
carinhoso	ba molāheze	با ملاحظه
caro	gerān	گران
cego	kur	کور

central	markazi	مرکزی
cerrado (ex. nevoeiro ~)	zaxim	ضخیم
cheio (ex. copo ~)	por	پر
civil	madani	مدنی

clandestino	maxfi	مخفی
claro	rowšan	روشن
claro (explicação ~a)	vāzeh	واضح
compatível	sāzgār	سازگار

comum, normal	ādi	عادی
congelado	yax zade	یخ زده
conjunto	moštarek	مشترک
considerável	mohem	مهم
contente	rāzi	راضی

contínuo	tulāni	طولانی
contrário (ex. o efeito ~)	moqābel	مقابل
correto (resposta ~a)	dorost	درست
cru (não cozinhado)	xām	خام
curto	kutāh	کوتاه

de curta duração	kutāh moddat	کوتاه مدت
de sol, ensolarado	āftābi	آفتابی
de trás	aqab	عقب
denso (fumo, etc.)	qaliz	غلیظ
desanuviado	sāf	صاف

descuidado	bi mas'uliyyat	بی مسئولیت
diferente	motefāvet	متفاوت
difícil	moškel	مشکل
difícil, complexo	saxt	سخت
direito	rāst	راست

distante	dur	دور
diverso	moxtalef	مختلف
doce (açucarado)	širin	شیرین
doce (água)	širin	شیرین
doente	bimār	بیمار
duro (material ~)	soft	سفت
educado	moaddab	مؤدب

encantador	xub	خوب
enigmático	asrār āmiz	اسرارآرمیز
enorme	bozorg	بزرگ
escuro (quarto ~)	tārik	تاریک
especial	maxsus	مخصوص
esquerdo	čap	چپ
estrangeiro	xāreji	خارجی
estreito	bārik	باریک
exato	daqiq	دقیق
excelente	āli	عالی
excessivo	ziyād az had	زیاد ازحد
externo	xāreji	خارجی
fácil	āsān	آسان
faminto	gorosne	گرسنه
fechado	baste	بسته
feliz	xošbaxt	خوشبخت
fértil (terreno ~)	hāzer	حاصلخیز
forte (pessoa ~)	nirumand	نیرومند
fraco (luz ~a)	kam nur	کم نور
frágil	šekanande	شکننده
fresco	xonak	خنک
fresco (pão ~)	tāze	تازه
frio	sard	سرد
gordo	čarb	چرب
gostoso	xoš mazze	خوش مزه
grande	bozorg	بزرگ
gratuito, grátis	majjāni	مجانی
grosso (camada ~a)	koloft	کلفت
hostil	xasmāne	خصمانه
húmido	martub	مرطوب

251. Modificadores. Adjetivos. Parte 2

igual	yeksān	یکسان
imóvel	bi harekat	بی حرکت
importante	mohem	مهم
impossível	qeyr-e momken	غیر ممکن
incompreensível	nāmafhum	نامفهوم
indigente	faqir	فقیر
indispensável	zaruri	ضروری
inexperiente	bi tajrobe	بی تجربه
infantil	kudakāne	کودکانه
ininterrupto	modāvem	مداوم
insignificante	nāčiz	ناچیز
inteiro (completo)	kāmel	کامل
inteligente	bāhuš	باهوش

interno	dāxeli	داخلی
jovem	javān	جوان
largo (caminho ~)	vasiʻ	وسیع
legal	qānuni	قانونی
leve	sabok	سبک

limitado	mahdud	محدود
limpo	pāk	پاک
líquido	māyeʻ	مایع
liso	hamvār	هموار
liso (superfície ~a)	hamvār	هموار

livre	āzād	آزاد
longo (ex. cabelos ~s)	derāz	دراز
maduro (ex. fruto ~)	reside	رسیده
magro	lāqar	لاغر
magro (pessoa)	lāqar	لاغر

mais próximo	nazdik tarin	نزدیک ترین
mais recente	gozašte	گذشته
mate, baço	tār	تار
mau	bad	بد
meticuloso	daqiq	دقیق

míope	nazdik bin	نزدیک بین
mole	narm	نرم
molhado	xis	خیس
moreno	sabze ru	سبزه رو
morto	morde	مرده

não difícil	āsān	آسان
não é clara	nāmoʻayyan	نامعین
não muito grande	nesbatan kučak	نسبتاً کوچک
natal (país ~)	bumi	بومی
necessário	lāzem	لازم

negativo	manfi	منفی
nervoso	asabi	عصبی
normal	maʻmuli	معمولی
novo	jadid	جدید
o mais importante	mohemmtarin	مهمترین

obrigatório	ejbāri	اجباری
original	orijināl	اوریژینال
passado	piš	پیش
pequeno	kučak	کوچک
perigoso	xatarnāk	خطرناک

permanente	dāemi	دائمی
perto	nazdik	نزدیک
pesado	sangin	سنگین
pessoal	xosusi	خصوصی
plano (ex. ecrã ~ a)	hamvār	هموار

| pobre | faqir | فقیر |
| pontual | vaqt šenās | وقت شناس |

possível	ehtemāli	احتمالی
pouco fundo	kam omq	کم عمق
presente (ex. momento ~)	hāzer nabudan	حاضر
prévio	qabli	قبلی
primeiro (principal)	asāsi	اساسی
principal	asli	اصلی
privado	xosusi	خصوصی
provável	mohtamel	محتمل
próximo	nazdik	نزدیک
público	omumi	عمومی
quente (cálido)	dāq	داغ
quente (morno)	garm	گرم
rápido	sariʿ	سریع
raro	nāder	نادر
remoto, longínquo	dur	دور
reto	rāst	راست
salgado	šur	شور
satisfeito	rāzi	راضی
seco	xošk	خشک
seguinte	digar	دیگر
seguro	amn	امن
similar	šabih	شبیه
simples	ādi	عادی
soberbo	āli	عالی
sólido	mohkam	محکم
sombrio	tārik	تاریک
sujo	kasif	کثیف
superior	āli	عالی
suplementar	ezāfi	اضافی
terno, afetuoso	mehrbān	مهربان
tranquilo	ārām	آرام
transparente	šaffāf	شفاف
triste (pessoa)	qamgin	غمگین
triste (um ar ~)	anduhgin	اندوهگین
último	āxarin	آخرین
único	kamyāb	کمیاب
usado	dast-e dovvom	دست دوم
vazio (meio ~)	xāli	خالی
velho	qadimi	قدیمی
vizinho	hamsāye	همسایه

500 VERBOS PRINCIPAIS

252. Verbos A-B

aborrecer-se (vr)	hosele sar raftan	حوصله سررفتن
abraçar (vt)	dar āquš gereftan	در آغوش گرفتن
abrir (~ a janela)	bāz kardan	باز کردن
acalmar (vt)	ārām kardan	آرام کردن
acariciar (vt)	navāzeš kardan	نوازش کردن
acenar (vt)	tekān dādan	تکان دادن
acender (~ uma fogueira)	rowšan kardan	روشن کردن
achar (vt)	fekr kardan	فکر کردن
acompanhar (vt)	ham-rāhi kardan	همراهی کردن
aconselhar (vt)	nasihat kardan	نصیحت کردن
acordar (despertar)	bidār kardan	بیدار کردن
acrescentar (vt)	afzudan	افزودن
acusar (vt)	mottaham kardan	متهم کردن
adestrar (vt)	tarbiyat kardan	تربیت کردن
adivinhar (vt)	hads zadan	حدس زدن
admirar (vt)	tahsin kardan	تحسین کردن
advertir (vt)	hošdār dādan	هشدار دادن
afirmar (vt)	ta'kid kardan	تآکید کردن
afogar-se (pessoa)	qarq šodan	غرق شدن
afugentar (vt)	rāndan	راندن
agir (vi)	amal kardan	عمل کردن
agitar, sacudir (objeto)	tekān dādan	تکان دادن
agradecer (vt)	tašakkor kardan	تشکر کردن
ajudar (vt)	komak kardan	کمک کردن
alcançar (objetivos)	be natije residan	به نتیجه رسیدن
alimentar (dar comida)	xorāk dādan	خوراک دادن
almoçar (vi)	nāhār xordan	ناهار خوردن
alugar (~ o barco, etc.)	kerāye kardan	کرایه کردن
alugar (~ um apartamento)	ejāre kardan	اجاره کردن
amar (pessoa)	dust dāštan	دوست داشتن
amarrar (vt)	bastan	بستن
ameaçar (vt)	tahdid kardan	تهدید کردن
amputar (vt)	qat' kardan	قطع کردن
anotar (escrever)	yāddāšt kardan	یادداشت کردن
anular, cancelar (vt)	laqv kardan	لغو کردن
apagar (com apagador, etc.)	pāk kardan	پاک کردن
apagar (um incêndio)	xāmuš kardan	خاموش کردن
apaixonar-se de ...	āšeq šodan	عاشق شدن

aparecer (vi)	padidār šodan	پدیدار شدن
aplaudir (vi)	dast zadan	دست زدن
apoiar (vt)	poštibāni kardan	پشتیبانی کردن
apontar para ...	nešāne raftan	نشانه رفتن
apresentar (alguém a alguém)	mo'arrefi kardan	معرفی کردن
apresentar (Gostaria de ~)	mo'arrefi kardan	معرفی کردن
apressar (vt)	be ajale vā dāštan	به عجله وا داشتن
apressar-se (vr)	ajale kardan	عجله کردن
aproximar-se (vr)	nazdik šodan	نزدیک شدن
aquecer (vt)	garm kardan	گرم کردن
arrancar (vt)	kandan	کندن
arranhar (gato, etc.)	čang zadan	چنگ زدن
arrepender-se (vr)	afsus xordan	افسوس خوردن
arriscar (vt)	risk kardan	ریسک کردن
arrumar, limpar (vt)	jam-o jur kardan	جمع و جورکردن
aspirar a ...	eštiyāq dāštan	اشتیاق داشتن
assinar (vt)	emzā kardan	امضا کردن
assistir (vt)	mo'āvenat kardan	معاونت کردن
atacar (vt)	hamle kardan	حمله کردن
atar (vt)	bastan	بستن
atirar (vi)	tirandāzi kardan	تیراندازی کردن
atracar (vi)	pahlu gereftan	پهلو گرفتن
aumentar (vi)	afzāyeš yāftan	افزایش یافتن
aumentar (vt)	afzudan	افزودن
avançar (sb. trabalhos, etc.)	piš raftan	پیش رفتن
avistar (vt)	didan	دیدن
baixar (guindaste)	pāin āvardan	پائین آوردن
barbear-se (vr)	riš tarāšidan	ریش تراشیدن
basear-se em ...	mottaki budan	متکی بودن
bastar (vi)	kāfi budan	کافی بودن
bater (espancar)	zadan	زدن
bater (vi)	dar zadan	درزدن
bater-se (vr)	zad-o-xord kardan	زد و خورد کردن
beber, tomar (vt)	nušidan	نوشیدن
brilhar (vi)	deraxšidan	درخشیدن
brincar, jogar (crianças)	bāzi kardan	بازی کردن
buscar (vt)	jostoju kardan	جستجو کردن

253. Verbos C-D

caçar (vi)	šekār kardan	شکار کردن
calar-se (parar de falar)	sāket šodan	ساکت شدن
calcular (vt)	hesāb kardan	حساب کردن
carregar (o caminhão)	bār kardan	بار کردن
carregar (uma arma)	por kardan	پر کردن

casar-se (vr)	ezdevāj kardan	ازدواج کردن
causar (vt)	sabab budan	سبب بودن
cavar (vt)	kandan	کندن
ceder (não resistir)	taslim šodan	تسلیم شدن
cegar, ofuscar (vt)	kur kardan	کور کردن
censurar (vt)	sarzaneš kardan	سرزنش کردن
cessar (vt)	bas kardan	بس کردن
chamar (~ por socorro)	komak xāstan	کمک خواستن
chamar (dizer em voz alta o nome)	sedā kardan	صدا کردن
chegar (a algum lugar)	residan	رسیدن
chegar (sb. comboio, etc.)	residan	رسیدن
cheirar (tem o cheiro)	bu dādan	بو دادن
cheirar (uma flor)	buidan	بوئیدن
chorar (vi)	gerye kardan	گریه کردن
citar (vt)	naql-e qowl kardan	نقل قول کردن
colher (flores)	kandan	کندن
colocar (vt)	gozāštan	گذاشتن
combater (vi, vt)	jangidan	جنگیدن
começar (vt)	šoru' kardan	شروع کردن
comer (vt)	xordan	خوردن
comparar (vt)	moqāyse kardan	مقایسه کردن
compensar (vt)	jobrān kardan	جبران کردن
competir (vi)	reqābat kardan	رقابت کردن
complicar (vt)	pičide kardan	پیچیده کردن
compor (vt)	tasnif kardan	تصنیف کردن
comportar-se (vr)	raftār kardan	رفتار کردن
comprar (vt)	xarid kardan	خرید کردن
compreender (vt)	fahmidan	فهمیدن
comprometer (vt)	badnām kardan	بدنام کردن
concentrar-se (vr)	motemarkez šodan	متمرکز شدن
concordar (dizer "sim")	movāfeqat kardan	موافقت کردن
condecorar (dar medalha)	medāl dādan	مدال دادن
conduzir (~ o carro)	rāndan	راندن
confessar-se (criminoso)	e'terāf kardan	اعتراف کردن
confiar (vt)	etminān kardan	اطمینان کردن
confundir (equivocar-se)	qāti kardan	قاطی کردن
conhecer (vt)	šenāxtan	شناختن
conhecer-se (vr)	āšnā šodan	آشنا شدن
consertar (vt)	morattab kardan	مرتب کردن
consultar ...	mošāvere šodan	مشاوره شدن
contagiar-se com ...	mobtalā šodan	مبتلا شدن
contar (vt)	hekāyat kardan	حکایت کردن
contar com ...	hesāb kardan	حساب کردن
continuar (vt)	edāme dādan	ادامه دادن
contratar (vt)	estexdām kardan	استخدام کردن

controlar (vt)	kontorol kardan	کنترل کردن
convencer (vt)	moteqā'ed kardan	متقاعد کردن
convidar (vt)	da'vat kardan	دعوت کردن

cooperar (vi)	ham-kāri kardan	همکاری کردن
coordenar (vt)	hamāhang kardan	هماهنگ کردن
corar (vi)	sorx šodan	سرخ شدن
correr (vi)	davidan	دویدن
corrigir (vt)	eslāh kardan	اصلاح کردن

cortar (com um machado)	boridan	بریدن
cortar (vt)	boridan	بریدن
cozinhar (vt)	hāzer kardan	حاضر کردن
crer (pensar)	bāvar kardan	باور کردن
criar (vt)	ijād kardan	ایجاد کردن

cultivar (vt)	kāštan	کاشتن
cuspir (vi)	tof kardan	تف کردن
custar (vt)	qeymat dāštan	قیمت داشتن
dar (vt)	dādan	دادن

dar banho, lavar (vt)	hamām kardan	حمام کردن
datar (vi)	tārix gozāri šodan	تاریخ گذاری شدن
decidir (vt)	tasmim gereftan	تصمیم گرفتن
decorar (enfeitar)	tazyin kardan	تزیین کردن
dedicar (vt)	ehdā kardan	اهدا کردن

defender (vt)	defā' kardan	دفاع کردن
defender-se (vr)	az xod defā' kardan	از خود دفاع کردن
deixar (~ a mulher)	rahā kardan	رها کردن
deixar (esquecer)	jā gozāštan	جا گذاشتن

deixar (permitir)	ejāze dādan	اجازه دادن
deixar cair (vt)	andāxtan	انداختن
denominar (vt)	nāmidan	نامیدن
denunciar (vt)	lo dādan	لو دادن
depender de … (vi)	vābaste budan	وابسته بودن

derramar (vt)	rixtan	ریختن
derramar-se (vr)	rixtan	ریختن
desaparecer (vi)	nāpadid šodan	ناپدید شدن
desatar (vt)	bāz kardan	باز کردن
desatracar (vi)	tark kardan	ترک کردن

descansar (um pouco)	esterāhat kardan	استراحت کردن
descer (para baixo)	pāyin āmadan	پایین آمدن
descobrir (novas terras)	kašf kardan	کشف کردن
descolar (avião)	parvāz kardan	پرواز کردن

desculpar (vt)	baxšidan	بخشیدن
desculpar-se (vr)	ozr xāstan	عذر خواستن
desejar (vt)	xāstan	خواستن
desempenhar (vt)	bāzi kardan	بازی کردن

| desligar (vt) | xāmuš kardan | خاموش کردن |
| desprezar (vt) | tahqir kardan | تحقیر کردن |

destruir (documentos, etc.)	az beyn bordan	از بین بردن
dever (vi)	bāyad	باید
devolver (vt)	pas ferestādan	پس فرستادن
direcionar (vt)	hedāyat kardan	هدایت کردن
dirigir (~ uma empresa)	edāre kardan	اداره کردن
dirigir-se	morāje'e kardan	مراجعه کردن
(a um auditório, etc.)		
discutir (notícias, etc.)	bahs kardan	بحث کردن
distribuir (folhetos, etc.)	towzi' kardan	توزیع کردن
distribuir (vt)	paxš kardan	پخش کردن
divertir (vt)	sargarm kardan	سرگرم کردن
divertir-se (vr)	šādi kardan	شادی کردن
dividir (mat.)	taqsim kardan	تقسیم کردن
dizer (vt)	goftan	گفتن
dobrar (vt)	do barābar kardan	دو برابر کردن
duvidar (vt)	šok dāštan	شک داشتن

254. Verbos E-J

elaborar (uma lista)	tanzim kardan	تنظیم کردن
elevar-se acima de ...	sar be āsmān kešidan	سر به آسمان کشیدن
eliminar (um obstáculo)	raf' kardan	رفع کردن
embrulhar (com papel)	baste bandi kardan	بسته بندی کردن
emergir (submarino)	bālā-ye āb āmadan	بالای آب آمدن
emitir (vt)	paxš kardan	پخش کردن
empreender (vt)	mobāderat kardan	مبادرت کردن
empurrar (vt)	hel dādan	هل دادن
encabeçar (vt)	rahbari kardan	رهبری کردن
encher (~ a garrafa, etc.)	por kardan	پر کردن
encontrar (achar)	peydā kardan	پیدا کردن
enganar (vt)	farib dādan	فریب دادن
ensinar (vt)	āmuxtan	آموختن
entrar (na sala, etc.)	vāred šodan	وارد شدن
enviar (uma carta)	ferestādan	فرستادن
equipar (vt)	mojahhaz kardan	مجهز کردن
errar (vi)	eštebāh kardan	اشتباه کردن
escolher (vt)	entexāb kardan	انتخاب کردن
esconder (vt)	penhān kardan	پنهان کردن
escrever (vt)	neveštan	نوشتن
escutar (vt)	guš dādan	گوش دادن
escutar atrás da porta	esterāq-e sam' kardan	استراق سمع کردن
esmagar (um inseto, etc.)	lah kardan	له کردن
esperar (contar com)	montazer budan	منتظر بودن
esperar (o autocarro, etc.)	montazer budan	منتظر بودن
esperar (ter esperança)	omid dāštan	امید داشتن

espreitar (vi)	pāyidan	پاییدن
esquecer (vt)	farāmuš kardan	فراموش کردن
estar	qarār dāštan	قرار داشتن
estar convencido	mo'taqed šodan	معتقد شدن
estar deitado	derāz kešidan	دراز کشیدن
estar perplexo	heyrat kardan	حیرت کردن
estar sentado	nešastan	نشستن
estremecer (vi)	larzidan	لرزیدن
estudar (vt)	dars xāndan	درس خواندن
evitar (vt)	duri jostan	دوری جستن
examinar (vt)	barresi kardan	بررسی کردن
exigir (vt)	darxāst kardan	درخواست کردن
existir (vi)	vojud dāštan	وجود داشتن
explicar (vt)	touzih dādan	توضیح دادن
expressar (vt)	bayān kardan	بیان کردن
expulsar (vt)	exrāj kardan	اخراج کردن
facilitar (vt)	āsān kardan	آسان کردن
falar com ...	harf zadan bā	حرف زدن با
faltar a ...	qāyeb budan	غایب بودن
fascinar (vt)	del bordan	دل بردن
fatigar (vt)	xaste kardan	خسته کردن
fazer (vt)	anjām dādan	انجام دادن
fazer lembrar	yād-āvari kardan	یادآوری کردن
fazer piadas	šuxi kardan	شوخی کردن
fazer uma tentativa	kušidan	کوشیدن
fechar (vt)	bastan	بستن
felicitar (dar os parabéns)	tabrik goftan	تبریک گفتن
ficar cansado	xaste šodan	خسته شدن
ficar em silêncio	sāket māndan	ساکت ماندن
ficar pensativo	be fekr foru raftan	به فکر فرو رفتن
forçar (vt)	majbur kardan	مجبور کردن
formar (vt)	bevojud āvardan	بوجود آوردن
fotografar (vt)	aks gereftan	عکس گرفتن
gabar-se (vr)	be rox kešidan	به رخ کشیدن
garantir (vt)	tazmin kardan	تضمین کردن
gostar (apreciar)	dust dāštan	دوست داشتن
gostar (vt)	dust dāštan	دوست داشتن
gritar (vi)	faryād zadan	فریاد زدن
guardar (cartas, etc.)	negāh dāštan	نگاه داشتن
guardar (no armário, etc.)	morattab kardan	مرتب کردن
guerrear (vt)	jangidan	جنگیدن
herdar (vt)	be ers bordan	به ارث بردن
iluminar (vt)	rowšan kardan	روشن کردن
imaginar (vt)	tasavvor kardan	تصور کردن
imitar (vt)	taqlid kardan	تقلید کردن
implorar (vt)	eltemās kardan	التماس کردن

importar (vt)	vāred kardan	وارد کردن
indicar (orientar)	nešān dādan	نشان دادن
indignar-se (vr)	xašmgin šodan	خشمگین شدن
infetar, contagiar (vt)	mobtalā kardan	مبتلا کردن
influenciar (vt)	ta'sir gozāštan	تأثیر گذاشتن
informar (fazer saber)	xabar dādan	خبر دادن
informar (vt)	āgah kardan	آگاه کردن
informar-se (~ sobre)	bāxabar šodan	باخبر شدن
inscrever (na lista)	darj kardan	درج کردن
inserir (vt)	qarār dādan	قرار دادن
insinuar (vt)	kenāye zadan	کنایه زدن
insistir (vi)	esrār kardan	اصرار کردن
inspirar (vt)	elhām baxšidan	الهام بخشیدن
instruir (vt)	yād dādan	یاد دادن
insultar (vt)	towhin kardan	توهین کردن
interessar (vt)	jāleb budan	جالب بودن
interessar-se (vr)	alāqe dāštan	علاقه داشتن
intervir (vi)	modāxele kardan	مداخله کردن
invejar (vt)	hasad bordan	حسد بردن
inventar (vt)	exterā' kardan	اختراع کردن
ir (a pé)	raftan	رفتن
ir (de carro, etc.)	raftan	رفتن
ir nadar	ābtani kardan	آبتنی کردن
ir para a cama	be raxtexāb raftan	به رختخواب رفتن
irritar (vt)	xašmgin kardan	خشمگین کردن
irritar-se (vr)	xašmgin šodan	خشمگین شدن
isolar (vt)	jodā kardan	جدا کردن
jantar (vi)	šām xordan	شام خوردن
jogar, atirar (vt)	andāxtan	انداختن
juntar, unir (vt)	mottahed kardan	متحد کردن
juntar-se a …	peyvastan	پیوستن

255. Verbos L-P

lançar (novo projeto)	šoru' kardan	شروع کردن
lavar (vt)	šostan	شستن
lavar a roupa	šostan-e lebās	شستن لباس
lavar-se (vr)	hamām kardan	حمام کردن
lembrar (vt)	be xāter āvardan	به خاطر آوردن
ler (vt)	xāndan	خواندن
levantar-se (vr)	boland šodan	بلند شدن
levar (ex. leva isso daqui)	bā xod bordan	با خود بردن
libertar (cidade, etc.)	āzād kardan	آزاد کردن
ligar (o radio, etc.)	rowšan kardan	روشن کردن
limitar (vt)	mahdud kardan	محدود کردن

limpar (eliminar sujeira)	tamiz kardan	تمیز کردن
limpar (vt)	pāk kardan	پاک کردن
lisonjear (vt)	tamalloq goftan	تملق گفتن
livrar-se de ...	xalās šodan az	خلاص شدن از
lutar (combater)	mobāreze kardan	مبارزه کردن
lutar (desp.)	košti gereftan	کشتی گرفتن
marcar (com lápis, etc.)	nešāne gozāštan	نشانه گذاشتن
matar (vt)	koštan	کشتن
memorizar (vt)	be xāter sepordan	به خاطر سپردن
mencionar (vt)	zekr kardan	ذکر کردن
mentir (vi)	doruq goftan	دروغ گفتن
merecer (vt)	šāyeste budan	شایسته بودن
mergulhar (vi)	širje raftan	شیرجه رفتن
misturar (combinar)	maxlut kardan	مخلوط کردن
morar (vt)	zendegi kardan	زندگی کردن
mostrar (vt)	nešān dādan	نشان دادن
mover (arredar)	jābejā kardan	جابه جا کردن
mudar (modificar)	avaz kardan	عوض کردن
multiplicar (vt)	zarb kardan	ضرب کردن
nadar (vi)	šenā kardan	شنا کردن
negar (vt)	enkār kardan	انکار کردن
negociar (vi)	mozākere kardan	مذاکره کردن
nomear (função)	ta'yin kardan	تعیین کردن
obedecer (vt)	etā'at kardan	اطاعت کردن
objetar (vt)	moxalefat kardan	مخالفت کردن
observar (vt)	mošāhede kardan	مشاهده کردن
ofender (vt)	ranjāndan	رنجاندن
olhar (vt)	negāh kardan	نگاه کردن
omitir (vt)	az qalam andāxtan	از قلم انداختن
ordenar (mil.)	farmān dādan	فرمان دادن
organizar (evento, etc.)	taškil dādan	تشکیل دادن
ousar (vt)	jor'at kardan	جرأت کردن
ouvir (vt)	šenidan	شنیدن
pagar (vt)	pardāxtan	پرداختن
parar (para descansar)	motevaghef šodan	متوقف شدن
parecer-se (vr)	šabih budan	شبیه بودن
participar (vi)	šerekat kardan	شرکت کردن
partir (~ para o estrangeiro)	raftan	رفتن
passar (vt)	gozāštan	گذشتن
passar a ferro	oto kardan	اتو کردن
pecar (vi)	gonāh kardan	گناه کردن
pedir (comida)	sefāreš dādan	سفارش دادن
pedir (um favor, etc.)	xāstan	خواستن
pegar (tomar com a mão)	gereftan	گرفتن
pegar (tomar)	bardāštan	برداشتن
pendurar (cortinas, etc.)	āvizān kardan	آویزان کردن

penetrar (vt)	nofuz kardan	نفوذ کردن
pensar (vt)	fekr kardan	فکر کردن
pentear-se (vr)	sar xod rā šāne kardan	سر خود را شانه کردن
perceber (ver)	motevajjeh šodan	متوجه شدن
perder (o guarda-chuva, etc.)	gom kardan	گم کردن
perdoar (vt)	baxšidan	بخشیدن
permitir (vt)	ejāze dādan	اجازه دادن
pertencer a ...	ta'alloq dāštan	تعلق داشتن
perturbar (vt)	mozāhem šodan	مزاحم شدن
pesar (ter o peso)	vazn dāštan	وزن داشتن
pescar (vt)	māhi gereftan	ماهی گرفتن
planear (vt)	barnāmerizi kardan	برنامه ریزی کردن
poder (vi)	tavānestan	توانستن
pôr (posicionar)	qarār dādan	قرار دادن
possuir (vt)	sāheb budan	صاحب بودن
predominar (vi, vt)	bartari dāštan	برتری داشتن
preferir (vt)	tarjih dādan	ترجیح دادن
preocupar (vt)	negarān kardan	نگران کردن
preocupar-se (vr)	negarān šodan	نگران شدن
preocupar-se (vr)	negarān šodan	نگران شدن
preparar (vt)	āmāde kardan	آماده کردن
preservar (ex. ~ a paz)	hefz kardan	حفظ کردن
prever (vt)	pišbini kardan	پیش بینی کردن
privar (vt)	mahrum kardan	محروم کردن
proibir (vt)	mamnu' kardan	ممنوع کردن
projetar, criar (vt)	tarh rizi kardan	طرح ریزی کردن
prometer (vt)	qowl dādan	قول دادن
pronunciar (vt)	talaffoz kardan	تلفظ کردن
propor (vt)	pišnahād dādan	پیشنهاد دادن
proteger (a natureza)	mohāfezat kardan	محافظت کردن
protestar (vi)	e'terāz kardan	اعتراض کردن
provar (~ a teoria, etc.)	esbāt kardan	اثبات کردن
provocar (vt)	tahrik kardan	تحریک کردن
publicitar (vt)	tabliq kardan	تبلیغ کردن
punir, castigar (vt)	tanbih kardan	تنبیه کردن
puxar (vt)	kešidan	کشیدن

256. Verbos Q-Z

quebrar (vt)	šekastan	شکستن
queimar (vt)	suzāndan	سوزاندن
queixar-se (vr)	šekāyat kardan	شکایت کردن
querer (desejar)	xāstan	خواستن
rachar-se (vr)	tarak xordan	ترک خوردن
realizar (vt)	amali kardan	عملی کردن

| recomendar (vt) | towsie kardan | توصیه کردن |
| reconhecer (identificar) | šenāxtan | شناختن |

reconhecer (o erro)	e'terāf kardan	اعتراف کردن
recordar, lembrar (vt)	be xāter āvardan	به خاطر آوردن
recuperar-se (vr)	behbud yāftan	بهبود یافتن
recusar (vt)	rad kardan	رد کردن

reduzir (vt)	kam kardan	کم کردن
refazer (vt)	dobāre anjām dādan	دوباره انجام دادن
reforçar (vt)	tahkim kardan	تحکیم کردن
refrear (vt)	māne' šodan	مانع شدن

regar (plantas)	āb dādan	آب دادن
remover (~ uma mancha)	bardāštan	برداشتن
reparar (vt)	dorost kardan	درست کردن
repetir (dizer outra vez)	tekrār kardan	تکرار کردن

reportar (vt)	gozāreš dādan	گزارش دادن
repreender (vt)	da'vā kardan	دعوا کردن
reservar (~ um quarto)	rezerv kardan	رزرو کردن
resolver (o conflito)	hal-o-fasl kardan	حل و فصل کردن
resolver (um problema)	hal kardan	حل کردن

respirar (vi)	nafas kešidan	نفس کشیدن
responder (vt)	javāb dādan	جواب دادن
rezar, orar (vi)	do'ā kardan	دعا کردن
rir (vi)	xandidan	خندیدن

romper-se (corda, etc.)	pāre šodan	پاره شدن
roubar (vt)	dozdidan	دزدیدن
saber (vt)	dānestan	دانستن
sair (~ de casa)	birun raftan	بیرون رفتن

sair (livro)	montašer šodan	منتشر شدن
salvar (vt)	najāt dādan	نجات دادن
satisfazer (vt)	qāne' kardan	قانع کردن
saudar (vt)	salām kardan	سلام کردن
secar (vt)	xošk kardan	خشک کردن

seguir ...	donbāl kardan	دنبال کردن
selecionar (vt)	entexāb kardan	انتخاب کردن
semear (vt)	kāštan	کاشتن
sentar-se (vr)	nešastan	نشستن

sentenciar (vt)	mahkum kardan	محکوم کردن
sentir (~ perigo)	hess kardan	حس کردن
ser diferente	farq dāštan	فرق داشتن

ser indispensável	zaruri budan	ضروری بودن
ser necessário	hāmi budan	حامی بودن
ser preservado	mahfuz māndan	محفوظ ماندن
ser, estar	budan	بودن

| servir (restaurant, etc.) | serv kardan | سرو کردن |
| servir (roupa) | monāseb budan | مناسب بودن |

significar (palavra, etc.)	ma'ni dāštan	معنی داشتن
significar (vt)	ma'ni dādan	معنی دادن
simplificar (vt)	sāde kardan	ساده کردن
sobrestimar (vt)	mobāleqe kardan	مبالغه کردن
sofrer (vt)	ranj didan	رنج دیدن
sonhar (vi)	xāb didan	خواب دیدن
sonhar (vt)	ārezu kardan	آرزو کردن
soprar (vi)	vazidan	وزیدن
sorrir (vi)	labxand zadan	لبخند زدن
subestimar (vt)	dast-e kam gereftan	دست کم گرفتن
sublinhar (vt)	xatt kešidan	خط کشیدن
sujar-se (vr)	kasif šodan	کثیف شدن
supor (vt)	farz kardan	فرض کردن
suportar (as dores)	tāqat āvordan	طاقت آوردن
surpreender (vt)	mote'ajjeb kardan	متعجب کردن
surpreender-se (vr)	mote'ajjeb šodan	متعجب شدن
suspeitar (vt)	su'-e zann-e dāštan	سوء ظن داشتن
suspirar (vi)	āh kešidan	آه کشیدن
tentar (vt)	talāš kardan	تلاش کردن
ter (vt)	dāštan	داشتن
ter medo	tarsidan	ترسیدن
terminar (vt)	be pāyān resāndan	به پایان رساندن
tirar (vt)	bardāštan	برداشتن
tirar cópias	kopi gereftan	کپی گرفتن
tirar uma conclusão	estenbāt kardan	استنباط کردن
tocar (com as mãos)	lams kardan	لمس کردن
tomar emprestado	qarz gereftan	قرض گرفتن
tomar nota	neveštan	نوشتن
tomar o pequeno-almoço	sobhāne xordan	صبحانه خوردن
tornar-se (ex. ~ conhecido)	šodan	شدن
trabalhar (vi)	kār kardan	کار کردن
traduzir (vt)	tarjome kardan	ترجمه کردن
transformar (vt)	taqyir dādan	تغییر دادن
tratar (a doença)	mo'āleje kardan	معالجه کردن
trazer (vt)	āvardan	آوردن
treinar (pessoa)	tamrin dādan	تمرین دادن
treinar-se (vr)	tamrin kardan	تمرین کردن
tremer (de frio)	larzidan	لرزیدن
trocar (vt)	avaz kardan	عوض کردن
trocar, mudar (vt)	avaz kardan	عوض کردن
usar (uma palavra, etc.)	este'māl kardan	استعمال کردن
utilizar (vt)	estefāde kardan	استفاده کردن
vacinar (vt)	vāksine kardan	واکسینه کردن
vender (vt)	foruxtan	فروختن
verter (encher)	rixtan	ریختن
vingar (vt)	enteqām gereftan	انتقام گرفتن

virar (ex. ~ à direita)	pičidan	پیچیدن
virar (pedra, etc.)	qaltāndan	غلتاندن
virar as costas	ru bargardāndan	رو برگرداندن
viver (vi)	zendegi kardan	زندگی کردن
voar (vi)	parvāz kardan	پرواز کردن
voltar (vi)	bargaštan	برگشتن
votar (vi)	ra'y dādan	رأی دادن
zangar (vt)	xašmgin kardan	خشمگین کردن
zangar-se com ...	baxš-am āmadan	بخشم آمدن
zombar (vt)	masxare kardan	مسخره کردن